Meike Watzlawik/Nora Heine (Hg.)

Sexuelle Orientierungen

Weg vom Denken in Schubladen

Mit 21 Abbildungen und 37 Tabellen

Vandenhoeck & Ruprecht

Umschlagabbildung und Cartoons im Innenteil: Ralf König, »Suck my duck«,
© Männerschwarm Verlag 2004.
Der Abdruck erfolgt mit freundlicher Genehmigung des Verlags.

Bibliografische Information der Deutschen Nationalbibliothek

Die Deutsche Nationalbibliothek verzeichnet diese Publikation in der Deutschen
Nationalbibliografie; detaillierte bibliografische Daten sind im Internet über
http://dnb.d-nb.de abrufbar.

ISBN 978-3-525-40418-8

Printed in Germany.

Satz: PTP-Berlin Protago TEX-Production GmbH, Berlin (www.ptp-berlin.eu)
Druck und Bindung: ⊕ Hubert & Co, Göttingen

Gedruckt auf alterungsbeständigem Papier.

»Seltsam sind allein die Menschen, die niemanden lieben.«

Rita Mae Brown

Inhalt

Udo Rauchfleisch

Es braucht ein Buch wie dieses – dringend sogar!

Gibt es nicht schon viel Literatur zum Thema Homosexualität? Braucht es da noch ein weiteres Buch? Dies mögen Fragen sein, welche die Leserinnen und Leser sich stellen, wenn sie dieses Werk in die Hand nehmen. Ja, es braucht dieses Buch. Dringend sogar! Denn es behandelt Themen, die in anderen Büchern nicht oder nicht in dieser Art und in dieser Ausführlichkeit und Differenziertheit behandelt werden. Dies betrifft vor allem drei Aspekte:

1. Die in diesem Band enthaltenen Beiträge gehen, neben der Sichtung der einschlägigen neuen Literatur, von *empirischen Untersuchungen* aus und leiten daraus Schlussfolgerungen für das Leben von Lesben, Schwulen und Bisexuellen ab. Es sind nicht Empfehlungen, die vom »grünen Tisch« kommen und spekulativen Charakter haben, sondern sie stützen sich auf konkrete Befunde, die aus Studien mit zum Teil großen Probandenzahlen stammen. Dies ist ein großer Vorteil gegenüber rein theoretischen Ausführungen, zumal die verschiedenen Studien zu etlichen unerwarteten Resultaten führen, so etwa was das Beziehungsverhalten und die Coming-out-Prozesse angeht.
2. Auf der Basis der empirischen Studien wird *mit Vorurteilen und Zerrbildern aufgeräumt*, die trotz zunehmender Akzeptanz gleichgeschlechtlicher Lebensweisen noch immer in der breiteren Öffentlichkeit, aber bedauerlicherweise sogar in Fachkreisen bestehen. Dies führt dazu, dass Lesben, Schwule und Bisexuelle diese Vorurteile zum Teil übernehmen, was für ihr Selbstbild und ihr Selbstwertgefühl verhängnisvolle Folgen hat.
3. Im Gegensatz zu vielen anderen Werken, die vor allem die Situation von erwachsenen Lesben, Schwulen und Bisexuellen thematisieren, legen die Autorinnen und Autoren dieses Bandes ihr besonderes Augenmerk auf die Gruppe der *Jugendlichen*, die sonst in der Fachliteratur oft nur wenig Beachtung finden. Gerade jugendliche Lesben, Schwule und Bisexuelle stellen eine Gruppe dar, für die auch heute noch das Coming-out und das Leben als gleichgeschlechtlich Empfindende in einer stark von Heterosexualität geprägten Welt keineswegs einfach ist.

Die Beiträge dieses Buches behandeln die beiden großen Themenblöcke der *Vorurteile* und ihrer Dynamik und des *Coming-out*. Bemerkenswert dabei ist, dass es den Autorinnen und Autoren gelungen ist, Wissenschaftlichkeit und Allgemeinverständlichkeit miteinander zu verbinden, so dass die Beiträge von Fachleuten wie auch von jugendlichen und erwachsenen Interessierten ohne spezielle fachliche Kenntnisse mit Gewinn gelesen werden können.

Aus den Resultaten der referierten Studien werden nicht kurzschlüssig Verhaltensempfehlungen abgeleitet, sondern sie werden umsichtig und mit der gebotenen Vorsicht interpretiert. So ergibt sich ein differenziertes und damit der Realität gerecht werdendes Bild des Lebens von Lesben, Schwulen und Bisexuellen, ohne unzulässige Verallgemeinerungen und grobe, die Individualität einebnende Kategorisierungen.

Aus der Fülle von Befunden seien, mehr oder weniger willkürlich, einige herausgegriffen, um an ihnen zu zeigen, dass die in diesem Band enthaltenen Beiträge Erkenntnisse vermitteln, die für das Leben gerade junger Lesben, Schwuler und Bisexueller von großer Bedeutung sind.

So befürchten Jugendliche häufig, Partnerinnen und Partner nur in der *Szene* finden zu können, während die Realität zeigt, dass die Szene für Menschen mit gleichgeschlechtlichen Orientierungen zwar eine grössere Rolle spielt als für Heterosexuelle, aber andere Orte eine wesentlich grössere Bedeutung für das Kennenlernen haben. Auch das häufig anzutreffende Vorurteil, Homosexuelle würden ständig ihre *Sexualpartner wechseln*, wurde durch die Befragungsresultate nicht bestätigt. Was die *Zukunftsentwürfe* von Jugendlichen betrifft, sehen diese bei Hetero-, Homo- und Bisexuellen sehr ähnlich aus. An erster Stelle stehen Beziehungen, gefolgt von der Karriereplanung.

Interessant sind auch die Ausführungen zum immer wieder unter Schwulen wie auch in der breiteren Öffentlichkeit diskutierten Thema, wie »treu« schwule Männer sind. Die Autorin und die beiden Autoren dieses Beitrags gehen in einer nicht moralisierenden, differenzierten Weise dieses Thema an und zeigen, dass *außerpartnerschaftliche Beziehungen* nicht gleichbedeutend mit Untreue sind. Grundsätzlich basieren gleichgeschlechtliche Partnerschaften auf denselben Prinzipien, Prozessen und Beziehungsdynamiken wie heterosexuelle Partnerschaften. Dabei weisen homosexuelle Partnerschaften jedoch ein grösseres Spektrum an Beziehungsformen auf, was sich auch darin zeigt, dass die auf Vereinbarungen zwischen den Partnern beruhende Akzeptanz sexueller Nicht-Exklusivität bei schwulen Paaren relativ weit verbreitet ist. Geschlechtsunterschiede bestehen dergestalt, dass Männer häufiger außerpartnerschaftliche Beziehungen haben als Frauen, wobei Männer stärker als Frauen Sexualität und Liebe trennen.

Im Vergleich zu den 1980er Jahren hat die Tendenz zu *monogamen Beziehungen* eindeutig zugenommen ($0-18\%$ versus $42-60\%$). Als falsch wird die Annahme entlarvt, Sexualität außerhalb der »festen« Beziehung sei ein Zeichen für mangelnde Intimität innerhalb der Hauptbeziehung. Mit zunehmender Dauer der Partnerschaft steigt zwar die Wahrscheinlichkeit für außerpartnerschaftliche Beziehungen. Der Schluss, monogame Partnerschaften hielten länger als offene schwule Beziehungen, erweist sich jedoch als falsch.

Wichtig erscheinen mir auch die Befunde zum *Safer-Sex-Verhalten* schwuler Männer: Die referierte Studie bestätigt die Resultate anderer Untersuchungen dergestalt, dass nur eine Minderheit schwuler Paare Safer Sex in ihrer Partnerschaft praktiziert. Überraschend und bedenklich ist die Tatsache, dass Männer aus offenen Beziehungen den niedrigsten Wert für konsequentes Safer-Sex-Verhalten ausweisen und dass, je mehr Partner die Männer außerhalb der Partnerschaft haben, sie

umso seltener die Safer-Sex-Regeln beachten, woraus für den Partner ein erheb-
liches Gesundheitsrisiko resultiert. Die Autorin und die Autoren dieses Beitrags
leiten daraus klare Empfehlungen für das Verhalten jugendlicher Schwuler ab.

Das *Coming-out* stellt den zweiten großen Themenblock des Buches dar. Neben
einer Begriffsklärung werden in verschiedenen Beiträgen die Motive für das
Coming-out eruiert, die Frage gestellt, welchen Personen die Jugendlichen sich
zuerst eröffnen (hier insbesondere die Rolle, welche die Eltern in diesem Prozess
spielen), homophobe Reaktionen gegenüber Jugendlichen und der Einfluss solcher
negativen Erfahrungen auf die Identitätsentwicklung diskutiert, Unterschiede zwischen Mädchen und Jungen herausgearbeitet und die Rolle des Internets als Kommunikationsmedium dargestellt.

Schon diese wenigen Hinweise zeigen, dass hier ein Werk vorgelegt wird, das
sowohl unter theoretischem Aspekt wie für die Praxis eine Fülle von Informationen
liefert. Gerade die das Coming-out betreffenden Befunde zeigen, dass auch heute
noch das Gewahrwerden der eigenen gleichgeschlechtlichen Orientierung und das
Hinaustreten damit an eine mehr oder weniger große Öffentlichkeit sowie das
Finden eines eigenen Lebensstils für jugendliche Lesben, Schwule und Bisexuelle
eine oft schwierige Aufgabe ist. Hier bietet dieser Band wichtige Informationen.

Was dieses Buch auszeichnet, ist schließlich die Tatsache, dass es *Mut macht*.
Es zeigt zwar die Schwierigkeiten, beispielsweise des Coming-out von Jugendlichen, auf, gibt zugleich aber auch Hinweise, wie diese Probleme gemeistert werden
können. Die von den Autorinnen und Autoren vermittelte positive Sicht und der
Mut, den sie machen, sind für die Jugendlichen selbst, aber auch für die Fachleute
wichtig. Ich wünsche diesem Buch die wohl verdiente weite Verbreitung.

Teil 1
Vorurteile

Vor|ur|teil *n.* ein Urteil über eine Sache, Person oder Personengruppe, das auf einem ungeprüften »Vorwissen« beruht. Da keine Überprüfung an objektiven Tatbeständen stattgefunden hat, kann das Vorurteil niemals Wahrheitsanspruch erheben. Intoleranz und Unkenntnis sind häufig die Grundlage von Vorurteilen, z. B. gegenüber soziokulturellen und rassischen Minderheiten. Vorurteile führen nicht selten zur *Diskriminierung* von Fremdem und Andersartigem. Sie dienen der Fixierung der eigenen sozialen Stellung und damit auch dem Abbau von Unsicherheit.

In der *philosophischen Hermeneutik* gelten Vorurteile als etwas Unvermeidbares, da sie als *Vorverständnis* vielfach auch das Verstehen einer Sache ermöglichen. Sie bedürfen allerdings der Korrektur durch das methodische Wissen (Wissen Media Verlag, 2008).

Meike Watzlawik und Julia Kobs

Warum haben Lesben schwule Freunde?
Jemand muss ihnen doch sagen, was sie anziehen sollen!

Vorurteile auf dem Prüfstand

Coming-out 2002/1 (Mit freundlicher Genehmigung des Männerschwarm Verlags.)

Obwohl die Toleranz gegenüber Homo- und Bisexuellen in der Öffentlichkeit und durch die Medien (scheinbar) zunimmt, halten sich gerade bei dem Thema sexuelle Orientierung vorgefasste Meinungen und Vorurteile hartnäckig – trotz aller Bemühungen, sie durch gezielte Kampagnen, Informationsveranstaltungen und Ähnliches zu entkräften.

Im Internet gibt es beispielsweise verschiedene Websites, die sich gezielt mit Vorurteilen gegenüber homosexuellen Männern und Frauen beschäftigen und versuchen, mit diesen aufzuräumen. So wird im Online-Familienhandbuch diskutiert, was an den Annahmen »Einen Schwulen erkennt man doch auf 50 Meter«, »Schwule sind bindungsunfähig« und »Schwule treiben es mit jedem und überall« dran ist (vgl. www.familienhandbuch.de/cmain/f_Aktuelles/a_Haeufige_Probleme/ s_1351.html). Nicht viel, wie sich herausstellt (vgl. Kirchhof, Heine u. Kröger in diesem Band)! Auch Argumente zum Entkräften von Vorurteilen gegenüber lesbischen Frauen, wie »Lesben sind Männerhasser und Mannsweiber«, werden online zur Verfügung gestellt (vgl. www.dpsg-schlehe.de/downloads/SchLeHe-Natuerlich.pdf), so dass man seinen Standpunkt bzw. sich selbst gegebenenfalls besser verteidigen kann.

Braucht man diese Argumentationshilfen aber überhaupt noch? Diese Frage wird durchaus uneinheitlich beantwortet. So fand sich beispielsweise im diesjährigen Erstsemesterinfoheft des Asta der Technischen Universität Braunschweig ein kurzer Bericht des Schwulenreferats, der sich mit der Einstellung mancher Studierender auseinandersetzt, ob es denn heutzutage noch nötig sei, ein Schwulenreferat an der Uni zu haben. »Schwule werden doch überall akzeptiert!« Aus Sicht des Schwulenvertreters selbst verhält es sich damit im Alltag allerdings ganz anders: Mit der Akzeptanz sei es längst nicht so weit her, wie es den Anschein habe! So würde er selbst immer noch gelegentlich als »schwule Sau« betitelt, und es solle seiner Meinung nach auch nicht unerwähnt bleiben, dass die auf dem ersten Blick verbesserte Rechtssituation Homosexueller immer noch erhebliche Lücken aufweise (Adoption, Steuerrecht etc.). In einer von uns durchgeführten Studie wurde die anhaltende Forderung nach mehr Toleranz ebenfalls sehr deutlich. Auf die Frage nach ihren Zukunftsvorstellungen äußerten 11,7 % der homo- und bisexuellen Teilnehmenden den Wunsch, akzeptiert zu werden bzw. ihre sexuelle Orientierung ausleben zu können (einige Zitate sind in Abbildung 1 zu lesen).

>»Die Menschen sollen mich akzeptieren.«
>»Außerdem will ich nicht dumm angemacht werden, nur, weil ich Frauen liebe.«
>»Dass ich in einer Welt leben kann, in der das ›Schwulsein‹ so akzeptiert wird, wie es ist!«
>»Ohne Vorurteile und ohne Versteckspiel, einfach von allen akzeptiert [sein].«
>Nur 1,7 % der heterosexuellen Teilnehmenden äußerten derartige Zukunftswünsche!

Abbildung 1: Originalzitate einiger Teilnehmender

Der beste Weg, um Vorurteile abzubauen, geht über den direkten Kontakt. Aber auch Tatsachen helfen, Vorurteile in Frage zu stellen. Die hier berichteten Forschungsergebnisse beruhen auf einer Online-Umfrage, die im Jahr 2000 durchgeführt wurde. 1873 Jugendliche und Erwachsene nahmen an der Studie teil (genauere Beschreibung siehe Abbildung 2), um verschiedene Vorurteile genauer zu hinterfragen.

Bevor wir die Untersuchungsergebnisse im Einzelnen vorstellen, gilt es jedoch zunächst zu klären, was genau Vorurteile eigentlich sind, wie sie entstehen, warum wir sie haben – und ob es überhaupt ohne sie geht?

Soziale Kategorisierung

Stereotype und *Vorurteile* sind das Ergebnis *sozialer Kategorisierung*. Eine ganz strenge Trennung der drei Bereiche ist nicht immer möglich, da alle sehr eng

Alter der Befragten:	zwischen 10 und 59 Jahre (Durchschnittsalter 19,4)
Geschlecht:	52,1 % männlich und 47,9 % weiblich
sexuelle Orientierung:	42,5 % gaben an, sich momentan sexuell von Personen des gleichen Geschlechts angezogen zu fühlen, 20,3 % von Personen des anderen Geschlechts und 37,1 % von sowohl Männern als auch Frauen
Beschäftigung:	52,6 % Schüler/innen; 15,4 % Studierende, 15,2 % Berufstätige, 13,7 % Auszubildende, 3,1 % Arbeitslose
Wohnorte:	Dorf, Klein- und Großstadt waren gleichermaßen vertreten

Abbildung 2: Beschreibung der Teilnehmenden

zusammenhängen und sich teilweise gegenseitig bedingen. Deshalb gilt das, was für soziale Kategorisierung gilt, im Wesentlichen auch für Vorurteile und Stereotype. Soziale Kategorisierung tritt dann auf, wenn wir Personen nicht als Individuen betrachten, sondern als Angehörige einer bestimmten Gruppe. Meist erfolgt sie auf der Basis äußerlicher Merkmale wie Hautfarbe, Geschlecht, Alter, generelles Erscheinungsbild oder ähnlichem. Aber auch andere Kategorien sind denkbar, wie zum Beispiel jemanden als Polizisten, Alkoholiker oder Schüler einzuordnen.

Warum kategorisieren wir andere überhaupt?

Im Grunde ist soziale Kategorisierung ein ganz natürliches Phänomen und manchmal sogar hilfreich, wie noch erklärt wird. Es gibt zahlreiche Untersuchungen zu diesem Phänomen, die immer wieder zeigen konnten, dass soziale Kategorisierung bei jedem auftreten kann – und auch oft auftritt, zum Teil ohne dass sich Menschen dessen bewusst sind.

Trotzdem wäre es uns lieber, wir könnten von uns behaupten, *wir* persönlich seien frei davon, erscheint es uns doch oberflächlich, Menschen einfach Kategorien zuordnen, ohne darüber nachzudenken, ob diese überhaupt zutreffend sind. Wenn man aber einmal genauer überlegt, fällt auf, dass wir in unserem Umfeld täglich vieles in Kategorien einordnen, angefangen bei Häusern (in Hoch-, Reihen-, Fachwerkhäusern) bis hin zu Menschen (in Kollegen, Freunde, Bekannte), ohne dass uns das je negativ aufgefallen wäre.

Problematisch wird es erst, wenn Kategorisierung zur Regel wird und wir uns nicht mehr die Mühe machen, genauer hinzusehen und den *Menschen* mit seinen individuellen Besonderheiten hinter der Kategorie vergessen!

In der Sozialpsychologie werden hauptsächlich drei Gründe für das Auftreten sozialer Kategorisierung genannt: Zum einen kann die Kategorisierung *Informationen* liefern, die in einer bestimmten Situation besonders hilfreich sind. Stangor (2000) nennt als Beispiel die Vorstellung, sich in einer fremden Stadt verlaufen zu haben, was wahrscheinlich ein ungutes Gefühl in uns auslöst. Sehen wir dann einen

Polizisten an der Ecke stehen, atmen wir in der Regel erleichtert auf – einen Polizisten kategorisieren wir als jemanden, der sich in einer Stadt auskennt und uns den Weg zeigen kann. In diesem Fall wäre diese Zuordnung sogar nützlich – natürlich nur unter der Voraussetzung, dass die Annahme über den Polizisten zutreffend ist und er sich wirklich auskennt!

Zum anderen kategorisieren wir aus *Zeitmangel*. Jemanden oder etwas in eine bestimmte Schublade zu stecken, geht oft wie von selbst. Wir können schnell reagieren und müssen nicht genauer nachdenken, auch wenn unser Urteil dann vielleicht ein treffenderes gewesen wäre. Durch die Kategorisierungen wird das Leben also ein Stück vereinfacht.

Darüber hinaus hat ein weiterer Grund mit uns selbst zu tun: Menschen neigen in der Regel dazu, das Bedürfnis zu haben, bestimmten, von ihnen wertgeschätzten sozialen Gruppen anzugehören und von anderen akzeptiert zu werden. Dieses positive Gefühl wird auch als *soziale Identität* bezeichnet (Hogg u. Abrahams, 1990, zitiert nach Stangor, 2000). Die Gruppen, denen wir angehören, so genannte *Ingroups*, werden von den *Outgroups*, also den anderen Gruppen, denen wir nicht angehören, unterschieden. Meist sind wir in gewissem Maße stolz, zu bestimmten Gruppen zu gehören, und bewerten unsere Gruppe besser als die anderen, auch wenn uns das vielleicht nicht immer bewusst ist. Durch die Einordnung der anderen in Outgroups erreichen wir ein Gefühl von stärkerer sozialer Identität und fühlen uns gut.

Welche Kategorien benutzen wir?

Jeder Mensch gehört vielen verschiedenen sozialen Kategorien an, denn jemand kann ja Mutter, Freundin, Angestellte, Sängerin usw. gleichzeitig sein und jede dieser Kategorien würde für die Person passen. Daher ist es wichtig zu klären, *wann* wir *welche* Kategorie wählen.

Nach Stangor (2000) wird das
– durch die Eigenschaften der Person, die *kategorisiert wird*, und
– durch die Eigenschaften der Person, die *kategorisiert*, bestimmt.

Der erste Punkt bedeutet, ganz einfach gesagt, dass wir in der Regel die Kategorien benutzen, die uns als Erstes ins Auge fallen! Gemeint sind damit äußere Merkmale wie Körperbau, Geschlecht, aber auch Attraktivität oder ethnische Gruppe. Welche Kategorie letztendlich zur Beschreibung herangezogen wird, hängt oft mit der Umgebung zusammen: Wir wählen meist die Eigenschaft, die eine Person am deutlichsten von dem Rest einer Gruppe abhebt (Taylor u. Fiske, 1978, zitiert nach Stangor, 2000). So wird eine Frau zum Beispiel eher der Kategorie »Frau« zugeordnet, wenn sie sich allein in einer Gruppe von Männern befindet. In einer gemischten Gruppe oder einer reinen Frauengruppe wäre vielleicht eher ins Auge gefallen, dass dieselbe Frau Afrikanerin unter lauter Europäerinnen ist. Neben den Eigenschaften der beobachteten Person beeinflussen unsere eigenen Eigenschaften die Kategorisierung. Die Wahl einer Kategorie hängt davon ab, welche *Anzahl an Kategorien* uns überhaupt zur Verfügung steht. So verfügen Kinder zum Beispiel über wesentlich weniger Kategorien als Jugendliche. In Situationen, in denen ein Kind sein Gegenüber aufgrund seines geistigen Entwicklungsstandes nur als Mann oder Frau wahrnimmt, fallen dem Jugendlichen mehr Aspekte ins Auge, die zur Kategorisierung der Person herangezogen werden können (z. B. Nationalität, Angemessenheit der Kleidung).

Wie wir kategorisieren, wird außerdem durch die *Bedeutung*, die eine Kategorie für uns hat, mitbestimmt. Diese Bedeutung kommt dann ins Spiel, wenn wir auf gewisse Merkmale besonders achten, da sie für uns als Kategorisierungsgrundlage wichtig sind. Bin ich selbst Mitglied bei Greenpeace, so fällt mir ein Greenpeace-Button am Rucksack einer anderen Person schneller ins Auge als Nicht-Greenpeace-Mitgliedern, und ich kategorisiere den Button-Träger als einen mir sympathischen Umweltschützer. Jemand anderes hätte diesen kleinen Hinweis auf Gruppenzugehörigkeit eventuell gar nicht erst bemerkt.

> »Stereotype überleben, weil sie immer ein Körnchen Wahrheit enthalten!«
> (Stangor, 2000, S. 7)

Stereotype

Als *Stereotyp* wird die Überzeugung definiert, Mitgliedern anderer Gruppen bestimmte Eigenschaften und Verhaltensweisen zuordnen zu können. Dabei werden – scheinbar – charakteristische Merkmale dieser Gruppenmitglieder besonders betont und die Individualität des Einzelnen wird außer Acht gelassen (Stangor, 2000; Brehm, 1999). Beispiele für Stereotype sind Personengruppen wie *Gebrauchtwagenhändler*, *Karrierefrauen* oder *Fußballer* – jeder mag einmal für sich überprüfen, was er/sie alles über »typische« Mitglieder dieser Kategorien weiß oder zu wissen glaubt. 1 Wären Stereotype völlig falsch, würden sie sich sicherlich nicht so hartnäckig und lange halten können. Doch selbst wenn sie einen Funken Wahrheit in sich tragen, sind Stereotype *immer* stark verallgemeinernd. Menschen tendieren dazu, aus einzelnen Erlebnissen Vorhersagen auf zukünftige abzuleiten. Dies gibt ihnen ein Gefühl von Kontrolle, was von ihnen selbst als positiv erlebt und bewertet wird. Ein Beispiel: Im Fernsehen werden Lesben als männlich, männerhassend und umweltbewusst dargestellt. Das kann ich mir merken, kann Lesben so erkennen und entscheiden, ob ich etwas mit ihnen zu tun haben möchte oder nicht. Ich werde also nicht ungewollt überrascht. Das Erstaunliche ist: Die eigenen Überzeugungen scheinen sich immer wieder zu bestätigen! Allerdings müssen wir dem Einzelnen an dieser Stelle die Illusion des perfekten Systems rauben. Die Bestätigung resultiert zum einen aus der genialen Selektivität der menschlichen Psyche, die nur das bewusst wahrnimmt, was in ihr System passt und anderes ignorieren kann. So führt, um bei dem genannten Beispiel zu bleiben, jede weitere männliche, männerhassende Lesbe zur Bestätigung meiner Kategorie, jede andere feminine, männermögende lesbische Frau nehme ich entweder nicht als Lesbe wahr oder bewerte sie als Ausnahme von der Regel, für die ich mein System ebenfalls nicht in Frage stellen muss.

Zum anderen können wir durch unsere Erwartungen das Verhalten anderer mit beeinflussen. In der Psychologie wird ein solcher Mechanismus als *Sich-selbst-erfüllende-Prophezeiung* bezeichnet. Sie tritt dann auf, wenn wir – bewusst oder unbewusst – selbst dafür sorgen, dass sich unsere Erwartungen erfüllen. Wird einem jungen Mann, dessen homosexuelle Orientierung bekannt ist, ständig unterstellt, er müsse nun auch gepflegt und der beste Freund der Mädchen sein, so kann er sich tatsächlich so verhalten, um den Erwartungen zu entsprechen. Die Begründung seines Verhaltens läge darin, dass es für ihn einfacher wäre, sich selbst zu verleugnen, als sich ständig und immer wieder mit den Erwartungen der anderen auseinanderzusetzen und Stellung zu beziehen. Berücksichtigt man das Beschriebene, so wird deutlich, warum Stereotype in vielen Fällen so veränderungsresistent sind.

Stereotype aus Sicht der Allgemeinen Psychologie: Kognitive Repräsentationen

Stereotype können auch vom kognitiven Standpunkt[1] her betrachtet werden. Sie können dann als die Eigenschaften angesehen werden, die mit einer bestimmten Personengruppe zusammen im Langzeitgedächtnis abgespeichert werden. Wann immer wir etwas über eine Gruppe und ihre Mitglieder lernen, speichern wir die entsprechenden Informationen – manchmal eben auch in Form von Stereotypen oder Vorurteilen – im Gedächtnis ab, wie alle anderen Informationen auch.

Die Stereotype werden in Form sogenannter *kognitiver Repräsentationen* gespeichert, die auch *Schemata* genannt werden. Zwischen einer *sozialen Kategorie* (Personengruppe, Rolle etc.) und den entsprechenden Stereotypen bestehen neuronale Verbindungen, die in so genannten *neuronalen Netzwerken* organisiert sind. Wird nun zum Beispiel über eine bestimmte Personengruppe gesprochen, werden auch die dazugehörigen Verbindungen mitaktiviert, und es kann auf die entsprechenden Repräsentationen schneller zugegriffen werden (siehe Abbildung 3).

Zur Verdeutlichung stellen wir uns vor, dass jemand aufgrund seiner Erfahrungen verschiedene Stereotype über Schwule im Gedächtnis gespeichert hat, zum Beispiel »gehen komisch«, »sind tuntig« usw. Da diese Stereotype eng mit der sozialen Kategorie (= die Schwulen) verbunden sind, können sie schnell aktiviert werden, wenn das Stichwort »Schwule« genannt wird. Werden die Vorurteile im Zusammenhang mit »Schwulen« dann auch noch häufiger genannt, wird die Verbindung zwischen den beiden verstärkt und der Zugriff immer schneller, was wir durch zahlreiche Experimente belegen können (Anderson, 2001).

---

1 Die kognitive Fähigkeit eines Menschen beschreibt die Fähigkeit, einen Gegenstand (einschließlich andere Lebewesen) wahrzunehmen und Wissen über ihn zu haben, zu erwerben bzw. anzuwenden.

Der »Neuronale-Netzwerk-Test«

Der folgende Test kann mit einer beliebigen Person leicht durchgespielt werden, um zu verdeutlichen, dass unser Gedächtnis tatsächlich oft nach dem gerade beschriebenen Schema funktioniert.

Dazu werden der Person verschiedene Fragen gestellt und sie wird gebeten, *möglichst schnell und spontan* zu antworten! Die Fragen sind dabei austauschbar, sie sollen nur alle die gleiche Antwort (»weiß«) einfordern. So kann zum Beispiel die erste Frage lauten: »Welche Farbe haben Wolken?« In der Regel wird die Antwort hier »weiß« sein. Die zweite Frage wäre dann: »Welche Farbe hat frisch gefallener Schnee?« Die Antwort wäre ebenfalls »weiß«. So verfährt man noch mehrere Male mit anderen weißen Gegenständen in der näheren Umgebung (Tür, Blatt Papier u. Ä.). Als Letztes folgt dann die Frage: »Was trinken Kühe?«

Die meist genannte (und falsche) Antwort ist »Milch«. Warum? Durch die vorangegangenen Fragen ist das neuronale Netzwerk um das Wort »weiß« noch aktiviert. Von dem Konzept »Kuh« gehen in der Regel Verbindungen zu »Milch«, von der wiederum eine Verbindung zu »weiß« besteht, so dass »Milch« als Antwort im neuronalen Netzwerk einfach »näher« liegt als die richtige Reaktion ... na? ... »Wasser«, die erst noch aktiviert werden müsste.

Abbildung 3: Der »Neuronale-Netzwerk-Test«

Graphisch lässt sich die kognitive Repräsentation so darstellen (Abbildung 4):

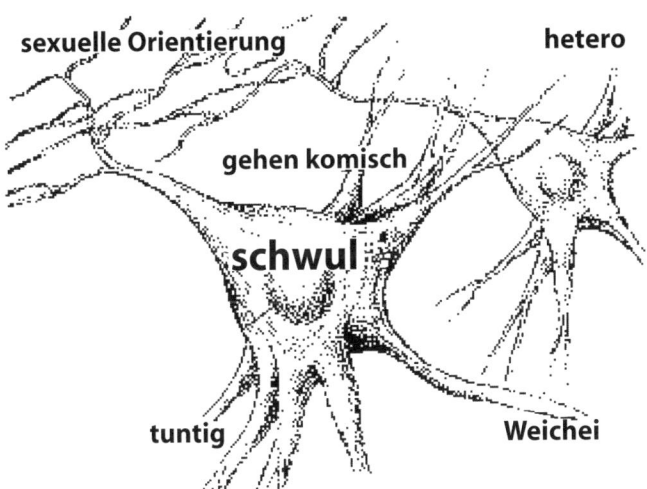

Abbildung 4: Netzwerk von Begriffen

>>Dass irgendein Mensch auf Erden ohne Vorurteil sein könne,
ist das größte Vorurteil.<<
August von Kotzebue (1761 – 1819)

Vorurteile

Um ein *Vorurteil* handelt es sich nach Brehm (1999) erst, wenn ein *abwertendes Gefühl* bzw. eine *negative Bewertung* gegenüber den Mitgliedern einer anderen Gruppe als der eigenen dazu kommt. Typische Vorurteile kennt jeder, egal ob es heißt »Schwule sind Weicheier!« oder »Alle Araber sind Terroristen!«

Während sich Stereotype auf das Denken über andere Gruppen(-mitglieder) beziehen, steht hier die emotionale Komponente im Vordergrund. Die negativen Gefühle gegenüber anderen können von leichter Ablehnung bis zu ausgeprägtem Hass reichen – man denke nur an Rassismus und seine Auswirkungen. Eine Gemeinsamkeit mit Stereotypen liegt hingegen sicherlich in ihrer Eigenschaft, schnell und auch ohne unsere bewusste Steuerung auftreten zu können. Wir alle haben – mehr oder weniger stak ausgeprägte – Vorurteile verinnerlicht. Wir tendieren oft dazu, unsere eigene Gruppe besser zu bewerten (siehe S. 18), und kennen zumindest die gängigsten kulturellen Vorurteile (Stangor, 2000).

Sind Stereotype und Vorurteile veränderbar?

Glücklicherweise muss soziale Kategorisierung nicht (immer) auftreten! Wir neigen häufig dazu, Menschen bei der ersten Begegnung in Gruppen einzuordnen, aber wenn das Interesse an der Person zunimmt, nimmt die Kategorisierung stark ab und verschwindet häufig nahezu vollständig (vgl. Herek, 1986). Individuelle Eigenschaften treten dann in den Vordergrund und selbst allgemeine Kategorien können differenzierter werden, wenn man die Person nicht als Ausnahme von der Regel betrachtet.

Der Mechanismus, Vorurteile durch *direkte* Kontakte und die damit verbundene Erfahrung ihrer Unzutreffendheit zu verändern, ist auch unter dem Begriff *Kontakthypothese* (siehe Stangor, 2000 oder Brehm, Kassin u. Fein, 1999) bekannt geworden. Diese wurde und wird seit ihrer Formulierung in den 1950er Jahren in vielen praktischen Situationen umgesetzt. Wichtige Aspekte sind zum einen, dass dieser Kontakt nicht eine einmalige Sache ist, sondern wiederholt und regelmäßig stattfindet, und zum anderen, dass die Beteiligten die Gelegenheit bekommen, sich auf der menschlichen Ebene kennen zu lernen und einander dadurch in erster Linie als Individuen sehen – und nicht (nur) als Angehörige einer bestimmten Gruppe. Auf kognitiver Ebene müssen zur Veränderung von Stereotypen und Vorurteilen die bestehenden Verbindungen zwischen einem bestimmten Konzept und den kognitiven Repräsentationen, die dazu gespeichert sind, in Frage gestellt bzw. neue Verbindungen (so genannte *Pfade*) aufgebaut werden. Werden diese neuen Verbindungen dann häufig zusammen aktiviert, verstärkt sich die Verbindung zwischen ihnen und »neues« Wissen wird zu dem Konzept gespeichert. Die alten Verbindungen werden schwächer, je weniger sie aktiviert werden und können im besten Falle aufgelöst werden.

Zum »neuen« Wissen gehört nicht nur, dass man die negativen Verallgemeinerungen in positive umwandelt – von »Alle Schwulen sind Weicheier!« zu »Alle Schwulen sind verständnisvoll!« –, sondern die Verallgemeinerungen durch differenziertere Aussagen ersetzt. Voraussetzung hierfür ist das Interesse an der Veränderung von bisher benutzten und durchaus bewährten Konstrukten. Hat man ein solches Interesse, hat es Sinn, sich die Konstrukte, auf denen Vorurteile beruhen, einmal etwas genauer anzusehen und sie zu hinterfragen. Wir werden dies im Folgenden für den für uns wichtigen Bereich der »sexuellen Orientierung« versuchen.

Sexuelle Orientierung

»Keine sexuellen Phantasien mit Frauen … bin ich hetero?«, fragt Amelia. Blue stellt fest, dass es ihr egal ist, was sie ist. Nathan möchte wissen, ob ein Schwuler heterosexuellen Sex haben kann, ohne sich überwinden zu müssen. Melli verzweifelt, weil sie nicht weiß, was sie ist, und Tim schreibt sich seinen Frust unter dem Thema »sehr verwirrt« von der Seele. Seine Gefühle schwanken schon seit Monaten und erlauben ihm nicht, eine eindeutige Entscheidung zu treffen. Alle diese Fragen und Beiträge stammen aus dem Forum »Schwul, lesbisch, bi, hetero – Was bin ich?«, das seit 2000 im Internet zu finden ist (http://www.und-ich-dachte.de/forum). Eine Patentantwort auf die einzelnen Fragen scheint es nicht zu geben, sonst wäre das Forum sicherlich schon längst mangels neuer Beiträge im Sande verlaufen. Aber das tut es nicht. Immer wieder ranken sich neue Geschichten, neue Facetten, neue Probleme, neue Gefühle und neue Verwirrungen um dasselbe Thema: die sexuelle Orientierung.

Die Schwierigkeit, Fragen konkret zu beantworten, liegt zum großen Teil darin begründet, dass sich die sexuelle Orientierung eines Menschen nicht nur mit den Kategorien hetero-, homo- und bisexuell beschreiben lässt. Zu stark wird die Realität durch diese Dreiteilung vereinfacht, legt sie doch die Vermutung nahe, die Menschen könnten in drei Gruppen mit klar voneinander abgrenzbaren Merkmalen unterteilt werden (Fiedler, 2004). Tatsächlich kann sich die »Balance zwischen hetero- und homosexuell über eine Zeitspanne hinweg in die eine oder andere Richtung verschieben« (Fiedler, 2004, S. 71). Ein Beispiel hierfür ist die heute 44-jährige Gisela, die sich erst nach einer längeren Ehe mit einem Mann in eine Frau verliebte (Watzlawik u. Wenner, 2002). Damit veränderte sich einiges in ihrem Leben: Sie begehrte nun sexuell eine Frau (*sexuelle Neigung*), war mit ihr sexuell aktiv (*sexuelles Verhalten*), liebte sie (*emotionale Vorlieben*) und fühlte sich mehr und mehr der Gruppe der Homosexuellen verbunden (*soziale Vorlieben*). Darüber hinaus hatte sie nun verstärkt erotische Träume mit Frauen (*sexuelle Phantasien*), zeigte sich mit ihrer Freundin in der Öffentlichkeit (*Lebensstil*) und bezeichnete sich selbst als Lesbe (*Selbstidentifikation*). All diese Aspekte sehen Klein et al. (1985,

Die sexuelle Orientierung eines Menschen setzt sich zusammen aus ...						
sexuelles Verhalten	sexuelle Neigung	sexuelle Phantasien	Lebensstil	Selbstidentifikation	emotionale Vorlieben	soziale Vorlieben

Abbildung 5: Bausteine der sexuellen Orientierung

zitiert nach Fiedler, 2004) als Bausteine der *sexuellen Orientierung* eines jeden Menschen an (siehe Abbildung 5).

Um die sexuelle Orientierung eines Menschen zu bestimmen, müsste man Informationen über all diese Teilaspekte zusammentragen. Und selbst dann ließe sich nicht mit Sicherheit sagen, dass die dadurch bestimmte Orientierung zeitlich stabil bliebe (vgl. bereits Kinsey, 1948, 1953).

Aufgrund all dieser Überlegungen erscheint es plausibel, dass die Lesenden und Schreibenden im bereits genannten Forum immer wieder Schwierigkeiten bei der Beantwortung der doch sehr allgemein gehaltenen Frage »Homo, bi oder hetero?« haben. Und daran wird sich – hält man an den bekannten Kategorien fest – wahrscheinlich auch nichts ändern.

Wenn Widersprüche der Identität widersprechen

Eine allgemeine Annahme, die einem immer wieder begegnet, sei es von Eltern, Freunden oder Kollegen, ist, dass man *eine* sexuelle Orientierung hat. Man ist *entweder* homosexuell *oder* heterosexuell *oder* bisexuell. Aber dann bitte schön für immer und mit allen Konsequenzen! Eindeutigkeit ist hier gefragt. Leider – wie schon im Abschnitt »Sexuelle Orientierung« beschrieben – ist das nicht immer ganz so einfach.

Kommen wir zu Nathans Frage zurück: Ist ein Schwuler nur dann richtig schwul, wenn er sich vor Sex mit einer Frau ekelt? Die Frage kann im Grunde nur dann beantwortet werden, wenn wir Schwulsein definieren. Eine Möglichkeit wäre die folgende: Ein Mann ist schwul, wenn er Männer sexuell begehrt, nur mit Männern sexuell aktiv ist, sich nur in Männer verliebt, sich in der schwulen Community bewegt, von Sex mit Männern träumt, mit Männern offene Partnerschaften führt und sich selbst als schwul bezeichnet. Dies wäre eine sehr strenge Definition, die bei Umfragen dazu führen würde, dass nur ein minimaler Anteil der Männer als wahrhaftig schwul gelten kann. Gleiches würde für lesbische Frauen gelten, wenn man das Lesbischsein für diese ähnlich eng definierte. Bezogen auf die Kriterien, die für die Bestimmung der sexuellen Orientierung herangezogen werden können, liegt nun aber nicht immer Eindeutigkeit vor. Manches ist mehr oder weniger der Fall, anderes ist auf den Weg gebracht, wieder anderes ist schon passé oder gerade wieder aktuell. Bei der Frage: »Bist du homo-, bi- oder heterosexuell?« oder bei Statistiken, die angeben, wie viele Menschen in der Bevölkerung »andersherum« sind, könnte man also berechtigterweise die Nachfrage anschließen, was denn damit genau gemeint sei.

Gerade diese Vielschichtigkeit führt nun bei denen, die nach Eindeutigkeit suchen, zu Verwirrungen. Meist ziehen sie zur Bestimmung ihrer sexuellen Orientierung nur die sexuellen Neigungen – also wen sie *sexuell begehren* – und die eigenen emotionalen Vorlieben – also in wen sie *sich verlieben* – heran. Und das zu bestimmen, ist oft schon schwierig genug. Wird dann noch gefragt, wie man sich selbst bezeichnet, wie man leben möchte und ob man meint, dass das so bleiben wird, sind viele erst einmal verständlicherweise überfordert. Doch um der geforderten Eindeutigkeit Willen ist man dann eben irgendwas. Im Zweifelsfall erst einmal heterosexuell. Das sind sowieso die meisten.

Sobald man an sich und seiner sexuellen Orientierung Uneindeutiges entdeckt, wird es Zeit, bisher gut funktionierende Stereotype zu hinterfragen und sich der Vielschichtigkeit der sexuellen Orientierung bewusst zu werden. Jeder einzelne Aspekt kann individuell entdeckt oder entschieden werden – und dass dabei nicht alles zu allem passt oder zumindest zu passen scheint, ist durchaus möglich. Ziel kann zum einen sein, die vermeintliche Widersprüchlichkeit aufzulösen, frei nach dem Motto: Ich mache *mich* passend! Zum anderen könnte das Ziel aber auch sein, die »Widersprüche« nicht als Widersprüche zu deuten, sondern als Teile der sehr individuellen sexuellen Orientierung zu sehen und zu akzeptieren. Hier könnte das Motto dann lauten: Ich bin mehr als nur eine Kategorie!

Forschungsergebnisse: Der Druck, sich einer Gruppe eindeutig zuzuordnen, wird durch den Anschein, die meisten wüssten, was sie sind, noch verstärkt. In unserer Umfrage wurde den Teilnehmenden, die Auskunft darüber geben konnten, von wem sie sich sexuell angezogen fühlen, die Frage gestellt, ob sie sich ihrer Gefühle sicher seien. Es ergab sich folgendes Bild (Tabelle 1):

Tabelle 1: Sicherheit in Bezug auf die eigene sexuelle Orientierung

Sexuell begehrt wird ...	Sicher sind sich davon ...	durchschnittliche Dauer, bis man sich sicher war (Range 0 – 29 Jahre)
das gleiche Geschlecht (1)	73,3 %	2,5 Jahre
das andere Geschlecht (2)	74,7 %	0,9 Jahre
sowohl als auch (3)	30,9 %	2,6 Jahre

Zweifel an den eigenen Gefühlen machen sich vor allem in der Gruppe der Bisexuellen[2] (3) breit. Allerdings herrscht auch in den anderen beiden Gruppen

---

2 Bei den Forschungsergebnissen gibt die Bezeichnung Homo-, Bi- und Heterosexuelle nur Aufschluss über das sexuelle Begehren dieser Personen. Weitere Aspekte, die für die sexuelle Orientierung wichtig wären (s. o.), wurden nicht abgefragt.

keine hundertprozentige Sicherheit darüber, ob man den eigenen Gefühlen trauen kann.

Auf die Frage, wie lange es gedauert habe, bis sie sich sicher waren, bekommt man von den Sicheren die unterschiedlichsten Antworten. Das Spektrum reicht von sofortiger Sicherheit bis hin zum 29-jährigen Zweifel. Am schnellsten trauen die Heterosexuellen (2) ihren eigenen Gefühlen. Absolute Eindeutigkeit der sexuellen Neigung herrscht also in keiner der drei Gruppen, auch wenn sich in bestimmten Aspekten Unterschiede finden lassen.

The Dating Game oder die (leidliche) Suche nach dem passenden Deckel

Gerade auf schwulen Internetseiten und auch in den einschlägigen Magazinen sieht man sich auf der Suche nach der »besseren Hälfte« mit recht unmissverständlichen Anzeigen konfrontiert: »Suche auf diesem Wege einen geilen Bi Boy der mich gern mal seinen dicken Stab spüren lässt. Bin sehr dehnbar und experimentierfreudig. Habe leider einen ganz kleinen, aber bei richtiger Behandlung kann er schon zum Bäumchen werden« (O-Ton einer Anzeige auf www.gaystation.de). Die Anzeige stammt aus der Rubrik »Beziehung«, der Schreiber hätte sie auch unter »Sexuelle Kontakte« einordnen lassen können – hat er aber nicht. Als Leser fühlt man sich nun vielleicht nicht unbedingt angesprochen, da man(n) durchaus »mehr« sein möchte als (nur) Hobby-Gärtner. Wo aber suchen, wenn nicht im Netz oder in Magazinen?

Coming-out 2002/2 (Mit freundlicher Genehmigung des Männerschwarm Verlags.)

Wege des Kennenlernens

»Gleich und gleich gesellt sich gern« (Ähnlichkeitshypothese) und »Unterschiede ziehen sich an« (Komplementaritätshypothese) sind oft Grundsätze, mit denen man allgemeinpsychologisch die Entstehung von Liebensbeziehungen erklärt. Darüber hinaus können sie nicht nur der Grund für das Entstehen, sondern auch für das Ende der Beziehung sein. »Wie sind einfach zu verschieden!« oder »Wir sind uns einfach zu ähnlich!« hat der ein oder andere vielleicht schon einmal zu hören bekommen.

In der Sozialpsychologie und auch der Soziologie hat sich nur die eine der beiden Hypothesen bestätigt: die Ähnlichkeitshypothese. Vor allem Schicht und Bildung spielen bei der Partnerwahl eine Rolle, immer unwichtiger werden Religion und Nationalität (Lenz, 1998). Wenn das Kriterium nun aber die Ähnlichkeit ist, stellt sich dennoch die Frage: Wo trifft man potentielle Gegenstücke? Die Wahrscheinlichkeit, dass der Traumpartner oder die Traumpartnerin einfach zu Hause an die Wohnungstür klopft, ist mehr als gering. Lenz (1998) beschreibt fünf Ausgangskonstellationen, wie Partnerschaften zustandekommen können. Der Klassiker ist, dass sich zwei fremde Menschen begegnen, von sich aus Kontakt herstellen und sich kennen lernen. An dieser Stelle rollt eventuell der eine oder andere schon mit den Augen, wenn er sich daran erinnert, wie oft er schon attraktive Menschen hat an sich vorbeiziehen lassen, ohne auch nur *ein einziges Wort* zu sagen. Und zu Hause fällt dann der Kopf auf die Tischplatte und hinterlässt einen unschönen Fleck der Verzweiflung. Aber nicht verzagen: Es gibt weitere Möglichkeiten!

Die zweite ist der Weg über bereits bestehende Bekanntschaften oder Freundschaften. Man verliebt sich also in einen Freund oder eine Bekannte. Ein gewisses Maß an Vertrautheit ist hier bereits gegeben, der Knackpunkt ist nur, die Kurve zu bekommen. Für den ersten Schritt zur *romantischen* Beziehung empfiehlt Lenz, Situationen zu nutzen, die »ein hohes Maß an ›Ausgelassenheit‹ zulassen« (Lenz, 1998, S. 79) und meint damit unter anderem Feste und Partys.

Die dritte Möglichkeit ist die, dass man den anderen gar nicht aktiv ansprechen muss, sondern sich der Kontakt über gemeinsame Tätigkeiten ergibt. Die äußeren Umstände wie Schule, Beruf oder Freizeitaktivitäten ermöglichen ein zunächst unverfängliches erstes Beschnuppern und in Gesprächen kann man feststellen, ob man – im besten Falle gegenseitiges – Interesse an dem anderen hat. Eine vierte Variante wäre die Vermittlung durch Dritte. Wenn es vor vielen Jahren noch die Eltern waren, die eine Verbindung arrangierten, sind heute eher Aktionen der folgenden Art damit gemeint: »Duhuuu, ich finde J. so süß, kannst du nicht mal rübergehen und herausfinden, ob er sich auch für mich interessiert? Und *wenn*, kannst du ihn fragen, ob er vielleicht mal mit mir weggehen möchte … oder nein, noch besser: ob er mit *uns* weggehen möchte?« … Die Situation dürfte klar sein.

Nummer fünf gewinnt in unserer heutigen Zeit – unabhängig von der sexuellen Orientierung einer Person – immer mehr an Bedeutung: Kontaktanzeigen. Vor allem das Internet ist hier ein beliebtes Medium. In einem Artikel der »Zeit« stellt sich zum Beispiel der Anbieter parship.de vor. Es wird berichtet, dass über

90 % von 372 befragten Parship-Nutzern angeben, mit Hilfe ihrer Internetanzeige die große Liebe finden zu wollen. Auch andere Anbieter werben damit, bei der Suche nach dem Traumpartner bzw. der Traumpartnerin behilflich zu sein. Und dies nutzen nicht wenige: So zählt allein neu.de am heutigen Tag (25.01.2008) 1529 aktive Frauen und 1886 aktive Männer zu seinen Kunden. Parallel sind bei www.gayromeo.de 26343 User online, wie auf der entsprechenden Startseite zu lesen ist. Eines muss jedoch jeder im Hinterkopf behalten: Zwar wird durch die Onlineanzeige der erste Kontakt erleichtert, dennoch nimmt es einem nicht die Verantwortung, ein erstes persönliches Treffen zu arrangieren.

Forschungsergebnisse: Teil unserer Umfrage war es, zu beschreiben, wo und wie man seinen Partner oder Partnerin kennen gelernt hat.

Überprüft werden sollte, ob sich das Vorurteil, Homo- und Bisexuelle fänden einander nur in der Szene, wirklich bestätigen lässt. Da nicht alle Teilnehmenden über Beziehungserfahrungen verfügten, konnten nur 1138 Personen hierzu Auskunft geben. Die Ergebnisse sind in Abbildung 6 dargestellt.

Deutlich zu erkennen ist, dass die Szene als Ort des Kennenlernens für Homo- und Bisexuelle erst an siebter Stelle steht. Andere Wege haben – wie bei Heterosexuellen – eine größere Bedeutung. Dennoch sind Unterschiede zu verzeichnen. Das Internet, die Szene und Kontaktanzeigen werden immer noch häufiger von

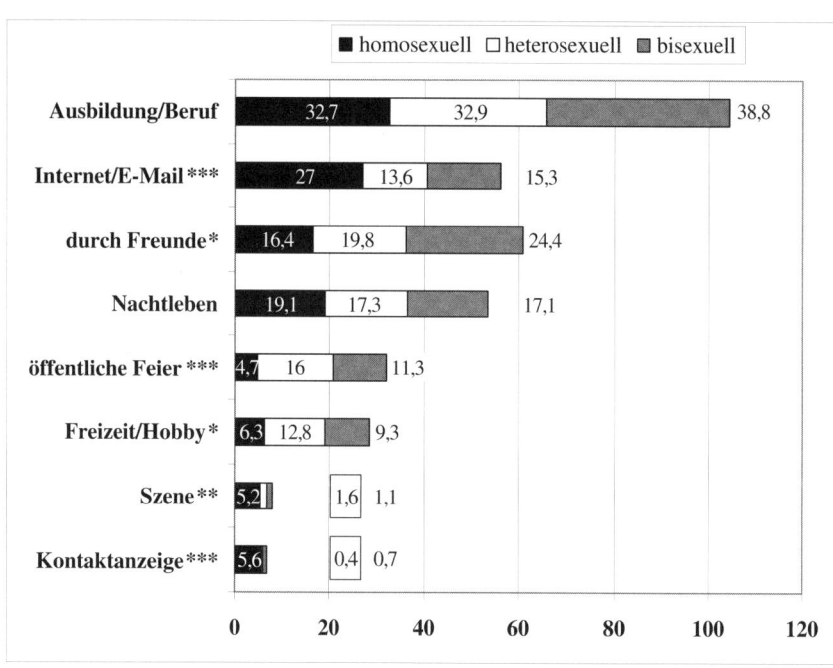

Angaben in Prozent; * geben an, ob es einen statistisch bedeutsamen Unterschied gab.
Umso mehr Sterne, desto geringer ist der Einfluss des Zufalls.

Abbildung 6: Wo und wie haben sich die Paare kennen gelernt?

Homosexuellen genannt, Freunde, öffentliche Feiern und Freizeitunternehmungen oder das Hobby häufiger von Hetero- und auch Bisexuellen.

Feste Beziehungen – ein überholtes Modell?

Kaum ein Prozent der Jugendlichen will »freier« Single sein. Starke (2004) gibt an, dass die meisten bereits in der achten Klasse Schmetterlinge im Bauch hätten. Nach eigener Auskunft seien dann bereits zwei Drittel der Mädchen und über die Hälfte der Jungen verliebt. Insgesamt streben drei Viertel der Jugendlichen eine »von Treue getragene Langzeitbeziehung an« (Starke, 2004). Allein junge Männer seien, was feste Beziehungen betrifft, heute etwas zurückhaltender als noch vor 15 Jahren. Grund sei der Hintergedanke, für den Beruf flexibel sein zu müssen.

Sexuelle Tabus – Was wirklich passiert . . .

Ist Sex unter Frauen kein richtiger Sex? Haben Schwule nur Analverkehr? Und bevorzugen Heteros tatsächlich die Missionarsstellung und löschen dabei das Licht? Alle möglichen Gerüchte und Annahmen sind auf dem Markt, wenn es um das Sexualleben vom Menschen geht. Dabei sollte man doch meinen, dass RTL und das Dr. Sommer Team jegliche gestellten und nicht gestellten Fragen beantwortet hätten. Sind wir nicht eher überinformiert als unterbelichtet, wenn es um das Thema Sex geht? Anscheinend muss die Frage mit Nein beantwortet werden, denn auch wenn Jugendliche mittlerweile wissen, was ein Swingerklub ist, wissen doch erstaunlich wenige über die fruchtbaren Tage der Frau Bescheid (Oerter u. Dreher, 2002). Auch bei Erwachsenen sieht das zum Teil nicht besser aus. Paare, die angeben, sexuelle Probleme zu haben, machen dies oft an sehr verzerrten Maßstäben fest. Ein Mann ist nicht auf dem Wege zur Impotenz, wenn er nur alle zwei Wochen mit seinem Partner oder seiner Partnerin schläft, und Frauen haben noch lange keine »Erregungsstörung«, wenn sie nicht jedes Mal zum Orgasmus kommen. In einer Umfrage des Kondomherstellers Durex gaben die Deutschen an, durchschnittlich 127 Mal im Jahr Sex zu haben. Es wurden dabei 10.000 Personen (16 Jahre und älter) aus verschiedenen Ländern befragt. Kurt Hahlweg, Psychologe und Paartherapeut, berichtet in Vorlesungen, dass Frauen ihren ersten Orgasmus im Mittel erst drei Jahre *nach* ihrem ersten Geschlechtsverkehr erleben (siehe Arentewics u. Schmidt, 1986; Berberich u. Brähler, 2001; Gromus, 2002; Kockott u. Fahrner, 2000). Auch bei den Ansprüchen, wie lange Sex dauern müsse, hätten Paare laut Hahlweg große Ansprüche an ihre Kondition, die nicht unbedingt in der Realität umsetzbar wären. In einer Forsa Umfrage geben 6 % der Deutschen an, dass der Sex bei ihnen fünf bis 15 Minuten dauert, 28 % sind bis zu einer halben Stunde aktiv, bei 33 % dauert er 30 bis 60 Minuten und eine Dauer von über eine Stunde geben lediglich

16 % an.[3] Insgesamt wissen wir also viel, aber dieses Wissen hat in vielen Fällen nicht viel mit dem zu tun, was *wirklich* in Deutschlands Schlafzimmern passiert.

Was ist »richtiger« Sex?

Die Beantwortung der Frage, wann Sex wirklich Sex ist, ist weniger von vorhandenen Informationen, als eher von der eigenen Definition des Wortes abhängig.
Wörterbücher übersetzen Sex erst einmal mit Geschlecht oder Geschlechtlich-
keit (wissen.de, 2004). Die meisten meinen jedoch eine weitergefasste Bedeutung,
wenn sie über Sex sprechen. Aber auch hier ist es mal wieder – na, was schon? –
uneindeutig: »*Sex*, das heißt heute in breitem Spektrum ›Sexualität‹, ›Erotik‹ (unter
Verlust der feinen Unterschiede), ›Geschlechtsverkehr‹ und andere *sexuelle* Betätigungen, ›Sexappeal‹. Der Ausdruck *Sexappeal* ›körperliche, erotische, sexuelle
Anziehungskraft‹ ist übrigens eher, nämlich schon im frühen 20. Jahrhundert, in
unsere Sprache gelangt als das einfache *Sex*. Dieses hat erst nach 1945 Einzug
gehalten« (wissen.de, 2004).

Versteht man unter Sex nur den Geschlechtsverkehr, so findet man Definitionen
wie die folgende: Geschlechtsverkehr ist die »Begattung beim Menschen, die Ver-
einigung der Geschlechtsorgane, die zur Befruchtung der weiblichen Eizelle durch
eine männliche Samenzelle führen kann«. Somit wäre – laut dieser Definition –
Sex, bei dem verhütet wird, ebenfalls kein »richtiger« Sex.

Wenn wir im Folgenden von »richtigen« sexuellen Erfahrungen sprechen, meinen wir das gesamte Spektrum sexueller Betätigungen vom Geschlechtsverkehr
(ohne und mit Verhütung) über »heavy petting[4]« bis hin zur Masturbation.

Forschungsergebnisse: Zurück zu den anfänglichen Fragen und den darin ver-
steckten Vorurteilen: Wie unterscheidet sich *gleich*geschlechtlicher von *gegen*-
geschlechtlichem Sex? Gibt es Dinge, die man nur mit Personen des anderen, aber
nicht mit Personen des gleichen Geschlechts tut? Oder umgekehrt? Man könnte
ja meinen, das zum Beispiel Analverkehr eine »schwule Sache« ist, woher stammt
sonst der Männer-Dusch-Witz »Bück dich, wenn Schwule in der Nähe sind, nicht
nach der Seife«? Zuerst fragten wir die Teilnehmer unserer Umfrage, mit wie vielen Personen sie bereits sexuelle Erfahrungen gesammelt hatten. In Tabelle 2 sind
ihre Antworten – nach dem selbst berichteten sexuellen Begehren unterteilt – aufgelistet.

Nur die Bisexuellen unterscheiden sich in der Anzahl ihrer Sexualpartner statistisch bedeutsam von den anderen beiden Gruppen. Die durchschnittliche Anzahl
der Sexualpartner liegt bei den Bisexuellen um zwei höher als bei den anderen
beiden Gruppen. Ob dies nun – positiv interpretiert – daran liegt, dass sie aus

---

3 14 % sagten, der Sex wäre unterschiedlich lang, und 3 % wussten es nicht genau.
4 Heavy Petting (engl.) bedeutet frei übersetzt »heftiges Streicheln« und wird oft benutzt, wenn man
   eigentlich alles mit dem anderen getan hat, außer mit ihm zu schlafen.

Tabelle 2: Anzahl der Sexualpartner in Abhängigkeit der sexuellen Orientierung

Sexualpartner:		Ø Anzahl der Männer	Ø Anzahl der Frauen	Ø Anzahl insgesamt
Homosexuelle... (Ø 19,5 Jahre)	Männer (N = 386)	3,9	1,0	5,0
	Frauen (N = 327)	2,4	1,9	4,2
Heterosexuelle... (Ø 18,1 Jahre)	Männer (N = 168)	0,2	4,7	4,9
	Frauen (N = 167)	3,1	0,3	3,4
Bisexuelle... (Ø 20,1 Jahre)	Männer (N = 315)	3,2	3,7	6,9
	Frauen (N = 331)	4,4	1,2	5,6

einem größeren Angebot an potentiellen Partnern und Partnerinnen schöpfen können und dadurch sexuelle Erfahrungen sammeln, die sich andere nur wünschen können, oder – negativ interpretiert – daran, dass sie unsicherer sind und durch häufigere Kontakte versuchen, Sicherheit über ihre sexuelle Orientierung zu erlangen, kann nicht gesagt werden. Anzumerken ist, dass auch homosexuell begehrende Personen in geringem Maße Erfahrungen mit dem anderen Geschlecht und heterosexuell begehrende mit dem gleichen Geschlecht sammeln.

Anschließend gaben die gleichen Personen Auskunft darüber, *welche* sexuellen Erfahrungen sie gesammelt hatten. In Abbildung 7 wird dargestellt, inwieweit sich gleichgeschlechtlicher von gegengeschlechtlichem Sex unterscheidet.

Dass es aufgrund der anatomischen Unterschiede zwischen Männern und Frauen Unterschiede in den sexuellen Erfahrungen geben *muss*, ist offensichtlich. Bei gleichgeschlechtlichen sexuellen Erfahrungen wird Anal- und Oralverkehr, aber auch Kuscheln häufiger genannt, bei gegengeschlechtlichen sexuellen Erfahrungen wird häufiger von Petting und Sex gesprochen. Entscheidend für das Kaltstellen der Gerüchteküche ist aber der folgende Punkt: *Keine* der Erfahrungen wird *nur* bei gleichgeschlechtlichen oder *nur* bei gegengeschlechtlichen sexuellen Kontakten gemacht.

Geschlechtervergleich: Männer und Frauen unterscheiden sich bei gleichgeschlechtlichen sexuellen Erfahrungen nicht in ihren Angaben, auch wenn Frauen »küssen und schmusen« tendenziell etwas häufiger als Antwort nennen. Bei gleichgeschlechtlichen sexuellen Erfahrungen berichten Männer häufiger von Anal- und Oralverkehr, Frauen geben häufiger kuscheln, küssen und schmusen als sexuelle Erfahrungen an. Dies bedeutet jedoch nicht, dass Männer nicht kuscheln und küssen oder Frauen keinen Oral- bzw. Analverkehr[5] betreiben. Beides kommt ebenfalls beim anderen Geschlecht vor.[6]

---

5 Unter Analverkehr wird auch »anal fingern« gefasst.
6 Da die Teilnehmenden ihre Antworten frei formulieren konnten, könnten Unterschiede auch auf die Art der Formulierung zurückzuführen sein. Einen Eindruck von den sehr unterschiedlichen Antworten vermittelt der Kasten »Ungekürzt!« (Abbildung 8).

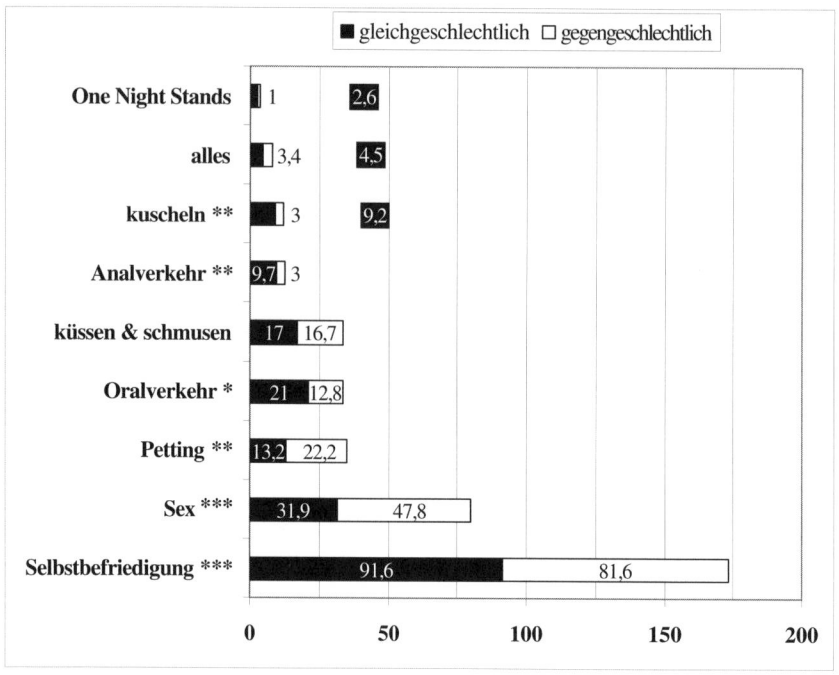

Abbildung 7: Gleich- und gegengeschlechtliche sexuelle Erfahrungen im Vergleich
Angaben in Prozent; * geben an, ob es einen statistisch bedeutsamen Unterschied gab.
Umso mehr Sterne, desto geringer ist der Einfluss des Zufalls.

(Wie) Plane ich mein Leben?

Die deutsche Shell-Studie ist eine der bekanntesten Umfragen unter Jugendlichen, die vor allem gesellschaftliche und politische Einstellungen abfragt. Darunter fällt auch die Frage, was den Jugendlichen für ihre Lebensgestaltung wichtig ist. 2002 standen Freundschaften an erster Stelle. 95 % der Jugendlichen gaben an, dass ihnen diese besonders wichtig seien. An zweiter Stelle folgten Partnerschaften, dann das Familienleben. Eigenverantwortung übernehmen und viele Kontakte zu haben, befanden sich auf Platz vier und fünf.

Am Ende der Liste stehen Gottesglaube (wichtig für 38 %) und Geschichtsstolz (30 %), auch Politikengagement (22 %) und Althergebrachtes (20 %) sind eher unwichtige Bereiche. Das Schlusslicht bildet die Konformität, die nur von 16 % der Jugendlichen als wichtig eingestuft wurde. Zu bedenken ist bei solchen Umfragen allerdings immer, dass unter Umständen nicht die eigene, sondern die sozial erwünschte Antwort gegeben wird.

Forschungsergebnisse: Ausgangspunkt der Frage nach Zukunftsplänen in unserer Umfrage war das Interesse einiger Jugendlicher, die an einer Vorgängerstudie

---

Ungekürzt!

Um die sexuellen Erfahrungen der Umfrageteilnehmer auszuwerten, wurden ihre freien Antworten bestimmten Gruppen bzw. Kategorien zugeordnet, die sich sehr an den verwendeten Formulierungen orientieren. Alle Kategorien, die zur Beschreibung der sexuellen Erfahrungen genutzt wurden, sind im Folgenden aufgelistet. Für die genannten Forschungsergebnisse wurden die häufigsten gegenübergestellt und Ähnliches inhaltlich zusammengefasst.

Was ich sexuell erlebt, gemacht, ertragen und genossen habe ...

alles; alles außer anal; alles außer Sadomaso; alles außer Piercing; alles außer Natursekt; alles außer Sex; anal fingern; Analverkehr; aneinander reiben; anfassen; anonyme Treffen/ Abenteuer; Arschlecken; ausprobieren; Befriedigung des Partners (auch gegenseitig); berühren; Berührungen im Intimbereich; betatschen; bewegen/aufeinanderliegen; Beziehung; Beziehung mit Sex; blasen; Brust anfassen; fast alles; fingern; fisten; flirten; Freundschaft/ platonische Erfahrungen; fummeln; Füße lecken; Gefühle austauschen; gemischte Erfahrungen; Händchen halten; Internet/Cybersex; intime Erfahrungen; knuddeln; Körper des Partners erkunden; kuscheln; küssen; lecken; (erste) Liebe; liebevolle Momente/Liebkosungen; massieren; Nacktbilder; Necking; negative Erfahrung; neutrale Erfahrung; One Night Stands/Quickies; Oralverkehr; Orgasmus; Petting; Pissspiele; positive Erfahrung; Rollentausch; rummachen; sanfte Annäherung; schmusen; Selbstbefriedigung; Sex; Sex-Toys; Sex mit Prostituierten; sexuelle Bedrängung/Belästigung; Sexversuch; Sadomaso; streicheln; Swingerklub; Telefonsex; Tribadie; umarmen; unspektakuläre Erfahrungen; verbaler Sex; Vergewaltigung/sexueller Missbrauch; (stark) verliebt; Vorspiel; Zärtlichkeiten austauschen/verwöhnen; Sex zu dritt/viert.

Abbildung 8: Kategorien, die zur Beschreibung der sexuellen Erfahrungen genutzt wurden (Ergebnis der qualitativen Inhaltsanalyse)

(Watzlawik, 2004) teilgenommen hatten. Sie stellten sich die Frage, wie sich homo- und bisexuelle Menschen ihr Leben vorstellen. Will man dauerhaft mit einem Partner zusammensein? Will man Kinder oder spricht man sich diesem Wunsch aus der biologischen gesehenen Unmöglichkeit *gemeinsamer* Kinder einfach ab? Was steht auf der Liste der Dinge, die man erreichen möchte, und sind dies andere als bei heterosexuellen Menschen?

1088 Umfrageteilnehmer machten Angaben darüber, wie sie sich ihre Zukunft vorstellen. Abbildung 9 sind die am häufigsten genannten Bereiche zu entnehmen. Die Einteilung homo-, bi- und heterosexuell bezieht sich auch hier nur auf das sexuelle Begehren der Personen.

Für *alle* ist die zentrale Zukunftsvision, eine Beziehung zu haben oder zu erhalten und die eigene Karriere zu gestalten. Danach folgt der Wunsch nach Kindern

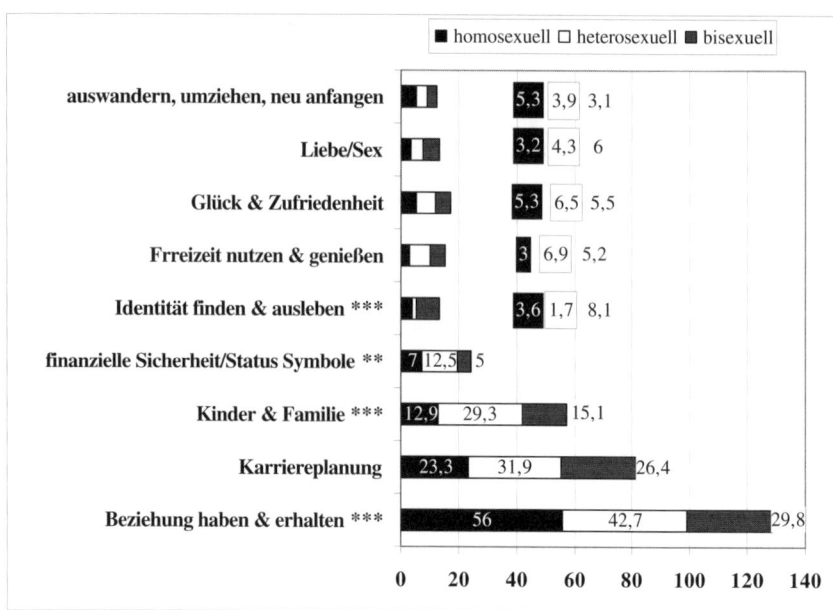

Angaben in Prozent; * geben an, ob es einen statistisch bedeutsamen Unterschied gab.
Umso mehr Sterne, desto geringer ist der Einfluss des Zufalls.

Abbildung 9: Antworten auf die Frage »Was ist für dich in der Zukunft wichtig?«

und eigener Familie. Dennoch sind Unterschiede zwischen den Gruppen zu verzeichnen. Einen Beziehungspartner zu finden und Beziehungen zu erhalten, wird von Homosexuellen häufiger als Zukunftswunsch genannt als von Heterosexuellen. Bisexuelle äußern diesen Wunsch noch seltener. Kinder und finanzielle Sicherheit werden explizit eher von Heterosexuellen angestrebt, wohingegen die eigene Identität zu finden und auszuleben bei Homo- und Bisexuellen eher eine Rolle spielt.

Aufgrund der im Durchschnitt sehr jungen Stichprobe sind eventuell Themen noch nicht aktuell, die in einer älteren Stichprobe mehr in den Vordergrund treten. Darüber hinaus ist zu bedenken, dass für viele die Suche nach der eigenen oder das Zurechtkommen mit der gerade neu entdeckten Identität momentan im Vordergrund steht. Hier wird alle Aufmerksamkeit beansprucht. Zu wissen, wer man ist und sein möchte, ist eine Voraussetzung dafür, weitere Pläne machen zu können. Denn nur wenn ich weiß, wer ich bin, kann ich Auskunft darüber geben, was ich wirklich will!

Fazit

Wenn man davon ausgeht, dass Vorurteile nur schwer aufrechterhalten werden können, wenn man sich Wissen angeeignet hat, das diesen widerspricht, können die dargestellten Ergebnisse ihren Beitrag zum Abbau von Vorurteilen leisten. Eine Befürchtung, die von Jugendlichen häufig genannt wurde, war die Annahme, als Homo- und Bisexueller nur in der Szene einen Partner und/oder eine Partnerin finden zu können. Wir konnten zeigen, dass die Szene für homosexuelle Personen zwar eine größere Rolle spielt als für heterosexuelle, aber – und viel wichtiger – andere Orte eine wesentlich größere Bedeutung für das Kennenlernen haben.

Ein häufig anzutreffendes Vorurteil ist, dass Homosexuelle ständig ihre Sexualpartner wechseln und aufgrund dessen mehr Partner aufweisen müssten. Auch dies ließ sich für unsere Befragten nicht bestätigen. Allein die Bisexuellen haben sich hier als sexuell aktiver herausgestellt. Gründe hierfür wurden diskutiert.

Bei den Sexualpraktiken gibt es zwar Unterschiede in den Häufigkeiten der Angaben, aber dennoch kommt alles bei allen vor. Keine Praktik tritt exklusiv in einer Gruppe auf, so dass man auch hier nicht von generellen Unterschieden sprechen kann.

In die Zukunft geblickt haben alle drei Gruppen sehr ähnliche Ziele, mit der Beziehung an erster Stelle. Allerdings ist hier noch einiges an Arbeit zu leisten, um vor allem Jugendlichen den Blick in die Zukunft zu gestatten. Wie bereits erwähnt, kann man schwerlich Pläne schmieden, wenn man sich im Hier und Jetzt nicht verorten kann und noch auf der Suche nach sich selbst ist. Aufklärung ist hierfür ein noch immer unverzichtbares Anliegen. Und das davon alle profitieren können, zeigen die Antworten auf die Frage, ob man sich sicher ist, homo-, bi- oder heterosexuell zu sein: Hundertprozentige Sicherheit gibt es nicht und vielleicht ist es sogar sinnvoller, mit Uneindeutigkeiten leben zu lernen, als ständig auf die ultimative Eindeutigkeit hinzuarbeiten ...

Literatur

Anderson, J. R. (2001). Kognitive Psychologie. Heidelberg: Spektrum.

Arentewics, G., Schmidt, G. (1986). Sexuell gestörte Beziehungen. Berlin: Springer.

Berberich, H., Brähler, E. (Hrsg.) (2001). Sexualität und Partnerschaft in der zweiten Lebenshälfte. Gießen: Psychosozial-Verlag.

Biechele, U., Reisbeck, G., Keupp, H. (Niedersächsisches Ministerium für Frauen, Arbeit und Soziales) (2001). Schwule Jugendliche: Ergebnisse zur Lebenssituation, sozialen und sexuellen Identität. Elektronische Ressource. Abrufbar über http://www.gemischtegefuehle.de/studie-coming-out.pdf. Zugriffsdatum: 22.01.2002.

Brehm, S. S., Kassin, S. M., Fein, S. (1999). Social Psychology. Boston: Houghton Mifflin Company.

Fiedler, P. (2004). Sexuelle Orientierung und sexuelle Abweichung. Weinheim: Beltz.

Gromus, B. (2002). Sexualstörungen der Frau. Fortschritte der Psychotherapie. Bd. 16. Göttingen: Hogrefe.

Herek, G. M. (1986). The social psychology of homophobia: Towards a practical theory. Review of Law & Social Change, 14, 923–934.

Kinsey, A. C., Pomeroy, W. B., Martin, C. E. (1948). Sexual behavior in the human male. Philadelphia: Saunders.

Kinsey, A. C., Pomeroy, W. B., Martin, C. E., Gebhard, P. H. (1953). Sexual behavior in the human female. Philadelphia: Saunders.

Kockott, G., Fahrner, E.-M. (2000). Sexualstörungen des Mannes. Fortschritte der Psychotherapie. Bd. 9. Göttingen: Hogrefe.

Lenz, K. (1998). Soziologie der Zweierbeziehung. Opladen: Westdeutscher Verlag.

Oerter, R., Dreher, E. (2002). Jugendalter. In R. Oerter, L. Montada (Hrsg.), Entwicklungspsychologie (S. 258–318). Weinheim: Beltz.

Stangor, C. (2000). Stereotypes and Prejudice. Philadelphia: Psychology Press.

Starke, K. (1995–2004). Der Traum von der ewigen Liebe – Was junge Leute zusammenführt und auseinanderbringt. Elektronische Ressource. Abrufbar über: http://svz.de/traunwiruns/teil13.html. Zugriffsdatum am: 26.11.2004.

Stroebe, J. (2002). Sozialpsychologie. Berlin: Springer.

Watzlawik, M., Wenner, F. (2002). Und ich dachte, du bist schwanger. Frauen erzählen ihr Coming Out. Stuttgart: Gatzanis.

Watzlawik, M. (2004). Uferlos? Jugendliche erleben sexuelle Orientierungen. Aachen: Jugendnetzwerk Lambda NRW.

Wir bedanken uns ganz herzlich bei allen Teilnehmern und Teilnehmerinnen sowie bei Katja Duntsch für ihre Unterstützung bei der Auswertung!

Roland Kirchhof, Nora Heine und Christoph Kröger

Wie treu sind schwule Männer?

Beziehungsvielfalt und/oder Monogamie

Wenn ein Partner in einer monogamen Beziehung fremdgeht, also untreu ist, geht dies nicht selten mit verletzten Gefühlen, Beziehungskonflikten oder sogar einer Trennung einher. Für *heterosexuelle Paare* wurden *Gründe und Begleitumstände von Untreue* verhältnismäßig gut untersucht. Deutlich weniger Studien liegen diesbezüglich für *schwule Partnerschaften* vor. Obwohl zwischen hetero- und homosexuellen Partnerschaften deutliche Ähnlichkeiten vermutet werden können, müssen doch auch Unterschiede angenommen werden.

Manche kritischen und auch vorurteilsbeladenen Stimmen behaupten, schwule Männer könnten nicht treu sein. Sie wären zu promiskuitiv oder zu tiefen, andauernden Beziehungen gar nicht fähig. Obwohl diese plakativen Vorurteile sicherlich Unsinn sind, bleibt doch die interessante Frage: Wie treu sind schwule Männer nun wirklich und welche Faktoren begünstigen einen Seitensprung? Da es bei schwulen Männern neben monogamen Beziehungsformen allerdings auch häufig andere Beziehungsmodelle gibt, muss man angesichts dieser Beziehungsvielfalt schwuler Partnerschaften auch fragen: Lässt sich der klassisch heterosexuell geprägte Begriff von Treue überhaupt auf schwule Beziehungen übertragen oder muss man mit dieser Ansicht nicht generell scheitern? Können Seitensprünge im Rahmen dieser Beziehungsmodelle als Untreue bezeichnet werden? Und wie bzw. wie gut funktionieren diese offenen Beziehungen? Im folgenden Kapitel soll anhand wissenschaftlicher Forschungsergebnisse der Versuch unternommen werden, einige Antworten auf diese Fragen zu finden.

Untreue versus außerpartnerschaftliche Beziehungen

Die Begriffe *außerpartnerschaftliche Beziehung (APB)* und *Untreue* werden leider oft synonym verwendet, dabei ist eine Trennung dieser beiden Begriffe äußerst wichtig. Untreue kann als eine heimliche sexuelle, romantische oder emotionale Beziehung außerhalb der Partnerschaft beschrieben werden, welche die innerhalb der festen Partnerschaft getroffenen Vereinbarungen verletzt. Eine Beziehung außerhalb der festen

> Sex außerhalb der festen Partnerschaft ist immer Untreue: **falsch!**

Partnerschaft ist also nur dann als Untreue zu verstehen, wenn sie eine Verletzung eben solcher Vereinbarungen darstellt. In einer *monogamen Beziehung* gelten sexuelle Kontakte mit anderen Personen als dem eigenen Partner immer als Regelbruch und damit als Untreue. In einer *offenen Beziehung*, in der Sex außerhalb der Partnerschaft erlaubt ist, kann man sexuelle Kontakte dieser Art hingegen nicht als Untreue bezeichnen. Aber auch in offenen Beziehungen kann Untreue vorliegen, wenn bestimmte Verhaltensweisen (z. B. Verlieben, Erzählen von intimen Beziehungsdetails) einen Bruch von Beziehungsregeln bedeuten.

Im diesem Kapitel soll hauptsächlich von außerpartnerschaftlichen Beziehungen (APBen) gesprochen werden, da dieser Begriff genereller Natur ist und keine individuell verschiedene[1] Bedeutung in sich trägt. Auf den Begriff der Untreue wird wegen seiner negativen Konnotationen verzichtet, stattdessen wird von APBen bei monogamen Paaren oder entsprechend auch – der Einfachheit halber – von *Seitensprüngen* gesprochen.

Verheiratete versus nichtverheiratete Paare in der Forschung

Ein Großteil der Forschung zu außerpartnerschaftlichen Beziehungen (APBen) basiert auf Untersuchungen *monogamer, verheirateter Paare* (vgl. Allen, Atkins, Baucom, Snyder, Gordon u. Glass, 2005). Selten wurden auch monogame *nichtverheiratete* Paare untersucht. Empirische Untersuchungen, die diese beiden Gruppen vergleichen, zeigen deutliche Übereinstimmungen bezüglich der Kernprobleme, Verhaltensmuster sowie der Gründe und Folgen von APBen (z. B. Allen u. Baucom, 2006; Treas u. Giesen, 2000). Unterschiede zwischen diesen beiden Beziehungsgruppen zeigen sich in der Bedeutung und Ausprägung dieser einzelnen Faktoren, welche eine APB begünstigen oder erschweren. So zeichnen sich verheiratete Paare gegenüber nichtverheirateten Paaren zum Beispiel durch ein höheres Commitment[2], größere Ähnlichkeit der Partner sowie durch eine größere Hemmschwelle in Bezug auf APBen aus (Allen u. Baucom, 2006; Forste u. Tanfer, 1996). Grundsätzlich sind die mit APBen assoziierten Faktoren bei verheirateten und nichtverheirateten monogamen Paaren dieselben, weswegen Forschungsergebnisse aus der Gruppe der verheirateten Paare auch für nichtverheiratete Paare eine gewisse Aussagekraft besitzen.

---

1 Der Begriff hat somit eine allgemeingültige Bedeutung und ist nicht so missverständlich wie zum Beispiel die Begriffe *Affäre* oder *Untreue*, die für jeden Menschen eine andere Bedeutung haben.

2 Der Begriff *Commitment* wird definiert als eine psychologische Bindung und die Absicht, eine Beziehung fortführen zu wollen. Commitment kann auch als ein Gefühl der Loyalität und der Zugehörigkeit beschrieben werden. Personen mit hohem Commitment bedenken eher die Langzeitkonsequenzen für ihre Beziehung als kurzfristige Vorteile ihres Handelns.

Homosexuelle versus heterosexuelle Paare in der Forschung

Was ist gleich?

Durch den Mangel an empirischen Forschungsergebnissen zu APBen bei homosexuellen Paaren ist es besonders interessant, ob und wie sich die Ergebnisse bei *heterosexuellen* Paaren auch auf *homosexuelle* Paare bzw. *schwule Männer* übertragen lassen. Empirische Studien, die diese beiden Gruppen miteinander vergleichen, offenbaren deutliche Ähnlichkeiten zwischen heterosexuellen und homosexuellen Paaren. So erleben schwule Männer zum Beispiel ihre Beziehungen als ebenso eng, liebevoll und befriedigend wie heterosexuelle Männer (Peplau u. Cochran, 1981). Sie gleichen sich auch in ihren Erwartungen an eine Beziehung (Bäccman, Folkesson u. Norlander, 1999) und berichten neben einigen speziellen Problemen (unterschiedlicher HIV-Status, Diskriminierung, offene Beziehungsformen) in Paartherapien dieselben Probleme wie heterosexuelle Paare (Spitalnik u. McNair, 2005). Darüber hinaus sind sich homosexuelle und heterosexuelle Paare hinsichtlich der Partnerwahl sehr ähnlich (Kurdek, 2003). Entscheidend sind dabei vor allem Ähnlichkeit in Bezug auf Alter und Persönlichkeit. Außerdem scheint die Fähigkeit des Partners zur Empathie ein wichtiger Entscheidungsfaktor bei der Partnerwahl zu sein.

Das Wissen zur Partnerschaftszufriedenheit bei homosexuellen Partnerschaften ist insgesamt eher knapp bemessen. Kurdek und Schmitt (1986a) untersuchten Ehepaare, heterosexuelle zusammenlebende Paare und homosexuelle Paare (beiderlei Geschlechts), die sich als monogam definierten. Es zeigten sich, bis auf kleine Abweichungen, keine Unterschiede. Darüber hinaus gleichen sich hetero- und homosexuelle Paare hinsichtlich der

> Homosexuelle Partnerschaften basieren auf denselben Prinzipien, Prozessen und Beziehungsdynamiken wie heterosexuelle Partnerschaften: **richtig!**

Faktoren, die für die Beziehungszufriedenheit bestimmend sind (Deenen, Gijs u. van Naerssen, 1994; Kurdek, 1989/2003; Kurdek u. Schmitt, 1986a, 1986b). Positiven Einfluss auf die Beziehungsqualität haben demnach unter anderem eine große emotionale Nähe, konstruktive Einstellungen zu Konflikten in Beziehungen, hohe Unterstützung im sozialen Umfeld sowie wenig Alternativen zur Partnerschaft. Gottmann und Kollegen (2003) erfassten Daten aus drei Quellen, um hetero- und homosexuelle Paare zu vergleichen: von den Partnern selbst, von Beobachtern der Paare sowie physiologische Daten. Das Ergebnis der Studie offenbarte deutliche Ähnlichkeiten zwischen allen Paaren.

Zusammenfassend lässt sich auf Grundlage bisheriger empirischer Ergebnisse daher feststellen, dass homosexuelle Partnerschaften auf denselben Prinzipien, Prozessen und Beziehungsdynamiken basieren wie heterosexuelle Parternschaften. Davon ausgehend vertreten viele Autoren die Ansicht, dass andere Variablen (z. B. das Geschlecht einer Person) Beziehungsunterschiede zwischen schwulen, lesbischen und heterosexuellen Paaren weitaus besser erklären können als die der sexuellen Orientierung (Kurdek, 1989, 2003; Peplau u. Cochran, 1981; Spitalnik u. McNair, 2005).

Was ist verschieden?

Trotz der deutlichen Ähnlichkeiten wäre es sicher unüberlegt, bestehende Unterschiede zwischen homo- und heterosexuellen Paaren abzustreiten oder zu ignorie-

> Homosexuelle Partnerschaften werden von der Gesellschaft genauso unterstützt wie heterosexuelle Partnerschaften: **falsch!**

ren. Homosexuelle Paare befinden sich vor dem Hintergrund einer heterosexistischen Kultur in einer besonderen Lebenssituation, die zum Teil durch Stigmatisierungs- und Diskriminierungserfahrungen gekennzeichnet ist (MacDonald, 1998; Seferovic, 2006). Aufgrund ihrer gesellschaftlichen Sonderstellung ergeben sich daher für Homosexuelle spezielle Probleme und Besonderheiten.

Ausmaß institutioneller Unterstützung: Obwohl das Klima innerhalb der Gesellschaft in den letzten Jahren liberaler geworden ist, erfahren homosexuelle Paare in Deutschland noch deutlich geringere institutionelle Unterstützung als heterosexuelle Paare (vgl. auch Seferovic, 2006). Trotz des Lebenspartnerschaftsgesetzes, welches als ein Fortschritt gesehen werden kann, werden homosexuellen Paaren weiterhin Rechte zur Gleichstellung verweigert. Von staatlicher Seite wird zum Beispiel die Anerkennung bestimmter Rechte (Adoptions-, Beamten- und Steuerrecht) weiterhin abgelehnt und auch von Seiten bestimmter Religionen werden gegenüber homosexuellen Partnerschaften teilweise stark ablehnende Sichtweisen kommuniziert (siehe z. B. die offiziellen Verlautbarungen der katholischen Kirche).

Soziale Unterstützung von Seiten der Familie: In den USA wird aufgrund der oft ablehnenden Haltung der Familie gegenüber homosexuellen Partnerschaften die soziale Unterstützung von Freunden als intensiver und wichtiger empfunden als die der Kernfamilie (Kurdek u. Schmitt, 1986a). In Deutschland findet sich ein gemäßigteres Bild. Hier berichten immerhin 69 %, dass ihre sexuelle Orientierung von der Familie voll akzeptiert worden sei (Bochow, Wright u. Lange, 2004).

Homosexuelle Beziehungsformen und Sexualverhalten: Homosexuelle Paare gestalten ihre Beziehungen im Vergleich zu heterosexuellen Paaren sehr unterschiedlich, ohne den starken Einfluss von Traditionen, Eheversprechen oder Rollenvor-

> Offene Partnerschaften sind unter schwulen Männern eine verbreitete Beziehungsform: **richtig!**

bildern (Spitalnik u. McNair, 2005; Yip, 1997). Eine Reihe von Studien weist auf eine relativ weit verbreitete Akzeptanz sexueller Nicht-Exklusivität, also auf einen hohen Anteil sogenannter offener Beziehungen, bei schwulen Paaren hin (Blasband u. Peplau, 1985; Blumstein u. Schwartz, 1983; Bochow, Wright u. Lange, 2004; Kurdek u. Schmitt, 1986a; LaSala, 2004; McWhirter u. Mattison, 1986). Seit den 1980er Jahren hat die Tendenz zur Monogamie deutlich zugenommen, was auch als adaptive Verhaltensweise im Zusammenhang mit der HIV/AIDS-Epidemie gesehen werden kann. Zeigten sich in der Vergangenheit noch geringe Monogamieraten von 0 bis 18 % (Blumstein u. Schwartz, 1983; McWhirter u. Mattison, 1986) bezeichnen sich in aktuelleren Studien schon 42 bis 60 % der befragten Paare als monogam (Bochow, Wright u. Lange, 2004; LaSala, 2004).

Allerdings sind auch bei heterosexuellen Paaren nichtmonogame Beziehungsformen und Erlebnisse durchaus verbreitet. So berichten bei Janus und Janus
(1993) zwischen 3 bis 10 % der befragten verheirateten Teilnehmer von Erfahrungen mit offenen Ehen und bis zu 27 % berichten von »Dreiern« innerhalb
der Ehe. Entgegen mancher bestehender Vorurteile unterscheiden sich nichtmonogame und monogame schwule Paare weder in Bezug auf die Partnerschaftszufriedenheit noch in Bezug auf die sie beeinflussenden Faktoren (Kurdek, 1989;
Kurdek u. Schmitt 1986a; Blasband u. Peplau, 1985; LaSala, 2004). Für die Partnerschaftszufriedenheit scheint nicht der Faktor Monogamie, sondern viel eher
die Einigung auf transparente, konkrete und praktikable Vereinbarungen (wie
Offenlegung und Verlagerung des Sexual-
verhaltens sowie die Verhinderung einer | Sex außerhalb der Beziehung ist ein Zeichen für
Übertragung sexueller Krankheiten) ent- | mangelnde Intimität innerhalb der Beziehung:
scheidend zu sein (MacDonald, 1998; Yip, | **falsch!**
1997). Entgegen der landläufigen Meinung ist sexuelle Nicht-Exklusivität kein Hinweis auf mangelnde Intimität oder eine nicht funktionierende Partnerschaft. Sex
außerhalb der Beziehung kann Teil einer gesunden und glücklichen Beziehung sein
(LaSala, 2004; MacDonald, 1998; Yip, 1997). Yip (1997) merkt weiterhin an, dass
man Paare nicht nur in die Kategorien »monogam« und »nichtmonogam« eintei-
len kann, sondern auch auf einem Kontinuum betrachten könnte, da der »Grad«
an Monogamie bzw. Nicht-Exklusivität, je nachdem welche sexuellen Aktivitäten
außerhalb der Beziehung erlaubt sind, variieren kann.

HIV/AIDS und Safer-Sex: Seit Beginn der HIV-Epidemie haben sich nach Schätzungen des Robert Koch-Instituts (RKI) in Deutschland circa 86.000 Menschen
mit HIV infiziert (Robert Koch-Institut, 2007). Etwa 27.000 Personen von diesen
sind bisher verstorben. Die Gesamtzahl der mit HIV infizierten und in Deutschland lebenden Personen beläuft sich Ende 2007 auf etwa 59.000. Männer stellen
dabei einen Anteil von 83 % (Frauen 17 %, Kin-
der < 1 %). Ein großer Teil der HIV-Positiven | Schwule Männer stellen einen Großteil
(58,5 %) sind Männer, die mit anderen Männern | der HIV-Positiven: **richtig!**
Sex haben (MSM), worunter auch schwule Män-
ner[3] fallen. Im Jahr 2007 kam es zu etwa 3.000 Neuinfektionen. Das RKI schätzt,
dass ca. 70 % dieser im Jahr 2007 gestellten Diagnosen MSM betreffen. Danach
erst folgen heterosexuelle Kontakte mit 20 %, Drogengebrauch (7 %) und Mutter-
Kind-Übertragungen (1 %). Damit ist Sex unter Männern der mit Abstand bedeu-
tendste Übertragungsweg. Bochow und Kollegen (2004) zeigten weiterhin, dass
etwa 30 % der schwulen Männer ungeschützten Analverkehr mit einem Partner
angaben, dessen HIV-Status sie nicht kannten, 32 % nahmen Sperma im Mund
auf und nur 38 % benutzten beim Analverkehr immer ein Kondom. Leider stellten
Bochow und Kollegen auch fest, dass im Vergleich zu früheren Studien ein leich-

---

3 Allerdings gehören auch andere Gruppen wie z. B. Bisexuelle, Transsexuelle und heterosexuelle Stri-
   cher zu den MSM.

ter Anstieg bei Risikoverhaltensweisen zu beobachten war. Dies deutet auf eine
»Erosion« des Safer-Sex-Verhaltens hin.

Gleich oder nicht gleich?

Insgesamt gesehen weisen homo- und heterosexuelle Paare mehr Ähnlichkeiten als
Unterschiede auf, so dass die Ergebnisse bezüglich außerpartnerschaftlicher Beziehungen bei heterosexuellen Paaren zum Großteil auch auf homosexuelle Partnerschaften übertragbar sind.

Wie häufig sind Seitensprünge?

Je nachdem, wie eine außerpartnerschaftliche Beziehung (APB) definiert wird,
fallen die erfragten Zahlen über APBen sehr unterschiedlich aus. In den meisten
Studien wird nach außerpartnerschaftlichem Sex bzw. Geschlechtsverkehr gefragt.
Andere Forscher, die stattdessen ein Kontinuum von Verhaltensweisen (verschiedene Abstufungen von Körperkontakt, vom Küssen bis zum Geschlechtsverkehr)
oder auch emotionale Beziehungen erfassen, berichten höhere Raten (z. B. Buunk,
1980; Glass u. Wright, 1985, 1992; Hansen, 1987; Wiedermann u. Hurd, 1999). Nach
Allen et al. (2005) geben bei repräsentativen Umfragen in den USA etwa 22 bis 25 %
der Männer und 11 bis 15 % der Frauen an, *jemals Sex außerhalb der Ehe* gehabt zu
haben. Allerdings ist zu bedenken, dass solche Umfragen die Wahrscheinlichkeit
von außerehelichen Beziehungen aufgrund sozialer Erwünschtheit der Antworten
und einem oft niedrigem Alter der Probanden unterschätzen. In älteren Gruppen
geben bis zu 34 % der Männer und 19 % der Frauen an, schon mal eine außereheliche Beziehung gehabt zu haben (Wiedermann, 1997). Allerdings ist es bei
der Interpretation dieser Zahlen ratsam, den Unterschied zwischen Inzidenz und
Prävalenz außerpartnerschaftlicher Beziehungen zu bedenken. Inzidenz meint die
Anzahl der neu auftretenden Fälle von außerehelichen Beziehungen, zum Beispiel
innerhalb eines Jahres (Jahresinzidenz). Prävalenz meint die Häufigkeit mit der
ein bestimmtes Merkmal in einer Gruppe vorkommt. Die häufig höhere Lebenszeitprävalenz bei älteren Männern und Frauen aus älteren Geburtenjahrgängen ist
vermutlich oft allein auf die größere Lebensspanne und die möglicherweise damit
zusammenhängenden vermehrten Gelegenheiten für außereheliche Beziehungen
zurückzuführen. Demgegenüber geben Männer und Frauen aus jüngeren Kohorten häufig eine höhere Inzidenz an (vgl. Atkins et al., 2001). Im Fall von außerehelichen Beziehungen steigt die Lebenszeitprävalenz also mit dem Alter. Dies gilt
allerdings häufig nicht für die Inzidenz. Die Wahrscheinlichkeit von *außerpartnerschaftlichen Beziehungen bei nichtverheirateten Paaren* liegt zwischen 35 bis 49 %
für Männer und 12 bis 31 % für Frauen (Hansen, 1987; Wiedermann u. Hurd,
1999). Unter *schwulen monogamen Paaren* räumen 16 bis 19 % Analverkehr außerhalb ihrer festen Beziehung im letzten Jahr ein (Bochow et al., 2004). Für die

gesamte Dauer der Partnerschaft liegt die Wahrscheinlichkeit von Sex außerhalb der Beziehung zwischen 45 und 62 % (Deenen et al., 1994; LaSala, 2004; Yip, 1997).

Einige Autoren unterscheiden neben verschiedenen sexuellen Praktiken noch unterschiedliche außerpartnerschaftliche Beziehungstypen, die vom zwanglosen »Sexabenteuer« mit kurzer Dauer bis zur längerfristigen Liebesbeziehung außerhalb der festen Partnerschaft reichen können (Allen u. Baucom, 2004, 2006; Buunk, 1980; Glass u. Wright, 1985, 1992). Glass und Wright (1992) teilen zum Beispiel außerpartnerschaftliche Beziehungen grob in die drei Kategorien (a) emotionale Beziehung ohne Sex, (b) sexuelle Beziehung ohne Gefühle und (c) kombinierter Typ ein. Diese Einteilung hat durchaus Sinn, da für diese drei Kategorien von APBen unterschiedliche Gründe und Verhaltensweisen der involvierten Personen wahrscheinlich sind.

Was sind die Folgen von Seitensprüngen?

Typischerweise ist eine außerpartnerschaftliche Beziehung bei heterosexuellen monogamen Paaren mit psychologischem Stress, Konflikten und geringerer Zufriedenheit in der Partnerschaft verbunden. Letzte Konsequenz ist für manche eine Trennung (Atkins, Baucom, Eldridge u. Christensen, 2005; Gordon u. Baucom, 1999; Hansen, 1987; Janus u. Janus, 1993). Dies ist bei homosexuellen monogamen Paaren nicht anders (LaSala, 2004). Beim betrogenen Partner entstehen oft Reaktionen wie Scham, Wut, Depression und Angst, außerdem eine Art der Viktimisierung, die Symptome ähnlich denen der Posttraumatischen Belastungsstörung hervorrufen kann (Gordon u. Baucom, 1999). Der Partner, der fremdgegangen ist, empfindet dagegen oft Schuld und bereut es, den Partner verletzt zu haben (Allen u. Baucom, 2006). Paare, die wegen außerehelicher Beziehungen eine psychotherapeutische Behandlung beginnen, sind oftmals schwer zu therapieren und haben eine niedrigere Beziehungsqualität als andere Paare (Atkins et al., 2005; Gordon u. Baucom, 1999).

Welche Risiko- und Schutzfaktoren für Seitensprünge gibt es?

Im Folgenden soll auf einige Faktoren eingegangen werden, welche die Auftretenswahrscheinlichkeit von außerpartnerschaftlichen Beziehungen beeinflussen können. Dabei sei noch einmal darauf hingewiesen, dass es sich bei den berichteten Studienergebnissen hauptsächlich um Forschungsergebnisse aus dem Bereich heterosexueller Partnerschaften bzw. Ehen handelt. Die Übertragung auf homosexuelle Paare geschieht hier also trotz aller Ähnlichkeiten hypothetisch. Werden Ergebnisse von homosexuellen Paaren berichtet, so wird dies im folgenden Text gesondert erwähnt. Alle anderen Erkenntnisse beziehen sich auf heterosexuelle Paare.

Einer der konsistentesten Befunde der Forschung über außerpartnerschaftliche Beziehungen betrifft das *Geschlecht*. Männer gehen eher außerpartnerschaftliche Beziehungen ein und haben im Durchschnitt eine höhere Anzahl von Partnern als Frauen (Allen u. Baucom, 2004, 2006; Atkins Baucom u. Jacobson, 2001; Buunk 1980; Glass u. Wright, 1985; Janus u. Janus, 1993; Træn u. Stigum, 1998; Treas u. Giesen, 2000; Wiedermann, 1997; Wiedermann u. Hurd, 1999). Dieser Geschlechterunterschied scheint allerdings, wahrscheinlich auch durch den Einzug der Frauen in die Arbeitswelt bedingt, in jüngster Zeit zu schrumpfen (Atkins et al., 2001). Insgesamt scheinen hetero-

> Männer gehen häufiger fremd als Frauen: **richtig!**

(Buunk, 1980; Glass u. Wright, 1985, 1992) und auch homosexuelle Männer (LaSala, 2004) entsprechend der vor- herrschenden Geschlechterrollen eine eher individualistische, spaß- bzw. sexzentrierte Sicht, Frauen dagegen eine beziehungsbetonte, emotions- bzw. liebeszentrierte Sicht in Bezug auf außerpartnerschaftliche Beziehungen zu vertreten. Männer haben oftmals ein stärkeres sexuelles Interesse sowie ein größeres Bedürfnis nach neuen sexuellen Erfahrungen. Sex ist für sie ein wichtigeres Motiv für einen Seitensprung als das Bedürfnis nach emotionaler Nähe (Buunk, 1980; Glass u. Wright, 1992; Janus u. Janus, 1993; Treas u. Giesen, 2000). Männer berichten häu-

> Für Männer ist Sex ein wichtigeres Seitensprungmotiv als für Frauen: **richtig!**

fig auch stärkere Bereitschaft für und Akzeptanz von außerpartnerschaftlichen Beziehungen und weniger Angst vor negativen Urteilen anderer (Allen u. Baucom, 2006; Glass u. Wright, 1992; Hansen, 1987; Smith, 1984; Treas u. Giesen, 2000). Des Weiteren sind hetero- und homosexuelle Männer besser in der Lage, zwischen Sex und Liebe zu trennen, und haben ein stärkeres Interesse an unverbindlichem Sex und der physischen Attraktivität des Partners (Glass u. Wright, 1992; LaSala, 2004). Sie gehen unabhängiger als Frauen von der Beziehungsqualität fremd und berichten häufiger lockere, sexuell betonte außerpartnerschaftliche Beziehungen ohne emotionale Bindung (Allen u. Baucom, 2004; Glass u. Wright, 1985). Obwohl Männer tolerantere Einstellungen gegenüber Seitensprünge haben als Frauen, lehnt aber immer noch eine Mehrheit der Männer außerpartnerschaftliche Beziehungen als absolut falsch ab (50 bis 83 %; siehe Smith, 1994).

In Bezug auf das *Alter* sind die Befunde inkonsistent. Hier scheinen sich Alters- und Kohorteneffekte zu vermischen. Die Wahrscheinlichkeit für eine APB steigt mit dem Alter. Allerdings scheint es deutliche Unterschiede zwischen den einzelnen Geburtenjahrgängen zu geben. Groß angelegte, repräsentative Studien fanden einen kurvilinearen Zusammenhang zwischen Alter und außerpartnerschaftlichen

> Männer trennen eher zwischen Sex und Liebe als Frauen: **richtig!**

Beziehungen (Atkins et al., 2001; Wiederman, 1997). Es zeigte sich, dass jüngere Kohorten (Geburtenjahrgänge) häufiger außereheliche Beziehungen berichten. Für die mittleren Kohorten sinkt die Wahrscheinlichkeit zunächst, um dann im hohen Alter wieder zuzunehmen. Auch hier gibt es Geschlechterunterschiede (Buunk, 1980; Wiedermann, 1997).

Obwohl höhere *Bildung* mit gesteigerter Akzeptanz für außereheliche Beziehungen zusammenhängt (Smith, 1994), ist der Zusammenhang zwischen Bildung und tatsächlichen außerpartnerschaftlichen Beziehungen nicht so eindeutig. Die bisherige Forschung zeigt insgesamt inkonsistente Ergebnisse, was die Beziehung zwischen Bildung und außerpartnerschaftlichen Beziehungen betrifft (Atkins et al., 2001; Buunk, 1980; Janus u. Janus, 1993; Træn u. Stigum, 1998; Edwards u. Booth, 1994; Treas u. Giesen, 2000). Diese Inkonsistenzen entstehen möglicherweise durch eine größere Wahrscheinlichkeit von außerpartnerschaftlichen Beziehungen an den extremen Rändern der Bildungsverteilung (Personen mit besonders

> Menschen mit einem niedrigen Bildungsstand gehen häufiger fremd: **falsch!**

hoher oder niedriger Bildung) oder durch so genannte Moderatoreffekte, also Einflüsse anderer, nicht berücksichtigter Einflussfaktoren (Træn u. Stigum, 1998; Treas u. Giesen, 2000).

Viele Forscher fanden einen positiven Zusammenhang zwischen der *Dauer der Beziehung* und außerpartnerschaftlichen Beziehungen: je länger die Beziehung, desto höher die Wahrscheinlichkeit einer APB (Forste u. Tanfer, 1996; Hansen, 1987; Træn u. Stigum, 1998; Treas u. Giesen, 2000). Dies könnte vielleicht damit zusammenhängen, dass die sexuelle Zufriedenheit sowie das sexuelle Interesse

> Die Wahrscheinlichkeit für einen Seitensprung steigt mit der Dauer der Beziehung: **richtig!**

am Partner mit der Dauer der Partnerschaft abnimmt (Edwards u. Booth, 1994). Auch hier muss allerdings wieder der Unterschied zwischen Prävalenz und Inzidenz beachtet werden. So fanden einige wenige Studien außerpartnerschaftliche Beziehungen eher in kurzfristigen Beziehungen (Allen u. Baucom, 2006; Buunk, 1980). Bei schwulen Paaren zeigte sich darüber hinaus ein deutlicher positiver Zusammenhang zwischen der Dauer der Partnerschaft und der Definition der Partnerschaft als offen (Bochow et al., 2004; Deenen et al, 1994; Kurdek u. Schmitt, 1986a; McWhirter u. Mattison, 1986). Der Faktor Nicht-Exklusivität scheint zur Stabilität schwuler Beziehungen beizutragen. Eine andere Erklärung wäre, dass mono-

> Monogame schwule Beziehungen halten länger als offene schwule Beziehungen: **falsch!**

game Paare, die länger zusammen sind, möglicherweise in eine nichtmonogame Beziehungsform wechseln.

Probleme als auch *Unzufriedenheit* in der Beziehung werden oft als Rechtfertigung für außereheliche Beziehungen herangezogen (Glass u. Wright, 1992). Interessant ist, dass der Zusammenhang zwischen Ehestress und außerehelichen Beziehungen bei Frauen höher ist (Glass u. Wright, 1985). Bei Frauen gehen außer-

> In einer glücklichen Beziehung gibt es keinen Seitensprung: **falsch!**

eheliche Beziehungen in erhöhtem Maße mit Unzufriedenheit in der Ehe einher, wohingegen bei Männern eher individuelle Aspekte wichtig sind, wie tolerante Ansichten oder sexuelle Reize (Glass u. Wright, 1992). Beachtenswert ist aber auch weiterhin, dass, obwohl Ehezufriedenheit und außereheliche Beziehungen zusammenhängen, nicht jeder, der eine außereheliche Beziehung eingeht, mit seiner Ehe unzufrieden ist. Bei Glass und Wright (1985) beschrieben 56 % der Männer und 34 % der Frauen, die eine außereheliche Beziehung hatten, ihre Ehe als glücklich oder sehr glücklich. *Sexuelle Unzufriedenheit* in einer Beziehung geht ebenfalls mit einer höheren Wahrscheinlichkeit oder einem stärkeren Verlangen nach einer außerpartnerschaftlichen Beziehungen einher (Buunk, 1980; Edwards u. Booth, 1994; Janus u. Janus, 1993; Træn u. Stigum, 1998). Dabei ist dieser Zusammenhang bei Männern stärker (Buunk, 1980; Janus u. Janus, 1993). Weiterhin wird sexuelle Unzufriedenheit von befragten Personen als mögliches Motiv für Untreue angegeben und hängt darüber hinaus negativ mit der Stabilität der Beziehung sowie mit einer negativen globalen Beziehungszufriedenheit zusammen (Edwards u. Booth, 1994). Die sexuelle Zufriedenheit in homo- (Deenen et al., 1994) wie auch heterosexuellen Beziehungen (Edwards u. Booth, 1994) nimmt mit der Dauer der Partnerschaft ab, was möglicherweise durch Gewöhnungseffekte und einen damit verbundenen Verlust des sexuellen Interesses am Partner zustandekommen könnte. Neben der sexuellen Unzufriedenheit wird aber auch die *emotionale Unzufriedenheit* häufig als Grund für eine außerpartnerschaftliche Beziehung angegeben (Allen u. Baucom, 2004, 2006).

Ein weiterer Faktor für die Wahrscheinlichkeit von APBen sind sogenannte *Opportunities*. Das Wort »Opportunity« bedeutet »Chance« oder »Gelegenheit«. In der außerpartnerschaftlichen Beziehungsforschung steht dieser Begriff für Faktoren außerhalb der Beziehung, die das Auftreten einer außerpartnerschaftlichen Beziehung fördern oder hemmen können (Allen et al., 2005). Der Begriff bezieht sich meistens auf die Verfügbarkeit und Bereitschaft alternativer Partner, wie auch auf Faktoren, die eine Verheimlichung einer außerpartnerschaftlichen Beziehung erleichtern oder sogar fördern. Aber auch individuelle Aspekte wie das sexuelle Interesse gehören dazu. Da die Definition der Variable »Opportunity« deutlich über den deutschen Begriff »Gelegenheit« hinausgeht, wird im folgenden Text weiterhin das englische Wort anstatt der deutschen Übersetzung verwendet. Viele Forscher bezeichnen Opportunity als eine entscheidende Variable in der außerpartnerschaftlichen Beziehungsforschung (z. B. Allen et al., 2005; Buunk, 1980). So ist eine außerpartnerschaftliche Beziehung oft der erste Schritt in Richtung des Bewusstwerdens einer Gelegenheit. Direkte Angebote möglicher Partner erhöhen die Wahrscheinlichkeit von außerehelichen Beziehungen beträchtlich (Buunk, 1980). Der Arbeitsstatus einer Person ist eine entscheidende Opportunityvariable. Eine geregelte Arbeit mit entsprechendem Einkommen erhöht nicht nur die Wahrscheinlichkeit für das Auftreten attraktiver Alternativen zum Partner, sondern bietet auch oft die nötigen finanziellen Mittel und Wege zur Verheimlichung eines Seitensprunges (Atkins et al., 2001). Größeres sexuelles Interesse (Treas u. Giesen, 2000), das Bedürfnis nach neuen sexuellen Erfahrungen (Buunk, 1980; Wiedermann u. Hurd, 1999) und ein früher beginnendes, aktiveres Sexualleben (Træn u. Stigum, 1998) stehen ebenfalls in Verbindung mit vermehrten außerehelichen Beziehungen. Die Möglichkeit, außerpartnerschaftliche Beziehungen zu verheimlichen, erhöht ebenso die Wahrscheinlichkeit für eine APB (Wiedermann u. Hurd, 1999).

> Gelegenheit macht Seitensprung: **richtig!**

Es gibt keine Hinweise auf Häufigkeitsunterschiede außerehelicher Beziehungen zwischen den verschiedenen *Glaubensrichtungen* (Edwards u. Booth, 1994; Forste u. Tanfer, 1996). Allerdings zeigen Studien, dass die Häufigkeit, mit der religiöse Dienste in Anspruch genommen werden, und die selbst berichtete Religiosität negativ mit toleranten Einstellungen zu außerehelichen Beziehungen (Smith, 1994) und tatsächlichen außerpartnerschaftlichen Beziehungen zusammenhängt (Atkins et al., 2001; Buunk, 1980; Hansen, 1987; Janus u. Janus, 1993). Dies gilt auch für schwule Paare (Yip, 1997). Eine kleine Anzahl von Studien findet keinen Zusammenhang (Blumstein u. Schwartz, 1983; Treas u. Giesen, 2000; Wiedermann, 1997). Die Gründe hierfür könnten Interaktionen mit anderen Variablen wie zum Beispiel eine tolerantere Einstellung gegenüber außerpartnerschaftlichen Beziehungen und Zufriedenheit mit der Beziehung sein. Bei Atkins et al. (2001) war dementsprechend die Religiosität eines Paares nur bei glücklichen Paaren ein schützender Faktor.

Zwei weitere Risikofaktoren, die im Zusammenhang mit APBen untersucht wurden, sind *Meinungen und Einstellungen* einer Person. Die Idee ist, dass Meinungen einer Person bezüglich der Annehmbarkeit außerpartnerschaftlicher Beziehungen zumindest teilweise festlegen sollten, ob und in welchem Ausmaß Personen eine außerpartnerschaftliche Beziehung eingehen. In bisherigen Stu-

> Wer toleranter gegenüber Seitensprüngen ist, geht auch häufiger fremd: **richtig!**

dien wurde ein zuverlässiger Grad der Übereinstimmung zwischen Einstellungen und Verhaltensweisen gefunden. Wiedermann (1997) untersuchte außereheliche Beziehungen in den vergangenen zwölf Monaten sowie Einstellungen gegenüber Monogamie. Personen, die einen stärkeren Glauben an Monogamie ausdrückten, hatten weniger außereheliche Beziehungen. Jedoch bewerteten auch circa 60 % der Personen, die eine außereheliche Beziehung hatten, dies als »immer falsch«. Meinungen und Verhalten stimmen somit nicht immer überein. Treas und Giesen (2000) konnten eine ähnliche Beziehung zwischen außerehelichen Beziehungseinstellungen und entsprechendem Verhalten nachweisen. Dieser Zusammenhang blieb bei Treas und Giesen (2000) selbst bei Kontrolle von bedeutenden Einflussfaktoren wie Gelegenheit und Beziehungsqualität bedeutsam. Hansen (1987) untersuchte die Akzeptanz verschiedener außerpartnerschaftlicher Beziehungsverhaltensweisen. Personen, die diese missbilligten, berichteten auch weniger außerpartnerschaftliche Beziehungen. Peterman (in Vorb.) kritisiert in seiner Studie, dass Einstellungen differenzierter erfasst werden müssten. Seiner Meinung nach verbinden manche Individuen außerpartnerschaftliche Beziehungen eventuell mit angenommenen abschreckenden Konsequenzen oder Kosten wie (a) Schaden für das Selbstkonzept, (b) Schaden für die Partnerschaft, (c) Entfremdung von Freunden und (d) emotionaler Stress. Ein solches Netzwerk von Einstellungen könnte ein komplexeres Schema außerpartnerschaftlicher Beziehungen erzeugen, das mit einer größeren Anzahl von Gedanken und Einstellungen verbunden ist. Komplexere Schemata sollten laut Peterman (in Vorb.) außerpartnerschaftliche Beziehungen besser vorhersagen können als bisher verwendete Instrumente.

Um die große Bandbreite verschiedener außerpartnerschaftlicher Beziehungstypen besser erklären zu können, haben einige Autoren lange Listen unterschiedlicher *Motive und Rechtfertigungen* erstellt (z. B. Glass u.

> Ein Seitensprung kann ein Wunsch nach mehr Unabhängigkeit sein: **richtig!**

Wright, 1992). Glass und Wright (1992) konnten zeigen, dass sich Motive auf vier Dimensionen aufteilen lassen: (a) sexuelle Motive, (b) Liebe, (c) emotionale Nähe und (d) andere Motive (Rache, Karrierevorteile). Um außereheliche Beziehungen zu erfassen, gebrauchten sie ein Kontinuum sexueller und emotionaler Verhaltensweisen. Wie vorhergesagt berichteten Männer und Frauen, die sexuelle Motive als Rechtfertigung für außereheliche Beziehungen angaben, eher sexuelle außereheliche Beziehungen. Bei Männern war emotionale Nähe insgesamt ein eher schwaches Motiv. Andere Autoren nennen bestimmte Motive als mit APBen assoziierte Faktoren. Sie vermuten, dass außerpartnerschaftliche Beziehungen als Möglichkeit dienen, Defizite der Partnerschaft in Bezug auf Nähe- und Autonomiebedürfnisse zu kompensieren (Allen u. Baucom, 2004, 2006; Buunk, 1980; Glass u. Wright, 1992). Eine zwanglose und sexuelle außerpartnerschaftliche Beziehung mit festen Grenzen kann ein Weg sein, sich ein Gefühl von Freiraum und Unabhängigkeit gegenüber der festen Beziehung zu verschaffen. Andere wiederum suchen in der außerpartnerschaftlichen Beziehung Nähe und Geborgenheit. Neben Autonomie und Nähe werden auch andere Motive als Gründe für einen Seitensprung genannt, wie zum Beispiel die Steigerung des eigenen Selbstwertgefühls oder auch Rache nach vorherigem Seitensprung des Partners (Allen u. Baucom, 2004, 2006; Glass u. Wright, 1992).

Im Zusammenhang mit außerpartnerschaftlichen Beziehungen bei monogamen Paaren wurde die *Bindungstheorie*, die ursprünglich von John Bowlby 1969 im Rahmen von Mutter-Kind-Interaktionen untersucht wurde, gewinnbringend auf Beziehungen von Erwachsenen ausgeweitet (Bartholomew 1990; Bartholomew u. Horowitz, 1991). Nach Bartholomew (1990) beschreibt die Bindungstheorie eine verinnerlichte Sichtweise auf sich selbst und andere. Diese Sichtweise kann entweder positiv oder negativ ausgeprägt sein. Eine positive Sichtweise auf sich selbst steht für die Überzeugung, dass man es wert ist, geliebt und unterstützt zu werden, eine negative Sicht auf das Selbst steht dagegen für die Überzeugung, dass man es nicht wert ist, geliebt zu werden. Eine positive Sicht anderen gegenüber enthält die Überzeugung, anderen vertrauen und sich auf sie verlassen zu können, die negative Sicht von anderen, die Wahrnehmung anderer als unzuverlässig und zurückweisend einzustufen. Diese Unsicherheit bezüglich der Bindung an andere bzw. an einen Partner kann entsprechend der Ansicht von Bartholomew (1990; vgl. auch Bartholomew u. Horowitz, 1991) auf zwei Skalen abgebildet werden: *Angst* und *Vermeidung*.

Angst beschreibt in diesem Zusammenhang die ständige Sorge vor dem Verlassenwerden, das Bedürfnis nach extremer Nähe und die Abhängigkeit von anderen Personen in Bezug auf den Selbstwert. Vermeidung spiegelt hingegen das Unwohlsein bei Nähe und Abhängigkeit wider. Der Grad an Angst oder Vermeidung einer Person kann mehr oder weniger stark ausgeprägt sein. Aus dieser Einteilung entstehen nach Bartholomew (1990; vgl. auch Bartholomew u. Horowitz, 1991)

	Angst	
	niedrig	hoch
niedrig **Vermeidung** hoch	**sicher gebunden**	**ängstlich-ambivalent**
	gleichgültig-vermeidend	**ängstlich-vermeidend**

Abbildung 10: Die vier Bindungstypen nach Grad an Angst und Vermeidung

die *vier Bindungstypen* (siehe Abbildung 10) (a) sicher, (b) ängstlich-ambivalent, (c) gleichgültig-vermeidend und (d) ängstlich-vermeidend.

Sicher gebundene Menschen haben niedrige Werte auf den Skalen Angst und Vermeidung. Sie haben keine Probleme, sich eng an einen Partner zu binden. *Ängstlich-ambivalente Menschen* haben hohe Werte auf der Skala Angst. Sie machen sich ständig Sorgen darüber, verlassen oder nicht genug geliebt zu werden, und zeichnen sich daher in Beziehungen durch ein emotionales Überengagement und Verlust ihrer Autonomie aus. Hohe Werte in der Skala Angst hängen außerdem mit einem negativen Selbstbild und geringerem Selbstwertgefühl zusammen (Bartholomew u. Horowitz, 1991). *Gleichgültig-vermeidende Menschen* haben hohe Werte auf der Skala Vermeidung und spielen die Bedeutung von intimen Beziehungen herunter. Sie vermeiden Nähe und betonen ihre Selbstständigkeit. *Ängstlich-vermeidende Menschen* haben auf beiden Skalen hohe Werte. Sie haben große Angst davor, verlassen oder nicht genug geliebt zu werden. Obwohl sie ein großes Bedürfnis nach Nähe haben, vermeiden sie diese Nähe aus Angst davor, zurückgewiesen zu werden (Allen u. Baucom, 2004; Bartholomew, 1990; Bartholomew u. Horowitz, 1991).

Der empirische Zusammenhang von außerpartnerschaftlichen Beziehungen und Bindungsverhalten ist bisher nur wenig untersucht. In einigen Studien zeigte sich allerdings, dass unter den Studienteilnehmern vermeidende Personen (Personen mit hohen Werten auf der Skala Vermeidung), hier insbesondere gleichgültig-vermeidende Männer, aber auch ängstliche Frauen (Frauen mit hohen Werten auf der Skala Angst), häufiger von außerpartnerschaftlichen Beziehungen und mehr Partnern berichten (Allen u. Baucom, 2004; 2006). In einer anderen Studie berichteten Personen mit einem hoch ängstlichen Bindungsstil häufiger sehr intensive, fast obsessive und von Abhängigkeit geprägte romantische Beziehungen (Hazan u. Shaver, 1987). Des Weiteren berichteten unsicher gebundene, im Besonderen ängstliche, Personen eine geringere sexuelle, emotionale und globale Beziehungsqualität sowie instabilere Beziehungen mit geringerer Dauer (Hazan u. Shaver, 1987).

> Sicher gebundene Menschen gehen seltener fremd: **richtig!**

Zusammenfassung der Faktoren

Zusammenfassend lassen sich folgende Faktoren identifizieren, die einen Einfluss auf die Wahrscheinlichkeit eines Seitensprunges haben könnten: Geschlecht, Alter, Bildung, Beziehungsdauer, Beziehungszufriedenheit, Konfession, Opportunities bzw. Gelegenheiten, Meinungen und Einstellungen, Motive und Rechtfertigungen sowie der Bindungstyp. Tabelle 3 stellt die Faktoren noch einmal hinsichtlich ihrer Wirkung zusammen.

Es zeigt sich, dass eine Menge Faktoren die Wahrscheinlichkeit für eine außerpartnerschaftliche Beziehung beeinflussen. Zusammenfassend ließe sich also überspitzt und etwas plakativ formulieren, dass der ideale Partner, mit der – rein statistisch – geringsten Wahrscheinlichkeit für einen Seitensprung, wahrscheinlich eine Frau mittleren Alters und von mittlerem Bildungsstand wäre, die religiös ist und Monogamie stark befürwortet bzw. Seitensprünge deutlich ablehnt. Des weiteren läge kein ausgeprägtes sexuelles Interesse vor, sie würde nicht arbeiten, damit sich ihr dadurch keine Gelegenheiten für einen Seitensprung bietet. Außerdem hätte sie am besten nur unattraktive Freunde oder Freundinnen, die Seitensprünge ebenfalls verurteilen. Darüber hinaus sollte sie dem sicheren Bindungstypus angehören und auch emotionale und sexuelle Bedürfnisse als Motiv für APBen in monogamen Beziehungen ablehnen. Die Beziehung, in der sich diese Frau befindet, sollte weiterhin weder gerade erst begonnen haben noch zu lange andauern. Selbstverständlich würde die Beziehungszufriedenheit in allen Bereichen hervorragend sein.

Diese fiktive Zusammenstellung von Eigenschaften macht klar, dass die idealen Partner, bei denen ein Seitensprung unmöglich vorkommen kann, rar gesät sind. Aber wie häufig sind Seitensprünge nun bei schwulen Männern? Können schwule

Tabelle 3: Vermutete Risiko- und Schutzfaktoren für einen Seitensprung

Risikofaktoren	Schutzfaktoren	komplexe Faktoren

• **männliches Geschlecht**
• **Unzufriedenheit**
  in der Beziehung (emotional oder sexuell)
• **»Opportunities«**
  (wie Arbeitsstatus, direkte Angebote oder größeres sexuelles Interesse)
• **tolerante Meinungen**
  gegenüber Seitensprüngen
• **unerfüllte Wünsche**
  nach Nähe oder Unabhängigkeit
• **Rechtfertigungsmuster**
  gegenüber Seitensprüngen
• **unsicherer Bindungstypus**
	• **hohe Zufriedenheit**
	  mit der Beziehung
	• **hohe Religiösität**
	• **ablehnende Meinungen**
	  gegenüber Seitensprüngen bzw. starker Glaube an das Konstrukt der Monogamie.
	• **hohe »Barrieren«**
	  bzw. negative Konsequenzen für einen Seitensprung (z. B. Angst vor negativer Rückmeldung im Freundeskreis oder vor Verlust des Partners)
	• **sicherer Bindungstypus**
		• **Alter**
		  (Risiko steigt mit dem Alter; es mischen sich aber Alters- und Kohorteneffekte)
		• **Bildung**
		  (Risikogruppen scheinen extreme Ränder der Verteilung zu sein)
		• **Beziehungsdauer**
		  (bei »frischen« Beziehungen häufiger Seitensprünge, steigt aber auch mit Dauer)

Männer auf der Suche nach einem monogamen Partner gleich die Segel streichen? Um diese Frage zu beantworten, soll im folgenden Abschnitt exemplarisch und auszugsweise eine empirische Studie vorgestellt werden. Für eine ausführlichere Darstellung der Studie sei die Originalarbeit empfohlen (vgl. Kirchhof, 2006).

Eine Studie zur Monogamie bei schwulen Männern

Im Rahmen einer Diplomarbeit wurde 2006 von Kirchhof das Beziehungsverhalten schwuler Männer in Bezug auf Monogamie untersucht. Im Mittelpunkt standen *vier verschiedene Themenkomplexe*.

– Der erste Themenbereich betraf die Identifizierung von *Risikofaktoren für außerpartnerschaftliche Beziehungen* bei schwulen Männern, die in einer monogamen Beziehung leben. Eine außerpartnerschaftliche Beziehung wurde hier als sexueller Kontakt außerhalb der Beziehung definiert. Reine Liebesbeziehungen außerhalb der festen Partnerschaft wurden nicht erfasst. Die Anzahl der Partner wurde ebenfalls erhoben. Da angenommen wurde, dass sich der Bindungsstil einer Person auf die Häufigkeit außerpartnerschaftlicher Beziehungen auswirkt, wurde nach dem Bindungsstil gefragt. Auch der Einfluss eigener Einstellungen und Meinungen auf außerpartnerschaftliche Beziehungen wurde untersucht. Zusätzlich wurden die Religiosität, Zufriedenheit und Dauer der bestehenden Partnerschaft sowie Alter und Bildung erfasst.
– Im zweiten Themenbereich wurden die *Motive für das Eintreten in eine außerpartnerschaftliche Beziehung*, also Bedürfnisse nach mehr Autonomie oder Nähe in der Beziehung, genauer betrachtet.
– Der dritte Themenbereich bezog sich auf die *Gegenüberstellung monogam und nichtmonogam gelebter schwuler Beziehungsformen* in Bereichen wie Partnerschaftsdauer, Beziehungszufriedenheit, Bindungsverhalten und Einstellungen zu Monogamie und Treue bzw. Fremdgehen.
– Der vierte und letzte Themenbereich beschäftigte sich mit der *Verbreitung von Safer-Sex-Praktiken*.

Die Befragung

Die Befragung wurde mittels eines Fragebogens durchgeführt, der auf einer Webseite der Technischen Universität Braunschweig freigeschaltet wurde.[4] Eine Online-Befragung bot sich aus unterschiedlichen Gründen an, unter anderem versprach sie eine bessere Zugänglichkeit bezüglich der Population schwuler Männer. Darüber hinaus erschien eine Befragung über das Internet angesichts der Intimität der erfragten Informationen sinnvoll, da so die Anonymität leichter gewährleistet wer-

---

4 Die Webseite kann unter der Adresse http://www.tu-braunschweig.de/psychologie/abt/klinische/ arbeiten/kirchhof eingesehen werden.

den konnte. Die Rekrutierung der Teilnehmer erfolgte über einen Teilnahmeaufruf in verschiedensten schwulen Medien wie einem lokalen Radiosender (»RadioSub«) aus Frankfurt am Main sowie einem großen, deutschlandweit verlegten schwulen Männermagazin (»Männer Aktuell«).[5] Des Weiteren wurde eine größere Anzahl Webportale angeschrieben und um eine Verlinkung gebeten sowie ein Teilnahmeaufruf in verschiedene, themennahe Foren gestellt.

Die Teilnehmer wurden im Vorfeld über Teilnahmebedingungen, Anonymität, Dauer und Hintergrund des Fragebogens informiert. Des Weiteren erhielten sie die Definitionen von monogamer Beziehung, offener Beziehung, sexuellem Kontakt und Safer-Sex, um ein einheitliches Verständnis dieser Begriffe zu gewährleisten.

Aufbau des Fragebogens

Der Fragebogen gliederte sich wie folgt (Tabelle 4a):

Tabelle 4 a: Untersuchte Einflussfaktoren für außerpartnerschaftliche Beziehungen

Mit außerpartnerschaftlichen Beziehungen (APBen) assoziierte Faktoren
• Alter
• Bildungsstand
• sexuelle, emotionale und globale **Beziehungszufriedenheit**
• **Religiösität**
• **Beziehungsdauer**
• **Opportunity** (sexuelles Interesse und Verfügbarkeit von Alternativen)
• **Bindungsstil**
• **Motive** für eine APB (Nähe vs. Autonomie)
• **Einstellungen** zu Monogamie und Treue
• antizipierte **Konsequenzen** einer APB (für Freundeskreis, emotionales Selbst, Selbstkonzept und Partnerschaftsqualität)

Begonnen wurde mit der Abfrage demographischer Daten wie Alter und Bildungsstand. Es folgten Fragen zum Safer-Sex-Verhalten, zur sexuellen, emotionalen und globalen Partnerschaftszufriedenheit sowie zur Religiösität. Des Weiteren wurden Art und Dauer der Beziehung erhoben. Dem folgten Fragen zur Verfügbarkeit (Opportunity) sowie zur Häufigkeit außerpartnerschaftlicher Beziehungen und Anzahl der APB-Partner. In Anlehnung an Allen und Baucom (2004) wurde nach dem Bindungsstil sowie nach Motiven (Nähe vs. Autonomie) für die außerpartnerschaftliche Beziehung (APB) gefragt, wie auch nach der Art der APB (Liebesbeziehung vs. reiner sexueller Kontakt). Des Weiteren wurden Einstellungen und Meinungen zu Monogamie und Treue sowie mit der APB antizipierte Konsequenzen (für den Freundeskreis, emotionales Selbst, Selbstkonzept und Partnerschafts-

---

5 Hier noch einmal einen großen Dank an das Team von »RadioSub« und insbesondere an das Team von »Männer Aktuell«.

qualität) in Anlehnung an Peterman (in Vorb.) als komplexe Schemata erhoben. Weitere Faktoren, die mit einbezogen wurden, waren die in Tabelle 4b aufgelisteten.

Tabelle 4 b: Untersuchte Einflussfaktoren für außerpartnerschaftliche Beziehungen

Weitere Faktoren
• **Safer-Sex**-Verhalten
• **Beziehungsart** bzw. Grad der Monogamie in der Beziehung
• **Häufigkeit der APBn** (prozentual)
• **Anzahl der APB-Partner**
• **Art der APB** (Liebe vs. Sex)

Teilnehmer der Studie

Die Erhebung fand von August bis einschließlich September 2006 statt. Der Erhebungszeitraum betrug damit zwei Monate. Von 1150 Personen schlossen 582 die begonnene Befragung ab. Die Abbruchquote während der Befragung betrug damit 49 %. Nach Ausschluss weiterer 68 Teilnehmer (z. B. aufgrund inkonsistenter Antworten) verblieben für die Analyse 514 Personen. Diese waren im Durchschnitt 30,6 Jahre alt. Die durchschnittliche Partnerschaftsdauer betrug 4,5 Jahre. Es zeigte sich ein hoher Anteil formal Hochgebildeter. Etwa 40 % der Befragten befanden sich im Studium oder hatten bereits einen Universitäts- oder Hochschulabschluss. Nur rund 20 % der Teilnehmer hatten zum Zeitpunkt der Befragung einen Realschulabschluss oder niedrigeren Abschluss.

Grenzen der Studie

Im Folgenden sollen Grenzen der Studie, die bei der Interpretation der Ergebnisse berücksichtigt werden müssen, kurz dargelegt werden. Bei der Studie handelt es sich um eine Korrelationsstudie, das heißt, dass alle Einflussfaktoren zum gleichen Zeitpunkt erfasst wurden. Durch diesen Umstand können keine Aussagen über kausale Zusammenhänge, das heißt eine Klärung, was Henne und was Ei ist, getroffen werden. Falls in dieser Studie ein Zusammenhang zwischen Beziehungszufriedenheit und der Wahrscheinlichkeit für Seitensprünge besteht, ist es einerseits möglich, dies als Einfluss der Beziehungszufriedenheit auf die Häufigkeit von außerpartnerschaftlichen Beziehungen zu interpretieren. Ebenso gut kann sich aber auch die außerpartnerschaftliche Beziehung auf die Zufriedenheit ausgewirkt haben. Im Nachhinein lässt sich also ein kausaler Zusammenhang entsprechend der bisherigen Forschungsergebnisse hier nur hypothetisch vermuten. Um genauere Anhaltspunkte über Richtungen von Wirkungszusammenhängen treffen zu können, wären Langzeitstudien notwendig, in denen die entsprechenden Faktoren über einen längeren Zeitraum beobachten werden. Solche Studien sind allerdings sehr zeit- und ressourcenaufwändig, so dass sie nur selten realisiert werden können. Eine Beweisführung ist aber durch solche Langzeitstudien und generell in der psychologischen Wissenschaft nicht zu erbringen, da auch Ergebnisse aus kontrollierten randomisierten Experimenten mit einer Restirrtumswahrscheinlichkeit behaftet sind.

Als weiterer Punkt, der bei der Interpretation der Ergebnisse Berücksichtigung finden muss, sei die Repräsentativität der Stichprobe angeführt. Formal hochgebildete Männer waren in der Studie überrepräsentiert und Personen ohne Internetzugang von der Befragung ausgeschlossen. Es bleibt daher offen, ob sich Motive und Begleitumstände außerpartneschaftlicher Beziehungen in dieser Stichprobe grundlegend von denen anderer schwuler Männer unterscheiden.

Ergebnisse der Studie

Für die Auswertung der *Risikofaktoren und Motive außerpartnerschaftlicher Beziehungen* wurde nur die Teilstichprobe von 293 schwulen Männern in einer monogamen Beziehung herangezogen, da es in offenen Beziehungen per definitionem keine sexuelle Untreue bzw. Seitensprünge gibt bzw. dieser Begriff individueller definiert werden muss. Von den 293 schwulen Männern, die in einer monogamen Partnerschaft lebten, berichteten 76, also 26 %, einen außerpartnerschaftlichen sexuellen Kontakt.

> 26 % der schwulen Männer aus monogamen Partnerschaften berichteten einen Seitensprung.

Der Grad an *Bildung* hing negativ mit der Wahrscheinlichkeit für eine APB zusammen. Aufgrund des hohen Anteils von Hochschulabgängern in dieser Studie sollte dieses Ergebnis aber mit großer Vorsicht interpretiert werden.

Das *Ausmaß der Religiösität* einer Person hatte keinen Einfluss auf die APB-Wahrscheinlichkeit. Der geringe Einfluss dieser Variable könnte darauf zurückzuführen sein, dass viele Religionen, besonders die römisch-katholische Kirche, zumindest in ihren offiziellen Verlautbarungen, eine diskriminierende Haltung gegenüber Homosexuellen einnimmt und daher religiöse Motive für schwule Männer generell eine untergeordnete Rolle spielen könnten. Allerdings fanden auch schon andere Studien bei heterosexuellen Paaren keinen Zusammenhang zwischen Religiosität und außerpartnerschaftlichen Beziehungen (Blumstein u. Schwartz, 1983; Treas u. Giesen, 2000; Wiedermann, 1997).

> Die Religiösität hatte keinen Einfluss.

Auch das *Alter* hatte keinen Einfluss auf die Wahrscheinlichkeit, eine außerpartnerschaftliche Beziehung zu beginnen. Dies könnte unter Umständen an der insgesamt recht jungen Stichprobe liegen. Ursächlich könnte aber auch die in der Studie verwandte Form der Frage gewesen sein. Gefragt wurde nur nach einer außerpartnerschaftlichen Beziehung in der aktuellen Partnerschaft. Es ist zu vermuten, dass das Ergebnis ein anderes wäre, wenn die Frage gelautet hätte, ob eine Person *jemals*

> Das Alter spielte keine Rolle.

eine außerpartnerschaftliche Beziehung gehabt hätte, da die Wahrscheinlichkeit, eine APB gehabt zu haben, mit dem Alter gewöhnlich ansteigt (Atkins et al., 2001; Wiederman, 1997).

Entsprechend bisheriger Ergebnisse (z. B. Forste u. Tanfer, 1996; Treas u. Giesen, 2000) hing die Wahrscheinlichkeit für außerpartnerschaftliche Beziehungen und die *Partnerschaftsdauer* positiv zusammen. Die Wahrscheinlichkeit einer APB stieg in den ersten Jahren einer Partnerschaft rapide an, danach war nur noch ein langsamer Anstieg zu verzeichnen.

> Je länger eine Partnerschaft dauerte, desto häufiger gab es Seitensprünge.

Dies könnte darin begründet sein, dass sich viele Männer zu Anfang einer Beziehung noch nicht sicher sind, ob der Partner der Richtige ist und die Beziehung von Dauer sein wird. Die Partnerschaftsdauer hatte auch einen Einfluss auf die sexuelle Zufriedenheit. Sie sank mit der Dauer der Beziehung. Dies könnte ein weiterer Grund für die zunehmenden APBen mit steigender Partnerschaftsdauer sein.

Die Ergebnisse zeigten weiterhin, dass die drei Maße für *Beziehungszufriedenheit* (globale Beziehungszufriedenheit, sexuelle Zufriedenheit, emotionale Zufriedenheit) negativ mit der Wahrscheinlichkeit einer außerpartnerschaftlichen Beziehung zusammenhingen. Überraschenderweise war der Zusammen-

> Unzufriedenheit in der Beziehung war ein Risikofaktor für Seitensprünge.

hang zwischen emotionaler Zufriedenheit bzw. Unzufriedenheit und der Wahrscheinlichkeit für APBen am größten. Dies könnte unter Umständen bedeuten, dass versucht wurde, mit den APBen emotionale Defizite innerhalb der festen Partnerschaft zu kompensieren. Im Grunde widerspräche dies der überwiegenden Darstellung von Seitensprüngen als zwangloser One-Night-Stand. Demnach müsste eigentlich die sexuelle (Un-)Zufriedenheit den höchsten Vorhersagewert für APBen besitzen. Eine mögliche Erklärung wäre, dass sich schwule Männer die Suche nach Bestätigung und Befriedigung emotionaler Bedürfnisse weniger eingestehen und daher versuchen, die Bedürfnisse auf sexuellem Wege zu erfüllen. Begründet werden könnte dies aber auch mit der Fähigkeit schwuler Männer, ihre emotionalen Bedürfnisse über sexuelle Kontakte zu befriedigen. Zumindest deckt sich dieser Befund mit der eher sexzentrierten Sicht von heterosexuellen Männern bei APBen (Glass u. Wright, 1985, 1992).

Von den 293 Männern zeigten 146 Personen (50 %) einen sicher gebundenen *Bindungsstil*, 103 Personen (35 %) waren ängstlich-ambivalent, 33 Personen (11 %) gleichgültig-vermeidend und weitere 10 Personen (3 %) waren ängstlich-vermeidend gebunden. Entsprechend bisheriger Forschungsergebnisse ist etwa die Hälfte der schwulen Männer sicher gebunden. Auffällig ist, dass ängstlich-ambivalent

> Die Wahrscheinlichkeit für eine außerpartnerschaftliche Beziehung wurde nicht durch den Bindungsstil einer Person beeinflusst.

gebundene Männer überrepräsentiert und ängstlich-vermeidende Männer unterrepräsentiert sind (z. B. Allen u. Baucom, 2004; Bartholomew u. Horowitz, 1991). Ob dies auf Besonderheiten des Bindungsstils bei schwulen Männern oder auf das Messinstrument zurückzuführen ist, kann hier nicht geklärt werden. Die Wahrscheinlichkeit für eine außerpartnerschaftliche Beziehung zwischen den verschiedenen Bindungsstilen unterschied sich nicht.

Unsichere Bindungstypen wiesen eine geringere Zufriedenheit mit ihrer Beziehung auf emotionaler, sexueller und globaler Ebene auf. Darüber hinaus war die Partnerschaftsdauer unsicherer Bindungstypen entsprechend der Ergebnisse früherer Studien deutlich geringer (Hazan u. Shaver, 1987).

Bezogen auf die *Motive* konnte gezeigt werden, dass für gleichgültig-vermeidende schwule Männer das Bedürfnis nach Autonomie tatsächlich häufiger ein Motiv für Seitensprünge war als für Männer der anderen Bindungstypen. Für ängstlich-ambivalent gebundene Männer war hingegen die Suche nach Nähe das wichtigere Motiv für außerpartnerschaftliche Beziehungen.

> Für gleichgültig-vermeidende schwule Männer war Autonomie und für ängstlich-ambivalente Männer war Nähe das wichtigere Seitensprungmotiv.

Die Ergebnisse zeigen, dass der Bindungstyp in der Studie von Kirchhof (2006) Informationen liefert, um Unterschiede in wichtigen Beziehungsvariablen zu erklären. Der Bindungsstil scheint weniger die Häufigkeit, dafür aber die Motive für außerpartnerschaftliche Beziehungen monogamer schwuler Männern beeinflusst zu haben. Möglicherweise spiegeln rein sexuelle Gründe, die von schwulen Männern zur Begründung außerpartnerschaftlicher Beziehungen häufig frei geäußert werden, sowohl Nähe- als auch Autonomiebedürfnisse wider. Die Forschung liefert Anhaltspunkte dafür, dass Männer auch bei emotionalen außerpartnerschaftlichen Beziehungen ihre Gefühle häufig eher auf sexuellem Wege ausdrücken (Glass u. Wright, 1985, 1992). Somit könnte Sex das Leitmotiv für schwule Männer sein, in welches sich gleichermaßen Autonomie- aber auch Nähemotive integrieren lassen. Eine Überprüfung der Seitensprungtypen unterstützte diese Hypothese. Alle Bindungstypen gaben an, dass ihre außerpartnerschaftliche Beziehung vorwiegend ein zwangloser One-Night-Stand gewesen war.

Neben den genannten Faktoren hing es stark von der Vereinbarkeit mit eigenen *Einstellungen* ab, ob eine außerpartnerschaftliche Beziehung eingegangen wurde. Eine APB wurde eher eingegangen, wenn sie mit den persönlichen Einstellungen zu Monogamie und Treue vereinbar war. Männer in einer monogamen Beziehung, die angaben, eine außerpartnerschaftliche Beziehung gehabt zu haben, zeigten dementsprechend einen deutlich niedrigeren Glauben an Monogamie und Treue.

> Männer mit geringeren Glauben an Monogamie und Treue hatten häufiger einen Seitensprung.

Außerdem beeinflussten die erwarteten *Konsequenzen* des Seitensprunges das Verhalten der befragten Männer. Insgesamt erwarteten Männer, die in einer monogamen Beziehung lebten, unabhängig davon, ob sie fremdgegangen waren, negative Konsequenzen für die Qualität der Partnerschaft durch einen (möglichen) Seitensprung. Diese Befürchtung war allerdings bei den Männern, die fremdgegangen waren, deutlich geringer. Auch fürchteten Männer mit APBen, im Gegensatz zu Männern ohne Seitensprung, kaum Schaden für das eigene Selbst-

> Männer, die fremdgegangen waren, befürchteten weniger negative Konsequenzen für Partnerschaft und Selbst.

konzept oder ihr Gefühlsleben (schlechtes Gewissen und Schuldgefühle). Vom Freundeskreis wurden interessanterweise von keiner der beiden Gruppen negative Rückmeldungen nach einem Seitensprung erwartet.

Welche sind die wichtigsten Faktoren für Seitensprünge?

Um komplexe Wirkmechanismen der Risikofaktoren abschätzen zu können, wurden alle Daten mit Hilfe eines multivariaten Modells analysiert, das heißt, dass alle Faktoren gleichzeitig und nicht mehr einzeln berücksichtigt wurden. Dies ist wichtig, weil manche Faktoren wie zum Beispiel emotionale und sexuelle Zufriedenheit, zusammenhängen, sozusagen die APB-Wahrscheinlichkeit gemeinsam beeinflussen. Ihr Einfluss könnte daher bei einzelner Betrachtung überschätzt werden. Im multivariaten Modell sollte deswegen die Frage geklärt werden, auf welche Faktoren der größte Einfluss zurückgeführt werden kann.

Den bedeutendsten Einfluss auf die APB-Wahrscheinlichkeit im multivariaten Modell hatte die *Einstellung einer Person zu Monogamie und Treue*. Entsprechend bestätigen Glass und Wright (1992), dass bei Männern Seitensprünge vorrangig mit individuellen Aspekten wie Einstellungen und Meinungen einer Person zusammenhängen und erst danach mit Faktoren der bestehenden festen Beziehung wie beispielsweise der

> Die wichtigsten Faktoren sind persönliche Meinungen und Einstellungen.

Beziehungszufriedenheit. Männer denken möglicherweise also individualistischer als Frauen. Die Bedeutung anderer Faktoren nimmt im multivariaten Modell ab. So verlieren *Beziehungszufriedenheit* und *Opportunities* für außerpartnerschaftliche Beziehungen an Aussagekraft. Das sexuelle Interesse ist für die Vorhersage von APBen in dem multivariaten Modell sogar völlig irrelevant. Ihm wird somit wahrscheinlich nur dann nachgegeben, wenn die Vereinbarkeit mit den Einstellungen zu Monogamie und Treue gegeben ist. Der Einfluss einer Möglichkeit (Opportunity) zum Seitensprung oder der Verheimlichung eines solchen ist zumindest im multivariaten Modell dieser Studie nicht so stark, wie von manchen Autoren propagiert (z. B. Buunk, 1980). Eine denkbare Erklärung für den schwachen Einfluss von Opportunities im Gesamtmodell wäre, dass sich für schwule Männer im Vergleich zu heterosexuellen Männern eventuell leichter Alternativen und Gelegenheiten für Seitensprünge ergeben. So bietet das Internet zum Beispiel die Möglichkeit für anonyme »Sex-Treffen« innerhalb von Minuten. Ein generell leichterer Zugang zu Opportunities könnte den Einfluss von Variablen wie Einstellungen zu Monogamie entscheidender dafür werden lassen, ob eine Entscheidung zum Fremdgehen getroffen wird oder nicht.

Die multivariate Analyse zeigt weiterhin, dass die *Partnerschaftsdauer* das Risiko von außerpartnerschaftlichen Beziehungen erhöht. Dies ist unabhängig von wichtigen Faktoren wie Zufriedenheit, Meinungen und Opportunity. Hier scheinen weitere Faktoren als die, die in der Studie erfasst wurden, zu wirken, da eine längere Partnerschaftsdauer an sich keine sinnvolle Erklärung für

> Die Partnerschaftsdauer ist ein wichtiger Faktor.

einen Seitensprung ist. Denkbar wäre beispielsweise, dass mit fortschreitender Beziehungsdauer Gewöhnungseffekte zwischen den Partnern auftreten. Diese können durch eventuell auftretende Langeweile und die »Lust nach neuem Kribbeln« Alternativen zur Partnerschaft durchaus attraktiv erscheinen lassen.

Der *Bindungsstil* spielte in dieser Studie für die Vorhersage außerpartnerschaftlicher Beziehungen im multivariaten Modell ebenfalls keine Rolle. Dennoch sollte dieses Konzept nicht völlig ausgeklammert werden, da auch in dieser Studie ein unsicherer Bindungsstil mit schlechterer Beziehungssqualität, Stabilität sowie einer höheren Wahrscheinlichkeit, eine außerpartnerschaftliche Beziehung einzugehen, zusammenhing. Der Bindungsstil scheint daher langfristig gesehen auf spezifische Beziehungsvariablen einen Einfluss auszuüben.

Monogam versus nicht monogam: Die Fakten

Weitere Ergebnisse ergaben sich über den Vergleich verschiedener Beziehungsformen. Insgesamt wurden *vier verschiedene Beziehungsformen* beurteilt:
- Monogame Beziehungen – kein Sex außerhalb der Beziehung erlaubt,
- offene Beziehungen – Sex außerhalb der Beziehung erlaubt,
- Beziehungen mit »Dreier-Erlaubnis« – nur gemeinsame Dreier erlaubt,
- Beziehungen ohne Vereinbarungen – keine Vereinbarungen über die sexuelle Exklusivität.

Von den befragten schwulen Männern, die für den Beziehungsvergleich herangezogen werden konnten, gaben 148 (53 %) an, in einer monogamen Beziehung zu leben, 49 lebten (18 %) in einer offenen Beziehung, 45 Teilnehmer (16 %) hatten keine Vereinbarungen über außerpartnerschaftliche Beziehungen getroffen und 34 (12 %) berichteten, sie würden nur gemeinsam fremdgehen (Dreier-Erlaubnis). Entsprechend den Überlegungen von Yip (1997) wurden die Beziehungsformen entlang eines Monogamiekontinuums angeordnet. Monogame Beziehungen und offene Beziehungen befinden sich jeweils an den entgegenliegenden äußeren Rändern dieses Kontinuums. Beziehungen, in denen Dreier erlaubt sind, und Beziehungen, in denen keine Vereinbarungen über außerpartnerschaftliche Beziehungen getroffen wurden, befinden sich zwischen diesen beiden »Extrempunkten«.

> Die meisten Männer lebten in einer monogamen Beziehung.

> Männer aus monogamen Beziehungen haben die wenigsten APBen und befürworten Monogamie am stärksten.

In Übereinstimmung mit dieser Sichtweise zeigten sich auch die berichteten *APB-Raten.* Von den schwulen Männern, die in einer monogamen Partnerschaft lebten, hatten 26 % einen außerpartnerschaftlichen sexuellen Kontakt. Bei Partnerschaften ohne Vereinbarungen waren es 56 %, bei Paaren mit Dreier-Erlaubnis waren es 53 %, die auch ohne den Partner mit einem anderen Mann Sex hatten, und bei offenen Beziehungen 96 %. Männer aus monogamen Beziehungen zeigten auch die größte *Zustimmung zu Monogamie und Treue*. Männer aus offenen Beziehungen standen entsprechend den Konstrukten Monogamie und Treue eher ablehnend gegenüber. Beziehungen mit Dreier-Erlaubnis und Beziehungen ohne Vereinbarungen waren diesen Konzepten eher neutral gesinnt.

Dieses Muster zeigte sich auch in Bezug auf angenommene *Konsequenzen* eines Seitensprungs: Während *monogame Männer*, bis auf den Freundeskreis, nur negative Konsequenzen nach einer APB erwarteten, waren die Erwartungen der *Männer aus offenen Bezie-*

> Männer aus monogamen Beziehungen erwarten hauptsächlich negative, Männer aus offenen Beziehungen eher positive Konsequenzen nach einem Seitensprung.

hungen durchweg deutlich positiver. Männer der beiden anderen Beziehungstypen erwarteten, wie alle anderen, keine negativen Konsequenzen aus dem Freundeskreis. Ein Schaden für das Selbstkonzept oder das emotionale Selbst wurde ebenfalls nicht erwartet. Allerdings befürchteten sie, ähnlich wie Männer aus monogamen Beziehungen, deutliche negative Konsequenzen für die Qualität der Partnerschaft. Dass Männer aus offenen Beziehungen eher positive Konsequenzen erwarteten, ist nicht überraschend. Außerpartnerschaftliche Beziehungen sind in dieser Beziehungsform erlaubt, wodurch sich die Teilnehmer auf die positiven Aspekte von APBen konzentrieren können, wie beispielsweise den Reiz des Neuen, sexuelle Spannung oder auch eine Steigerung des Selbstwerts. Auch für die Partnerschaft selbst werden positive Konsequenzen erhofft, möglicherweise in Form von neuer Spannung und sexueller Anziehung innerhalb der festen Partnerschaft durch die gelebte sexuelle Freiheit. Bei monogamen Paaren ist eine außerpartnerschaftliche Beziehung vorrangig ein Bruch von Vertrauen, so dass die Erwartung negativer Konsequenzen nicht verwunderlich ist.

Ein Grund, warum manche Männer offene Beziehungsformen wählen, ist möglicherweise ihr stärkeres *sexuelles Interesse*. Wie die Ergebnisse der Studie zeigen, berichteten Männer aus offenen Beziehungen ein deutlich höheres sexuelles Interesse als alle anderen.

> Männer aus offenen Beziehungen haben ein deutlich höheres sexuelles Interesse.

Das geringste sexuelle Interesse zeigten Männer aus monogamen Beziehungen. Die aus offenen Beziehungen fühlen sich außerdem weniger als Männer aus monogamen Beziehungen verpflichtet, ihrem Partner von einem *Seitensprung* zu *erzählen*. Unter Umständen ist dies innerhalb offener Beziehungen aber auch gar nicht erwünscht, beispielsweise um keine Eifersucht aufkommen zu lassen oder weil die Seitensprünge als nicht so wichtig angesehen werden. Generell stimmen aber auch Männer aus offenen Beziehungen der Verpflichtung, den Seitensprung zu erzählen, öfter zu. Nur Männer aus Beziehungen ohne Vereinbarungen stimmen dieser Verpflichtung nicht zu, was eventuell mit der Abwesenheit von entsprechenden Regeln zusammenhängen könnte.

Männer aus offenen Beziehungen sind im Durchschnitt älter als monogame Männer. Dieser Unterschied kommt nicht ausschließlich durch längere Partnerschaftsdauer zustande. Es gilt also: Je älter die Männer, desto eher tendieren sie zu offenen Beziehungen. Oder andersherum formuliert:

> Jüngere Männer sind monogamer.

Je jünger die Männer, desto eher werden monogame Beziehungen favorisiert. Welcher Trend hier genau vorliegt, kann nicht abschließend geklärt werden.

Monogame Männer berichteten über eine höhere sexuelle *Beziehungszufriedenheit* gegenüber den anderen Beziehungstypen. Bezüglich emotionaler und globaler Beziehungszufriedenheit ergaben sich keine bedeutsamen Unterschiede. Da diese Unterschiede nicht mit der Beziehungsdauer zusammenhängen, müssen andere Gründe vorliegen. Möglicherweise liegen in manchen offenen Beziehungen sexuell oder emotional unerfüllte Bedürfnisse vor, die durch außerpartnerschaftliche Beziehungen kompensiert werden. Denkbar wäre, dass die geringere sexuelle Zufriedenheit, zumindest in manchen offenen Beziehungen, durch Eifersuchtsgefühle und die damit verbundene größere emotionale Distanz zustandekommt. Auch eine größere Unsicherheit bezüglich des Infektionsrisikos mit sexuell übertragbaren Krankheiten (z. B. HIV oder Hepatitis) innerhalb der Beziehung könnte die sexuelle Beziehungszufriedenheit beeinträchtigen. Letztendlich ist es natürlich möglich, dass Männer aus monogamen Beziehungen dazu neigen, ihre Beziehung zu idealisieren, und sie daher ihre Beziehungsqualität höher einschätzen. Wie auch immer: Die Daten weisen darauf hin, dass sich der Faktor Monogamie positiv auf die sexuelle Beziehungszufriedenheit auswirkt. Bezüglich der emotionalen und der globalen Beziehungszufriedenheit zeigten sich keine Unterschiede. Hier sind die Beziehungsformen gleichwertig.

> Der Faktor Monogamie wirkt sich positiv auf die sexuelle Beziehungszufriedenheit aus.

Trotz der geringeren sexuellen Beziehungsqualität sind offene Beziehungen monogamen Beziehungen in der Stabilität deutlich überlegen. Die durchschnittliche *Partnerschaftsdauer* ist mehr als doppelt so hoch. Ob dies dadurch zustandekommt, weil einige monogame Beziehungen im Laufe der Zeit in eine offene Beziehungsform wechseln oder weil monogame Beziehungen früher scheitern, ist hier nicht zu klären. Festzustellen bleibt nur, dass sich der Faktor »Nicht-Exklusivität« positiv auf die Beziehungsstabilität bei schwulen Männern auswirkt. Dies entspricht auch den Ergebnissen anderer Studien (z. B. Bochow et al., 2004; Deenen et al., 1994).

> Offene Beziehungen sind stabiler als andere Beziehungen.

Zusammenfassend betrachtet stellen sich monogame und nichtmonogame Beziehungsformen als relativ gleichwertig dar. Da sich in dieser Studie der Faktor Monogamie zumindest positiv auf die sexuelle Beziehungsqualität aber negativ auf die Stabilität der Beziehung auswirkt, hat jede der Beziehungsformen anscheinend bestimmte Vor- und Nachteile. Eine Empfehlung für eine bestimmte Beziehungsform können und möchten die Autoren an dieser Stelle daher nicht geben. Es erscheint aber ratsam, dass Partner gemeinsam und unter Berücksichtigung ihrer gegenseitigen Bedürfnisse entscheiden, welche Beziehungsform mit den eigenen Werten und Erwartungen vereinbar ist. Beziehungen ohne jegliche Vereinbarungen bezüglich außerpartnerschaftlicher Beziehungen scheinen allerdings eher wenig empfehlenswert. In der Studie zeigte sich bei diesen Beziehungen eine hohe Neigung zur Verheimlichung außerpartnerschaftlicher Beziehungen. Dies ist gerade im Hinblick auf das Risiko einer Übertragung von bestimmten Infektionskrankheiten (z. B. HIV oder Hepatitis) bedenklich. Die Abwesenheit von gemeinsamen Regeln bzw. die Unklarheit darüber ist also eher als ein Risikofaktor zu sehen. Dies stimmt auch mit Sichtweisen anderer Autoren überein, die klare Regeln als einen wichtigen Faktor für die Partnerschaftszufriedenheit sehen (MacDonald, 1998; Yip, 1997).

Safer Sex

Unter Safer Sex wurde das Einhalten der Safer-Sex-Regeln verstanden, wie sie von der Aids-Hilfe und der Bundeszentrale für gesundheitliche Aufklärung vertreten werden. Das heißt im Einzelnen: Analverkehr ausschließlich mit Kondom und keine Aufnahme von infektiösen Flüssigkeiten (Blut, Sperma) in den Körper (z. B. durch Schlucken von Sperma). Bei den Männern, die keine außerpartnerschaftliche Beziehung (APB) angaben, zeigten sich folgende Trends: Insgesamt halten sich 23 % der Männer ohne APB in monogamen Beziehungen, 25 % der Männer aus Beziehungen mit Dreier-Erlaubnis und 40 % der Männer aus Beziehungen ohne Vereinbarung an die Safer-Sex-Regeln.

Für eine differenzierte Auswertung des Safer-Sex-Verhaltens wurden nur Männer mit APBen herangezogen, da sich diese aufgrund gesicherter zusätzlicher Sexualpartner einem erhöhten Übertragungsrisiko sexueller Krankheiten aussetzen. Die entsprechenden Raten für sexuelle Kontakte innerhalb und außerhalb der Partnerschaft können den Abbildungen 11 und 12 entnommen werden.

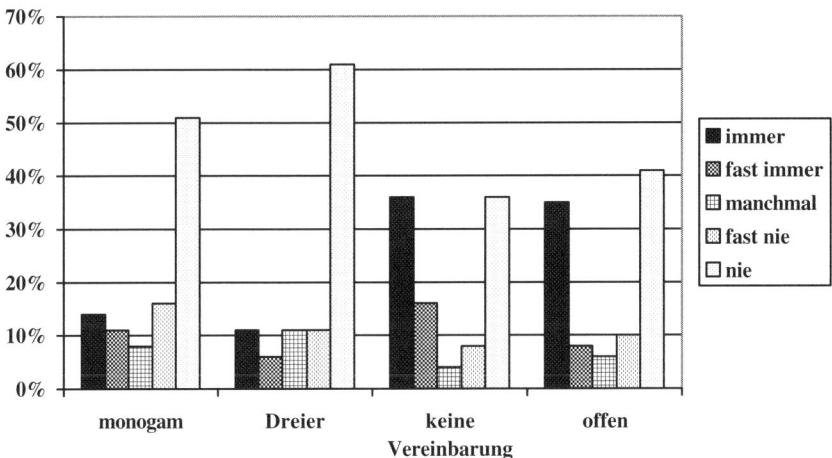

Abbildung 11: Häufigkeit des Safer-Sex-Verhaltens bei Männern mit APBen innerhalb der Partnerschaft

Nach Abbildung 11 zeigt sich bei allen Beziehungstypen mit APBen ein alarmierend geringer Anteil von Männern die innerhalb der Beziehung konsequent (immer) die Safer-Sex-Regeln beachten (nur 14 bis 36 %). Besonders gering ist der Anteil bei monogamen Beziehungen (14 %) und Beziehungen, die lediglich gemeinsame Dreier zulassen (11 %). Dieses Verhalten ist bei monogamen Paaren zwar verständlich, da hier sexuelle Exklusivität erwartet

> Nur eine Minderheit hat Safer Sex innerhalb der Partnerschaft.

wird, andererseits entspricht es der Realität, dass auch in diesen Beziehungen 26 % der Männer fremdgehen. Da in diesem Fall nach eigenen Angaben ein sexueller Kontakt sogar definitv vorliegt, besteht somit die Möglichkeit eines erhöhten Risikos für die eigene Gesundheit und die des Partners. Der Anteil der Männer in offenen Beziehungen, der konsequent Safer Sex praktiziert, ist mit 35 % bedenklich niedrig. Offensichtlich wird sich hier darauf verlassen, dass man außerhalb der Beziehung Safer Sex betreibt. Entscheidend für das Vorliegen eines erhöhten Infektionsrisikos sexuell übertragbarer Krankheiten innerhalb der festen Beziehung ist, inwieweit zumindest außerhalb der Beziehung Safer-Sex-Regeln befolgt werden.

Abbildung 12 zeigt, dass bei den meisten APBen die Safer-Sex-Regeln befolgt werden. 65 bis 71 % der Männer haben Safer Sex beim Sex außerhalb der festen Partnerschaft. Leider zeigen aber auch circa ein Drittel der Befragten über alle Beziehungsformen ein unnötiges Risikoverhalten, da hier die Safer-Sex-Regeln nicht konsequent befolgt werden.

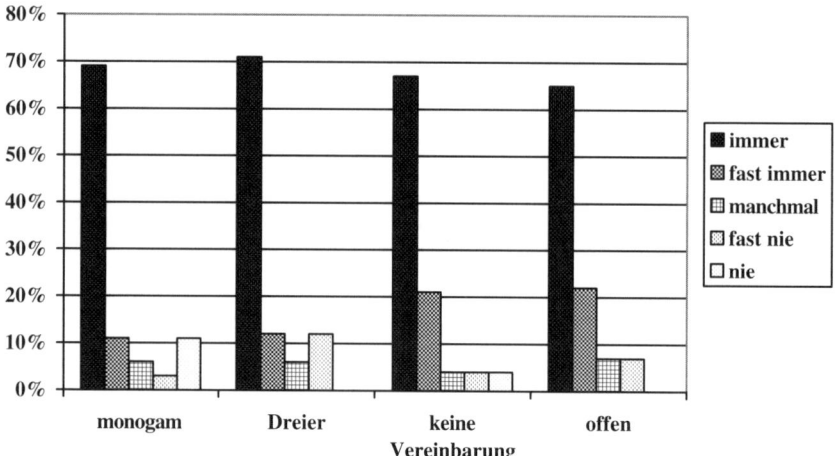

Abbildung 12: Häufigkeit des Safer-Sex-Verhaltens bei APBen nach Beziehungstyp

Bei monogamen Beziehungsformen hängt dies möglicherweise damit zusammen, dass Seitensprünge nicht immer geplant, sondern spontan – eventuell auch unter Einfluss von Alkohol – geschehen. Das Bewusstsein der Beteiligten für die Safer-Sex-Regeln könnte hier zumindest teilweise beeinträchtigt sein. Beson-

> Auch bei Seitensprüngen wird nicht konsequent Safer Sex betrieben.

ders überraschend und bedenklich ist die Tatsache, dass Männer aus offenen Beziehungen hier offensichtlich keine Vorbildfunktion für Safer Sex wahrnehmen. Sie zeigen mit 65 % den niedrigsten Wert für konsequentes Safer-Sex-Verhalten. Da Seitensprünge entsprechend den Daten nicht immer »safe« geschehen und dem »betrogenen« Partner nicht immer erzählt werden[6], stellen APBen für Partnerschaften, in denen Seitensprünge nicht erlaubt sind, neben der zu befürchtenden emotionalen Kränkung auch ein Gesundheitsrisiko für den »betrogenen« Partner dar. Dies gilt besonders für eine mögliche Infektion mit dem HI-Virus, für welches schwule Männer eine besondere Risikogruppe darstellen. Dass in Beziehungen, bei denen APBen vorlagen, egal ob eher offen oder monogam, die Safer-Sex-Rate niedriger ist als bei Beziehungen, die keine sexuellen Kontake außerhalb der Beziehung hatten, scheint bedenklich und könnte für die entsprechenden Aufklärungsstellen einen interessanten Punkt darstellen.

Des Weiteren hing die *Anzahl der Partner* in außerpartnerschaftlichen Beziehungen negativ mit der Einhaltung der Safer-Sex-Regeln zusammen. Das heißt, je mehr Partner die befragten Männer außerhalb der Partnerschaft hatten, umso seltener hielten sie sich an die Safer-Sex-Regeln. Dieses Ergebnis bestätigt die obigen Hinweise, dass oft gerade sexuell aktive Männer kein vorbildliches Safer-Sex-Verhalten zu zeigen scheinen. Auch die *Partnerschaftsdauer*, die *Religiösität* und der *Glaube an Monogamie und Treue* hingen mit dem Safer-Sex-Verhalten zusammen: Die Safer-Sex-Wahrscheinlichkeit sank mit der Dauer der Partnerschaft, war höher bei religiöseren Menschen und niedriger bei Personen mit einem stärkeren Glauben an Treue. Möglicherweise gehen Personen mit einem höheren Glauben an Treue eher ungeplant und spontan fremd, so dass an Verhütung nicht gedacht wird. Für die Dauer der Partnerschaft nimmt die Safer-Sex-Häufigkeit vermutlich deswegen ab, weil dem Partner mehr Vertrauen entgegengebracht wird. Unglücklicherweise nimmt die Häufigkeit außerpartnerschaftlicher Beziehungen mit der Partnerschaft jedoch zu.

> Je mehr Partner, umso seltener Safer Sex.

Männer, die außerhalb der Partnerschaft nicht konsequent verhüten, setzen sich und ihren Partner einem erhöhten Übertragungsrisiko für sexuell übertragbare Krankheiten (insbesondere HIV) aus. Darunter fallen besonders Männer aus offenen Beziehungen, die entsprechend der vereinbarten Regeln weitaus häufiger Sex außerhalb der Beziehung haben als Männer aus monogamen Beziehungen. Paare, die keine klaren Regeln aufstellen, und auch monogame Paare, die lange zusammen sind, sind ebenfalls besonders gefährdet, da hier die Safer-Sex-Rate ab und die Seitensprünge zunehmen. Wollen beide Partner innerhalb der Partnerschaft allerdings keinen Safer Sex praktizieren, müssen klare Regeln für außerpartnerschaftliche Beziehungen aufgestellt werden. Eine goldene Regel sollte sein, dass man sich darauf verlassen kann, dass der Partner »safe« fremdgeht oder ein entsprechendes Versäumnis erzählt. Ist in diesem Punkt keine Einigung oder kein Gespräch möglich, sollte keinesfalls auf Safer Sex verzichtet werden. Ein schlichtes »Das kommt bei uns nicht vor!« ist fern jeglicher Realität und stellt in Zeiten

---

6 Männer aus Beziehungen ohne Vereinbarungen lehnen es sogar meistens ab, ihrem Partner von Seitensprüngen zu erzählen.

von HIV und anderer gefährlicher sexuell übertragbarer Infektionskrankheiten ein Gesundheitsrisiko für beide Partner dar.

Zusammenfassende Betrachtung der Frage: Wie treu sind schwule Männer?

Letztendlich zeigen bisherige Forschungsergebnisse und die Daten der vorgestellten Studie, dass unter schwulen Männern außerpartnerschaftliche Beziehungen ein verbreitetes Phänomen sind. Die Wahrscheinlich-

> Schwule Männer sind so (un)treu wie heterosexuelle Männer.

keit, eine außerpartnerschaftliche Beziehung einzugehen, scheint sich zwischen *monogamen schwulen* Männern (26 %) und *monogamen heterosexuellen* Männern (22 bis 49 %) nicht grundsätzlich zu unterscheiden (Allen et al. 2005; Hansen, 1987; Wiedermann, 1997; Wiedermann u. Hurd, 1999). So kann man die im Titel dieses Kapitels gestellte Frage »Wie treu sind schwule Männer?« mit: »Ebenso (un)treu wie heterosexuelle Männer.« beantworten. Unterschiede zeigen sich allerdings in der großen Verbreitung alternativer nichtmonogamer Beziehungsformen, die bei heterosexuellen Paaren zwar auch vorkommen, aber nicht in der Häufigkeit vertreten sind (Janus u. Janus, 1993). In diesen alternativen Beziehungsformen haben Monogamie und Treue einen ganz anderen Stellenwert als bei den monogamen Paaren: Mit Treue ist hier die Treue gegenüber den gegebenenfalls getroffenen Vereinbarungen gemeint, nicht aber der Verzicht auf Sex außerhalb der festen Beziehung.

Von den verschiedenen Beziehungsformen stellt sich in dieser Studie keine als den anderen »überlegen« heraus. Während offene Beziehungen stabiler sind,

> Monogame und offene Beziehungen sind gleichwertig.

liegt in monogamen Beziehungen eine höhere Beziehungszufriedenheit vor. Große Unterschiede zeigen sich nur in Meinungen und Einstellungen der jeweiligen Beziehungstypen. Lediglich Beziehungen, in denen keine klaren Regeln für außerpartnerschaftliche Beziehungen aufgestellt werden, scheinen im Hinblick auf das HIV-Risiko besonders ungünstig. Für Paare, die sich für eine monogame Beziehung entscheiden, ist es wichtig, sich einzugestehen, dass ein Seitensprung trotzdem vorkommen kann. Obwohl ein Seitensprung nie ganz ausgeschlossen werden sollte, gibt es Möglichkeiten, die Wahrscheinlichkeit für außerpartnerschaftliche Beziehung zu verringern, indem protektive Faktoren soweit wie möglich gestärkt und Risikofaktoren vermieden oder zumindest bewusst gemacht werden. Im Folgenden sollen ein paar Tipps vor allem für monogame Paare gegeben werden, die sich mit der Wahrscheinlichkeit und den Folgen von Seitensprüngen beschäftigen.

Protektive Faktoren sind eine hohe Beziehungsqualität, ein starker Glaube an Monogamie und Treue, aber auch angenommene negative Konsequenzen einer außerpartnerschaftlichen Beziehung. Um die Beziehungsqualität zu steigern, ist es sinnvoll, Kommunikations- und Problemlösefertigkeiten zu fördern (Seferovic,

2006). Diese Fähigkeiten können ferner dazu eingesetzt werden, unterschiedliche Einstellungen über Monogamie und Treue zu diskutieren. Die Möglichkeit des Seitensprungs darf kein Tabuthema sein. Wer die Möglichkeit eines Seitensprunges ausschließt, verschließt die Augen vor der Realität und begibt sich auf gefährliches Terrain. Wie die Ergebnisse über die Bedeutung von Einstellungen zu Monogamie und Treue zeigen, ist es sehr wichtig, dass Partner voneinander wissen, wie sie in diesen Punkten denken, da unterschiedliche Ansichten über Monogamie und Treue, die nicht thematisiert werden, schnell zu einem schmerzlichen Vertrauensbruch mit unter Umständen gesundheitlichen Folgen führen können. Empfehlenswert ist die Einigung auf eine Beziehungsform, die mit den Meinungen und Einstellungen beider Partner vereinbar ist. Gespräche über dieses Thema stellen weiterhin eine Möglichkeit dar, dem Partner klar zu machen, wie sehr ein Vertrauensbruch die eigenen Gefühle verletzen würde. Dieses Wissen kann dem Partner unter Umständen helfen, sich die Konsequenzen bewusst zu machen, bevor er eine außerpartnerschaftliche Beziehung eingeht.

> **Tipp 1:**
> Reden Sie über Ihre Probleme und Bedürfnisse.

> **Tipp 2:**
> Es gibt keine Tabuthemen.

Risikofaktoren sind vor allem ablehnende Einstellungen gegenüber Monogamie und Treue und die Beziehungsdauer, aber auch mehr Alternativen, ein größeres sexuelles Interesse, die Abwesenheit von klaren Regeln innerhalb einer Partnerschaft. Meinungen und Einstellungen sollten daher, wie schon erwähnt, offen diskutiert werden. Eine besonders lange Beziehung ist kein Schutz vor einem Seitensprung – im Gegenteil. Hier heißt es neben aller Romantik: Seien Sie realistisch und reden Sie zumindest über die Möglichkeit. Eine Auseinandersetzung mit diesem Thema kann helfen, Risikofaktoren zu diskutieren, einzudämmen und klare Regeln für den Fall aufzustellen, dass einer der Partner fremdgegangen ist. Diese Regeln sind insbesondere in offenen Partnerschaften unentbehrlich, helfen sie doch beispielsweise, das HIV-Risiko zu minimieren.

> **Tipp 3:**
> Seien Sie realistisch.

> **Tipp 4:**
> Stellen Sie klare Regeln auf.

Für monogame Paare, die mit den Folgen von außerpartnerschaftlichen Beziehungen zu kämpfen haben, kann eine Paartherapie zur Überwindung dieser Krise hilfreich sein. Eine Möglichkeit ist die verhaltenstherapeutische Paartherapie, vertreten unter anderem durch Schindler, Hahlweg und Revenstorf (1998), welche nach heutigem Erkenntnisstand weitgehend unverändert auch für schwule Paare übernommen werden kann (Seferovic, 2006). Letztendlich sei noch etwas Optimismus verbreitet. Natürlich sind Seitensprünge nicht unvermeidlich und viele Paare bleiben sich ein Leben lang treu (Allen et al., 2005; Deenen et al., 1994; LaSala, 2004; Wiedermann, 1997; Yip, 1997). Außerpartnerschaftliche Beziehungen stellen somit eher die Ausnahme als die Regel dar. Allerdings ist es eine ziemlich häufige Ausnahme, die entsprechend eines offenen und verantwortungsvollen Miteinanders Teil der partnerschaftlichen Diskussion und Meinungsbildung sein sollte.

> **Tipp 5:**
> Im Fall der Fälle: Machen Sie eine Paartherapie.

Literatur

Allen, E. S., Baucom, D. H. (2004). Adult attachment and patterns of extradyadic involvement. Family Process, 43, 467 – 488.

Allen, E. S., Baucom, D. H. (2006). Dating, marital, and hypothetical extradyadic involvements: How do they compare? Journal of Sex Research, 43, 307 – 317.

Allen, E. S., Atkins, D. C., Baucom, H. B., Snyder, D. K., Gordon, C. K., Glass, S. P. (2005). Intrapersonal, interpersonal, and contextual factors in engaging in and responding to extramarital involvement. Clinical Psychology Science and Practice, 12, 101 – 130.

Atkins, D. C., Baucom, D. H., Jacobson, N. S. (2001). Understanding infidelity: Correlates in a national random sample. Journal of Family Psychology, 15, 735 – 749.

Atkins, D. C., Baucom, D. H., Eldridge, K. A., Christensen, A. (2005). Infidelity and behavioral couple therapy: Optimism in the face of betrayal. Journal of Consulting and Clinical Psychology, 73, 144 – 150.

Bäccman, C., Folkesson, P., Norlander, T. (1999). Expectations of romantic relationships: A comparison between homosexual and heterosexual men with regard to Baxter's criteria. Social Behavior and Personality, 27, 363 – 374.

Bartholomew, K. (1990). Avoidance of intimacy: An attachment perspective. Journal of Social and Personal Relationships, 7, 147 – 178.

Bartholomew, K., Horowitz, L. M. (1991). Attachment styles among adults: A test of a four-category model. Journal of Personality and Social Psychology, 61, 226 – 244.

Blasband, D., Peplau, L. A. (1985). Sexual exclusivity versus openness in gay male couples. Archives of Sexual Behavior, 14, 395 – 412.

Blumstein, P., Schwartz, P. (1983). American couples. New York: William and Morrow.

Bochow, M., Wright, M. T., Lange, M. (2004). Schwule Männer und Aids: Risikomanagement in Zeiten der sozialen Normalisierung einer Infektionskrankheit. Berlin: Deutsche Aids-Hilfe.

Buunk, B. (1980). Extramarital sex in the Netherlands. Alternative Lifestyles, 5, 237 – 250.

Deenen, A. A., Gijs, L., van Naerssen, A. X. (1994). Intimacy and and sexuality in gay male couples. Archives of Sexual Behavior, 23, 421 – 431.

Edwards, J. N., Booth, A. (1994). Sexuality, marriage, and well-being: The middle years. In A. S. Rossi (Hrsg.), Sexuality across the life course (S. 233 – 259). Chicago: University of Chicago Press.

Forste, R., Tanfer, K. (1996). Sexual exclusivity among dating, cohabiting, and married women. Journal of Marriage and the Family, 58, 33 – 47.

Glass, S. P., Wright, T. L. (1985). Sex differences in type of extramarital involvement and marital dissatisfaction. Sex Roles, 12, 1101 – 1120.

Glass, S. P., Wright, T. L. (1992). Justifications for extramarital relationships: The association between attitudes, behaviors, and gender. Journal of Sex Research, 29, 361 – 387.

Gottman, J. M., Levenson, R. W., Gross, J., Frederickson, B. L., McCoy, K., Rosenthal, L., Ruef, A., Yoshimoto, D. (2003). Correlates of gay and lesbian couples' relationships satisfaction and relationship dissolution. Journal of Homosexuality, 45, 23 – 43.

Gordon, K. C., Baucom, D. H. (1999). A multitheoretical intervention for promoting recovery from extramarital affairs. Clinical Psychology: Science and Practice, 6, 382 – 399.

Hansen, G. L. (1987). Extradyadic relations during courtship. The Journal of Sex Research, 23, 382 – 390.

Hazan, C., Shaver, P. (1987). Romantic love conceptualised as an attachment process. Journal of Personality and Social Psychology, 52, 511 – 524.

Janus, S. S., Janus, C. L. (1993). The Janus report on sexual behavior. New York: Wiley.

Kirchhof, R. (2006). Beziehungsverhalten schwuler Männer in Bezug auf Monogamie. Unveröffentlichte Diplomarbeit. Universität Braunschweig.

Kurdek, L. (1989). Relationship quality in gay and lesbian cohabiting couples: A 1-year follow-up study. Journal of Social and Personal Relationships, 6, 39 – 59.

Kurdek, L. (2003). Differences between gay and lesbian cohabiting couples. Journal of Social and Personal Relationships, 20, 411 – 436.

Kurdek, L., Schmitt, J. P. (1986a). Relationship quality of gay men in closed or open relationships. Journal of Homosexuality, 12, 85 – 99.

Kurdek, L., Schmitt, J. P. (1986b). Relationship quality of partners in heterosexual married, heterosexual cohabiting, and gay and lesbian relationships. Journal of Personality and Social Psychology, 51, 711 – 720.

Kurdek, L., Schmitt, J. P. (1987). Perceived emotional support from family members of homosexual, married, and heterosexual cohabiting couples. Journal of Homosexuality, 14, 57 – 68.

LaSala, M. C. (2004). Extradyadic sex and gay male couples: Comparing monogamous and nonmonogamous relationships. Families in Society: The Journal of Contemporary Social Services, 85, 405 – 412.

MacDonald, B. J. (1998). Issues in therapy with gay and lesbian couples. Journal of Sex & Marital Therapy, 24, 165 – 190.

McWhirter, D. P., Mattison, A. M. (1986). Männerpaare. Ihr Leben und ihre Liebe. Berlin: Bruno Gmünder Verlag (Original erschienen 1983: The male couple).

Peplau, L. A., Cochran, S. D. (1981). Value orientations in the intimate relationships of gay men. Journal of Homosexuality, 6, 1 – 19.

Peterman, M. A. (in Vorb.). Dating Infidelity: A Longitudinal Analysis. Unveröffentlichtes Manuskript. Chapel Hill: Universität von North Carolina.

Robert Koch-Institut (Hrsg.) (2007). HIV/AIDS in Deutschland – Eckdaten. Elektronische Ressource. Abrufbar über: http://www.rki.de. Zugriffsdatum: 09.10.2006.

Schindler, L., Hahlweg, K., Revenstorf, D. (1998). Partnerschaftsprobleme: Diagnose und Therapie. Therapiemanual. Berlin: Springer.

Seferovic, S. (2006). Paartherapie mit schwulen Paaren. Verhaltenstherapie & psychosoziale Praxis, 38, 283 – 302.

Smith, T. W. (1994). Attitudes toward sexual permissiveness: Trends, correlates, and behavioural connections. In A. S. Rossi (Hrsg.), Sexuality across the life course (pp. 63 – 97). Chicago: University of Chicago Press.

Spitalnik, J. S., McNair, L. D. (2005). Couples therapy with gay and lesbian clients: An analysis of important clinical issues. Journal of Sex & Marital Therapy, 31, 43 – 56.

Træn, B., Stigum, H. (1998). Parallel sexual relationships in the Norwegian context. Journal of Community and Applied Social Psychology, 8, 41 – 56.

Treas, J., Giesen, D. (2000). Sexual infidelity among married and cohabiting Americans. Journal of Marriage and the Family, 62, 48 – 60.

Wiederman, M. W. (1997). Extramarital sex: Prevalence and correlates in a national survey. The Journal of Sex Research, 34, 167 – 174.

Wiederman, M. W., Hurd, C. (1999). Extradyadic involvement during dating. Journal of Social and Personal Relationships, 16, 265 – 274.

Yip, A. K. T. (1997). Gay male Christian couples and sexual exclusivity. Sociology, 31, 289 – 306.

Anika Huse und Meike Watzlawik

Sind Lesben die treueren Seelen?

Nach vorangegangenem Kapitel stellt sich die Frage: Und was ist mit den Frauen? Was bedeutet Monogamie in lesbischen Beziehungen? Ist ein Abenteuer okay oder nicht? Und unabhängig davon: Wie häufig kommen außerpartnerschaftliche Beziehungen (APB) vor? Wagen sich lesbische Frauen genau wie schwule Männer, Beziehungsformen zu denken, zu vereinbaren und sogar zu leben, die den traditionellen Werten wie Treue widersprechen?

Genau diesen Fragen widmet sich eine Forschungsarbeit der Abteilung für Klinische Psychologie der Technischen Universität Braunschweig – in der schon die im vorangehenden Kapitel beschriebene Arbeit entstanden ist. Besagte Abteilung ist nicht die erste, die Vergleiche bzw. eine Gegenüberstellung zwischen schwulen und lesbischen (und heterosexuellen) Paaren anstrebt. Vor allem in den Vereinigten Staaten sind Studien dieser Art durchgeführt worden (vgl. Kurdek u. Schmitt, 1986; Kurdek, 1991; Kurdek, 2004; Cardell, Finn u. Marecek, 2005). Mit welchem Ergebnis? Laut Fitzpatrick, Jandt, Myrick und Edgar (1994) führen 94 % der Lesben monogame Beziehungen – im Gegensatz zu 64 % der homosexuellen Männer, bei denen man häufiger den »offenen« Beziehungstyp vorfindet (siehe Kirchhof, Heine u. Kröger in diesem Band). Betrachtet man lediglich die »geschlossenen« Beziehungen, so geben 70 % der offiziell monogamen, homosexuellen Männer an, diese Vereinbarung mit ihrem Partner nie gebrochen zu haben. Bei den lesbischen Paaren steigt die Zahl auf 80 %. Bei Bryant und Demian (1994) sind die Unterschiede sogar noch deutlicher: 63 % der schwulen Männer, aber 90 % der lesbischen Frauen geben an, nie fremdgegangen zu sein, wenn Treue versprochen wurde. Umfragen unter heterosexuellen Paaren, die vereinbart hatten, monogam zu sein (bei Kurdek, 1991, sind dies 96 bis 100 %), zeigen, dass die Fremdgehrate bei circa 50 % liegt (vgl. Fitzpatrick et al., 1994) bzw. dass in etwa 50 % der Beziehungen beide Partner treu sind (Starke, 2005). Wenn diese Zahlen stimmen, wären es die lesbischen Paare, die in Bezug auf Monogamie am ehesten das leben, was sie auch vereinbart haben. Stimmt dies für unsere Zeit? Für lesbische Paare, die in Deutschland leben? Sind sie wirklich so »treu«, wie hier angenommen?

Fremdgehen in lesbischen Beziehungen

Um diese Fragen beantworten zu können, wurde analog zu der Studie von Kirchhof (siehe Kirchhof, Heine u. Kröger in diesem Band) eine Online-Umfrage unter lesbischen Frauen durchgeführt. 444 Teilnehmerinnen beantworteten die gestellten Fragen vollständig. 34 mussten jedoch von der weiteren Analyse ausgeschlossen werden, da sie zum Beispiel mehr als einmal von der gleichen IP-Adresse geantwortet oder aber unrealistische Antworten gegeben hatten (z. B. Alter = 18.000 Jahre).

Die jüngste der verbleibenden 410 Teilnehmerinnen war 14 Jahre alt, die Älteste 65. Das Durchschnittsalter lag bei 31,3 Jahren. 31,4 % der Frauen hatten Abitur oder Fachholschulreife, 11,7 % befanden sich noch im Studium und 29,3 % besaßen einen Hochschulabschluss. Es gab keine Teilnehmerinnen ohne Schulabschluss und nur 3,4 % gaben einen Hauptschulabschluss als höchsten Abschluss an. Dass Personen mit höherem Bildungsniveau eher gewillt sind, an Onlineumfragen teilzunehmen, ist ein bekanntes Phänomen und muss bei der Interpretation der Ergebnisse berücksichtigt werden (siehe Kolanowski in diesem Band).

Die meisten Frauen bezeichneten sich als *gar nicht religiös* (43,4 %) beziehungsweise *wenig religiös* (31 %), was ähnlich wie bei den homosexuellen Männern auf eine mangelnde Toleranz der Kirche gegenüber Homosexualität zurückzuführen sein könnte. Nur 7,3 % gaben an, *ziemlich* oder *sehr religiös* zu sein, 18,3 % bezeichneten sich selbst als *mittelmäßig religiös*.

Monogam oder nicht?

Um die Art der Beziehung zu beschreiben, in der sie sich befinden, konnten die Teilnehmerinnen zwischen fünf Kategorien wählen: 77,3 % von ihnen gaben an, in einer *monogamen Beziehung* zu leben. 5,4 % hatten eine *offene Beziehung* vereinbart und 1,7 % hatten vereinbart, nur *gemeinsam mit ihrer Partnerin Sex mit einer anderen Person* zu haben. Des Weiteren gaben immerhin 14,4 % an, *keine Vereinbarung* darüber getroffen zu haben, und 1,4 % definierten ihre Beziehungsform als *andere*.

Die durchschnittliche Beziehungsdauer lag über alle Teilnehmerinnen hinweg bei vier Jahren, die kürzeste Beziehung dauerte einen Monat und die längste 36 Jahre.

Treu oder untreu?

Nur die 324 Frauen, die entweder in einer monogamen Beziehung leben oder aber, laut Vereinbarung, nur mit ihrer Partnerin gemeinsam Sex mit einer anderen Person haben dürfen, wurden zur Auswertung des Untreueverhaltens herangezogen. Wie viele von ihnen waren untreu? Lediglich 6,3 %! 298 treuen Teilnehmerinnen stehen laut Selbstauskunft also nur 26 gegenüber, die ihre Partnerin mit einer anderen Frau betrogen haben. Aufgrund dieser geringen Fallzahl, die die eingangs beschriebene Vermutung zunächst bestätigt, sind die weiteren Ergebnisse beschreibender Natur. Eine statistische Analyse wäre nur bei einer höheren Anzahl fremdgehender Frauen möglich.

Fremdgeherinnen – Was zeichnet sie aus?

Unterscheiden sich die Frauen, die fremdgehen, von denen, die treu sind? Gehen Frauen in einem bestimmten Alter oder mit einem bestimmten Bildungshintergrund eher fremd? Vermutungen dieser Art lassen sich anhand der gesammelten Daten nicht bestätigen. Unter den »Fremdgehern« sind sowohl verschiedenste Altersklassen (19 bis 50 Jahre, durchschnittliches Alter 30 Jahre) als auch Bildungsstände vertreten (61,5 % mit mindestens Fachhochschulreife).

Sind es die unzufriedenen Frauen, die fremdgehen? Auch das muss für die befragte Gruppe verneint werden. Die Mehrheit der untreuen Frauen sind in ihrer festen Beziehung glücklich oder gar sehr glücklich gewesen (46,2 %), 19,2 % waren unglücklich oder sehr unglücklich. Die restlichen Frauen gaben an, weder (sehr) glücklich noch unglücklich gewesen zu sein. Die Beziehungsdauer reichte dabei von drei Monaten bis zu zehn Jahren.

Macht Gelegenheit zur Fremdgeherin? Betrachten wir die *Opportunity*, also das sexuelle Interesse und die Möglichkeit zum Seitensprung (vgl. Kirchhof, Heine u. Kröger in diesem Band), so sind wiederum keine Besonderheiten zu entdecken. Mit einem Wert von 2,6 (0 = geringe Opportunity; 4 = hohe Opportunity) unterscheidet sich der mittlere Opportunity-Wert der untreuen Frauen kaum von dem der restlichen Teilnehmerinnen, die einen mittleren Wert von 2,3 erreichen.

Spielt der Bindungsstil eine Rolle (vgl. Abbildung 10, S. 49)? Sind Fremdgeherinnen eventuell unsicherer gebunden oder haben ambivalentere Gefühle gegenüber ihrer Partnerin als treue Frauen? Erneut kein Treffer. In beiden Gruppen sind die verschiedenen Beziehungsstile gleichermaßen verteilt. Der sichere Bindungsstil ist jeweils der häufigste, der ängstlich-ambivalente Stil der zweithäufigste, gefolgt von dem gleichgültig-vermeidenden und dem ängstlich-vermeidenden Bindungsstil.

Besondere Merkmale scheinen die Entscheidung zum Seitensprung also nicht zu bestimmen. Was ist es aber dann?

Warum gehen lesbische Frauen fremd? Die Frage nach dem Motiv

Wiederum scheint es keine einfache oder gar *die* Antwort auf die Frage nach dem Warum zu geben. Lesbische Frauen gehen selten und aus den verschiedensten Gründen fremd. Das Antwortspektrum reicht von gefühlsbetonten Motiven (sich verlieben) ...

> »Ich hatte mich einfach – trotz Glücklichsein – in der festen Beziehung in die andere Frau verliebt.«

... über Rachegedanken und Wut, ...

> »Für mich war es einfach Rache, da meine Freundin damals fremdgegangen ist.«

> »Wut auf den/die Partnerin«

... sexueller Frustration und Neugierde, ...

»Vier Jahre in der vorherigen festen Partnerschaft keinen Sex und dann hat sich die Affäre ergeben.«

»Ich hatte Verlangen nach einem neuen, anderen, fremden Körper. Ich wollte sexuelle Praktiken, die ich mit meiner Frau nicht erleben kann/konnte.«

»Es ging mir einfach um den sexuellen Reiz ... wollte mal wieder mit einem Mann ins Bett. Meine Partnerin weiß es nicht, kann es sich aber denken.«

... mangelnde körperliche Nähe aufgrund von Fernbeziehungen, ...

»Wir führten zeitweise eine Fernbeziehung und konnten uns nur sehr selten sehen.«

... Selbstbestätigung, ...

»Ich fühlte mich durch die Begeisterung meiner Affäre für meine Person sehr geschmeichelt.«

... dem Versuch, die eigene Beziehung zu retten, ...

»Wenn nur das [die sexuelle Frustration; Anm. der Autorinnen] eine Rolle bei Trennungsgedanken spielt, sonst aber Liebe da ist, denke ich, kann es ein Grund sein für Fremdgehen und vor allem auch eine Beziehung retten. So war es auf jeden Fall bei einer Freundin von mir.«

... bzw. den Seitensprung als Anfang vom Ende zu deuten, ...

»Beziehung stand vor dem Aus. Zwei Tage später Trennung.«

... bis hin zu der Aussage, die eigene Urteilskraft sei durch Alkohol oder Drogen (»Alkohol«, »Drogenkonsum«, etc.) eingeschränkt gewesen.

Auch wenn es viele verschiedene Gründe für das Fremdgehen zu geben scheint, erhofften sich die meisten der untreuen Frauen (70 %) letztendlich doch mehr als einen One-Night-Stand von ihrer »Affäre«. 54 % hatten das Gefühl, dass ihr/e Seitesprungpartner/in sie wirklich versteht (vier der 26 Frauen gingen mit einem Mann fremd), und nur 11 % fühlten sich dieser Person nicht emotional verbunden.

Welche Bedeutung hat die Monogamie für untreue Frauen?

65 % der Frauen, die fremdgegangen sind, geben an, dass Monogamie sehr wichtig für eine Partnerschaft ist. Gleichzeitig glauben allerdings auch 54 % daran, der Mensch sei nicht für Monogamie geschaffen. Ein Widerspruch? Ja, aber einer, der es den untreuen Frauen eventuell erlaubt, ihr Verhalten zumindest zum Teil zu rechtfertigen. Ihr Verhalten entspricht nicht dem Anspruch, den sie an sich

selbst stellen. Wenn allerdings ein »naturgegebener« Hang zur Polygamie existiert, können sie nicht (allein) für ihr Verhalten verantwortlich gemacht werden.

Schlechtes Gewissen?

Während sich 46 % der untreuen Frauen durch den Seitensprung attraktiver fühlen, denken 35 % nun schlechter über sich selbst. 77 % kämpfen mit einem schlechten Gewissen. 11 % sind der Meinung, sie konnten durch den Seitensprung ihre Partnerschaft verbessern, obwohl 93 % der Frauen dennoch angaben, die Partnerin mit einem Seitensprung zu verletzen.

Sollte man beichten?

Hier gehen die Meinungen auseinander. 46 % der untreuen Frauen sind der Ansicht, sie würden es nicht erzählen müssen, und 34 % gehen davon aus, dass sie es müssten. 20 % konnten sich offenbar nicht entscheiden und wählten die Option »weder Zustimmung noch Ablehnung«.

Sind Lesben generell »anders«?

Haben lesbische Frauen vielleicht ganz andere Ansichten zum Thema »Fremdgehen« als Schwule oder Heterosexuelle? Befürchten sie schlimmere Konsequenzen, wenn sie einen Seitensprung begehen? Betrachtet man alle 410 Teilnehmerinnen der Studie, wird deutlich, dass ihre *Einstellungen* gegenüber APBen offenbar von verschiedenen Faktoren beeinflusst werden. Es zeichnet sich ein Bild von einer lesbischen Frau, die Fremdgehen zwar falsch findet (68 %), es sich unter bestimmten Umständen jedoch durchaus vorstellen könnte (41 %) bzw. bereits fremdgegangen ist (6,3 %). Allerdings würden sich 88 % der Befragten sehr schuldig fühlen, und 95 % sind sich dessen bewusst, dass sie ihre Partnerin mit einem Seitensprung verletzen. Umgekehrt sind sie dafür auch bei ihrer Partnerin nicht sonderlich tolerant – 58 % der Befragten würden einen Seitensprung ihrerseits unter keinen Umständen entschuldigen. Allein die Angst, dass sich im sozialen Umfeld etwas ändern könnte, schien hingegen keinen großen Einfluss zu haben (14, %). In all den aufgeführten Punkten unterscheiden sich lesbische Paare nicht gravierend von anderen Paaren.

Sind Lesben mit ihrer Beziehung zufrieden?

Ebenso wie die schwulen Teilnehmer in Kirchhofs Studie (2006) wurden auch die lesbischen Frauen nach ihrer Beziehungszufriedenheit gefragt. Dabei konnten sie auf einer Skala von sehr unglücklich (0) bis sehr glücklich (5) angeben, wie zufrieden sie mit ihrer Partnerschaft in Hinblick auf verschiedene Aspekte sind (z. B. Sexualität). Basierend auf diesen Aussagen wurde die Gesamtzufriedenheit ermittelt, die ebenfalls einen Wert zwischen 0 (sehr unglücklich) und 5 (sehr glücklich) annehmen konnte.

Es zeigte sich, dass 54,8 % der Frauen mit ihrer Gesamtzufriedenheit über einem Wert von 4 lagen und somit insgesamt als glücklich oder sehr glücklich einzustufen sind. Nimmt man noch diejenigen dazu, die sich als eher glücklich einschätzen, steigt der Anteil sogar auf 84,2 %. Es handelt sich also offenbar um eine sehr glückliche Stichprobe, was darauf hindeuten könnte, dass lesbische Beziehungen insgesamt recht glücklich sind.

Ein Fazit

Wir stellten am Anfang die Fragen, ob Lesben die treueren Seelen sind – zumindestens wenn sie einander Treue versprochen haben. Im vorhergehenden Kapitel gaben 26 % der schwulen, monogamen Männer an, eine APB gehabt zu haben. Bei den befragten lesbischen, monogamen Frauen sind es lediglich 6,3 %. Auf diesen Zahlen basierend muss die Frage also mit »Ja« beantwortet werden: Frauen sind die treueren Seelen. Sie leben tatsächlich am ehesten das, was sie miteinander vereinbart haben. Das Geschlecht scheint hier eine wichtige Variable zu sein, da Frauen – unabhängig von ihrer sexuellen Orientierung – weniger häufig fremdgehen als Männer (35 bis 49 % vs. 12 bis 31 %; vgl. Hansen, 1987; Wiedermann u. Hurd, 1999). Allerdings stellt sich an dieser Stelle die Frage, inwieweit Ergebnisse dieser Art von bestehenden Geschlechterstereotypen bestimmt werden. In einer Sendung der British Broadcasting Corporation (BBC), in der unter anderem Ergebnisse der aktuellen Sex-ID-Internetumfrage vorgestellt werden, wird deutlich, dass Frauen immer noch dazu tendieren, die Anzahl ihrer Sexualpartner(innen) herunterzuspielen, da mit steigender Partneranzahl die Assoziation »Hure« wahrscheinlicher wird. Bei Männern spiegelt hingegen eine hohe Partneranzahl sexuelle Attraktivität und Potenz wider, was für viele erstrebenswert erscheint. Für Frauen sind Falschangaben in Bezug auf Partneranzahl und Affären aus diesem Grund wahrscheinlicher – auch wenn es sich um eine anonyme Umfrage handelt. Eine solche These wird von Studien untermauert, die von einem größeren Erwartungsdruck aus der Gay Community gegenüber Männern berichten, *nicht* monogam zu sein (Ussher, 1990).

Weiterhin ist der vergleichsweise geringe Anteil an »Fremdgeherinnen« möglicherweise darauf zurückzuführen, dass Männer insgesamt häufiger Sex haben als Frauen. Vor allem schwule Männer haben in den ersten Jahren ihrer Beziehung häufiger Sex als heterosexuelle oder lesbische Paare. Unabhängig von der Beziehungsdauer haben Lesben generell weniger Sex als die anderen beiden Gruppen, wobei zu berücksichtigen ist, dass Sex bei heterosexuellen und schwulen Paaren in vielen Studien mit dem Orgasmuserlebnis des Mannes bzw. beider Männer gleichgesetzt wird (vgl. Blumenstein u. Schwartz, 1983). Die Definition von Sex bei

Frauen ist weiter gefasst (Frye, 1990). Die Vermutung »geringeres Bedürfnis nach Sex = weniger Affären« muss also in Frage gestellt werden bzw. sollten Forscher genauer nachfragen, was unter »außerpartnerschaftlichen Sex« verstanden wird, da hiervon auch abhängt, welches Verhalten als Affäre gedeutet wird und welches nicht.

Nichtsdestotrotz scheint ein durchgängiger Geschlechterunterschied der zu sein, dass das Fremdgehen bei Frauen häufiger als bei Männern mit »Verliebtsein« verknüpft ist (40 % vs. 24 % bei Männern; Funk u. Lenz, 2005), was eine »spontane Affäre ohne Vorlauf« ausschließt, da man die andere oder auch den anderen erst kennen lernen muss. Die Anzahl der Affären (wahrgenommene Möglichkeiten) verringert sich dementsprechend – gerade bei lesbischen Paaren. Die Vermutung wird dadurch unterstützt, dass die Gelegenheit zum Seitensprung (*Opportunity*) für die eigentliche Affäre bei homosexuell orientierten Frauen in dieser Studie nicht ausschlaggebend ist.

Sind Lesben die glücklicheren Paare? Lieben sie sich mehr? Sind sie sich emotional näher? Sind sie deswegen treuer? Vor allem der Aspekt der Nähe und dessen Extrem ist unter dem englischen Begriff »fusion« (dt. Verschmelzung, Selbstaufgabe) häufig als ein *Problem* lesbischer Paare diskutiert worden (z. B. Krestan u. Bepko, 1980). Allerdings haben spätere Studien gezeigt, dass – genau wie bei heterosexuellen Paaren – auch lesbischen Beziehungen durch sowohl Nähe als auch Autonomie geprägt sind (z. B. Eldridge u. Gilbert, 1990). Weitere Untersuchungen belegen trotz alledem einen größeren Zusammenhalt lesbischer Paare im Vergleich zu gegengeschlechtlichen Paaren (z. B. Kurdek, 1988) sowie eine positivere Einstellung gegenüber der Beziehung und eine größere Beziehungszufriedenheit (Kurdek, 2003), was die hier dargestellten Ergebnisse unterstützt. Jedoch ist die Beziehungszufriedenheit, obwohl sie stärker ausgeprägt ist, kein genereller Schutzfaktor, der Affären verhindert, was durch die hohe Anzahl zufriedener, fremdgehender Frauen der Studie belegt wird.

Auffällig bei der hier durchgeführten Untersuchung ist die Prozentzahl der Paare, die eine ausschließlich monogame Beziehung vereinbart haben: 77,3 %. Die Zahl liegt deutlich unter der anderer Studien (z. B. 94 %; Fitzpatrick et al., 1994). Ein gesellschaftlicher Trend? Sind Menschen tatsächlich nicht für die Monogamie gemacht und setzen langsam die Erfahrungen in alternativen Beziehungskonzepten um? Die Frage kann hier nicht beantwortet werden. Eine »Veranlagung« zum Seitensprung scheint aufgrund der Vielfalt der Motive jedoch unwahrscheinlich. Es ist kein einheitlicher, schwer zu kontrollierender sexueller Drang, der zur Affäre führt. Bei manchen ist es die Entfremdung vom Partner aufgrund von Kommunikationsschwierigkeiten, beim anderen der Mangel an Selbstwertgefühl und die Möglichkeit der Selbstbestätigung, bei wieder anderen ist es Rache oder der Versuch, die eigene Beziehung zu retten, etc. Gerade Therapeuten und Berater sind hier vor die nicht immer einfache Aufgabe gestellt, dem individuellen Paar gerecht zu werden.

Literatur

Blumstein, P., Schwartz, P. (1983). American couples. New York: William and Morrow.

Bryant, A. S., Demian (1994). Relationship characteristics of gay and lesbian couples: Findings from a national survey. Journal of Gay and Lesbian Social Services, 1, 101 – 117.

Cardell, M., Finn, S., Marecek, J. (1981). Sex-role identity, sex-role behavior, and satisfaction in heterosexual, lesbian, and gay male couples. Psychology of Women Quarterly, 5 (3), 488 – 494.

Hansen, G. L. (1987). Extradyadic relations during courtship. The Journal of Sex Research, 23, 382 – 390.

Eldridge, N. S., Gilbert L. A. (1990). Correlates of relationship satisfaction in lesbian couples. Psychology of Women Quarterly, 14, 43 – 62.

Fitzpatrick, M. A., Jandt, F. E., Myrick, F. L., Edgar, T. (1994). Gay and lesbian couple relationships. In R. J. Ringer (Hrsg.), Queer words, queer images: Communication and the construction of homosexuality (pp. 265 – 277). New York: NYU Press.

Frye, M. (1990). Lesbian Sex. In J. Allen (Hrsg.), Lesbian Philosophies and Cultures (pp. 305 – 315). New York: State University of New York Press.

Funk, H., Lenz, K. (Hrsg.) (2005). Sexualitäten: Diskurse und Handlungsmuster im Wandel. Weinheim: Juventa.

Krestan, J.-A., Bepko, C. S. (1980). The problem of fusion in the lesbian relationship. Family Process, 19, 277 – 289.

Kurdek, L. A. (1988). Perceived social support in gays and lesbians in cohabiting relationships. Journal of Personality and Social Psychology, 54, 504 – 509.

Kurdek, L. A. (1991). Sexuality in homosexual and heterosexual couples. In K. McKinney, S. Sprecher (Hrsg.), Sexuality in Close Relationships (pp. 177 – 191). Hillsdale, NJ: Lawrence Erlbaum.

Kurdek, L. A. (2003). Differences between gay and lesbian cohabiting couples. Journal of Social and Personal Relationships, 20 (4), 411 – 436.

Kurdek, L. A. (2004). Are gay and lesbian cohabiting couples really different from heterosexual married couples? Journal of Marriage and Family, 66, 880 – 900.

Kurdek, L. A., Schmitt, J. P. (1986). Interaction of sex role self-concept with relationship quality and relationship beliefs in married, heterosexual cohabiting, gay, and lesbian couples. Journal of Personality and Social Psychology, 51 (2), 365 – 370.

Ussher, J. M. (1990). Cognitive behavioural couples therapy with gay men referred for counselling in an AIDS setting: A pilot study. AIDS Care, 2 (1), 43 – 51.

Starke, K. (2005). Endet die Liebe? Sexualität im Generationsvergleich. In H. Funk, K. Lenz (Hrsg.), Sexualitäten: Diskurse und Handlungsmuster im Wandel (S. 89 – 114). Weinheim: Juventa.

Wiederman, M. W., Hurd, C. (1999). Extradyadic involvement during dating. Journal of Social and Personal Relationships, 16, 265 – 274.

Teil 2
Coming-out

Coming-out [ˈkʌmiŋ ˈaut] (engl., abgeleitet von »to come out of the closet«, wört-
lich: aus dem Kleiderschrank herauskommen) bezeichnet primär den individuellen Prozess, sich seiner eigenen gleichgeschlechtlichen Empfindungen bewusst
zu werden, dies gegebenenfalls dem näheren sozialen Umfeld mitzuteilen und im
Endeffekt selbstbewusst mehr oder weniger offen als Lesbe, Schwuler oder Bisexueller zu leben (wikipedia, 2008).

Meike Watzlawik und Simone Weil

Coming-out – Was motiviert zu diesem Schritt?

Eine Internetumfrage unter schwulen und bisexuellen Männern

»Ich bin gut und das ist auch schwul so!« – Diese Aussage eines Homosexuellen lässt vermuten, dass er seine sexuelle Orientierung für sich angenommen hat und positiv erlebt. Das ist nicht immer der Fall. Vielmehr haben Jugendliche[1], die ihre sexuelle Orientierung als homo- bzw. bisexuell einordnen, einige Hürden zu nehmen, bevor sie mit anderen über ihre Gefühle und Wünsche reden (können).

Alle Menschen sind sexuell orientiert, nur ist dies bei Heterosexuellen so selbstverständlich, dass sie sich kaum Gedanken darüber machen. Beim ersten Verliebtsein sind sie sich ihrer Gefühle dem anderen Geschlecht gegenüber meist bewusst und stellen ihre sexuelle Orientierung in der Regel nicht in Frage. Auch niemand in ihrem Umfeld würde dies tun. Zu sagen: »Ich bin verliebt!« ist für Heterosexuelle völlig normal und wird auch von ihren (heterosexuellen) Mitmenschen als völlig normal und selbstverständlich aufgenommen. Niemand würde behaupten: »Der Fabian hat sich gerade als heterosexuell geoutet!«.

Von einem Coming-out spricht man hingegen nur, wenn ein homo- bzw. bisexuell orientierter Mensch sich erstmals vor sich selbst (*inneres Coming-out*) und dann auch vor anderen zu seiner sexuellen Orientierung bekennt (*äußeres Coming-out*). Damit ist klar: Ist jemand heterosexuell orientiert, braucht er das nicht extra zu sagen. Ist er hingegen schwul, lesbisch oder bisexuell, muss er die Hürde des Coming-out nehmen. Dies scheint mittlerweile ebenso selbstverständlich zu sein wie die Normalität der Heterosexualität.

Jugendliche stellen viele Fragen, wenn es um ihre sexuelle Orientierung und um ihre sexuellen Wünsche geht. In Jugendzeitschriften werden solche Fragen von Teams wie Dr. Sommer geklärt, die sicherlich eine Menge Aufklärungsarbeit leisten. Auffällig ist, dass Fragen von homo- und bisexuellen Jugendlichen anders gestaltet sind als die der heterosexuellen Gleichaltrigen. Grübeln Letztere darüber nach, wie sie jemanden ansprechen sollen und ob sie wirklich attraktiv sind, fragen sich Erstere Grundlegendes zu ihrer sexuellen Orientierung und werden dies auch von außen gefragt. Der Kasten »Der heterosexuelle Fragebogen« verdeutlicht auf ironische Weise, mit welchen Grundannahmen und vor allem Vorurteilen homo- und bisexuelle Jugendliche konfrontiert werden: Annahmen, die – formuliert man sie wie hier für Heterosexuelle – in vielerlei Hinsicht absurd erscheinen (Abbildung 13).

---

1 Das Bewusstwerden der eigenen sexuellen Orientierung muss nicht im Jugendalter stattfinden, sondern kann auch erst im Erwachsenenalter erfolgen. Da sich die meisten aber bereits während oder in den Jahren nach der Pubertät ihrer Gefühle bewusst werden, wird im Folgenden auf »Jugendliche« Bezug genommen.

Der heterosexuelle Fragebogen

1. Woher, glaubst du, kommt deine Heterosexualität?
2. Wann und warum hast du dich entschlossen, heterosexuell zu sein?
3. Ist es möglich, dass deine Heterosexualität nur eine Phase ist und dass du diese Phase überwinden wirst?
4. Ist es möglich, dass deine Heterosexualität auf einer neurotischen Angst vor Menschen des gleichen Geschlechts basiert?
5. Wissen deine Eltern, dass du heterosexuell bist? Wissen es Deine Freundinnen und Freunde? Wie haben sie reagiert?
6. Die Mehrheit der Kinderbelästiger ist heterosexuell. Kannst du es verantworten, deine Kinder von heterosexuellen Lehrer/innen unterrichten zu lassen?
7. Wie können Männer und Frauen wissen, wie sie sich gegenseitig befriedigen können, wo sie doch anatomisch so unterschiedlich sind?
8. Obwohl die Gesellschaft die Ehe so stark unterstützt, steigen die Scheidungsraten. Warum gibt es so wenige langjährige, stabile Beziehungen unter Heterosexuellen?
9. Laut Statistik kommen Geschlechtskrankheiten bei Lesben am seltensten vor. Ist es daher für Frauen wirklich sinnvoll, eine heterosexuelle Beziehung zu führen und so das Risiko von Geschlechtskrankheiten und Schwangerschaft einzugehen?
10. In Anbetracht der Übervölkerung stellt sich folgende Frage: Wie könnte die Menschheit überleben, wenn alle heterosexuell wären?
11. Es scheint sehr wenige glückliche Heterosexuelle zu geben. Es wurden deswegen Verfahren entwickelt, die es dir möglich machen könnten, deine sexuelle Orientierung zu ändern, wenn du es wirklich willst. Hast du schon einmal in Betracht gezogen, eine Elektroschocktherapie zu machen?
12. Möchtest du, dass dein Kind heterosexuell ist, obwohl du die Probleme kennst, mit denen es konfrontiert würde?

(Quelle: Martin Rochlin's Heterosexual Questionnaire, 1977)

Abbildung 13: Der heterosexuelle Fragebogen

Das Coming-out stellt anhand der durch den »Heterosexuellen Fragebogen« verdeutlichten Vorurteile (vgl. Watzlawik u. Kobs in diesem Band) für viele kein leichtes Unterfangen dar. Bereits der erste Schritt des inneren Coming-out wird oft von Selbstzweifeln und Verwirrung begleitet (Watzlawik, 2004). Bei dem inneren Coming-out geht es dabei um die Frage, wie und wann sich Jugendliche selbst ihrer sexuellen Orientierung bewusst werden und wie sie damit umgehen. Die zweite Phase, das äußere Coming-out, also das Mitteilen ihrer sexuellen Orientierung anderen gegenüber, muss nicht zwingend erfolgen. Oftmals hindert Jugendliche auch hierbei die Angst, nicht angenommen und abgelehnt zu werden, offen davon zu berichten, was in ihnen vorgeht. Selbst Freunden oder der Familie gegenüber wollen sie nicht zugeben, »anders« zu sein. Welchen Reaktionen sehen sich Jugendliche aber wirklich konfrontiert, wenn sie sich trotz allem dazu entschließen, jemanden ins Vertrauen zu ziehen? Was motiviert Jugendliche, diesen Schritt zu wagen? Was hindert andere, es nicht zu tun?

Abenteuer Coming-out

Die Motivation zum äußeren Coming-out bei homo- bzw. bisexuellen jungen Männern ist Thema der folgenden Internetumfrage. Das Datenmaterial wurde uns 2006 freundlicherweise von Tobias Klebba und der Abteilung für Pädagogische Psychologie der Technischen Universität Braunschweig zur Verfügung gestellt. Bevor wir zu den eigentlichen Ergebnissen kommen, wird zunächst die Gruppe der Befragten näher beschrieben. Anschließend wird der Verlauf des inneren Coming-out skizziert, da das Bewusstwerden der eigenen Gefühle eine Voraussetzung für das äußere Coming-out darstellt.

Wer hat an der Umfrage teilgenommen?

An der Umfrage nahmen 720 junge Männer zwischen 16 und 27 Jahren teil. 541 (75,1 %) gaben an, homosexuell und 179 (24,9 %) bisexuell orientiert zu sein. Dabei konnten die Bisexuellen noch einmal angeben, ob sie »eher hetero als homo« oder »eher homo als hetero« sind bzw. ihre heterosexuellen und homosexuellen Anteile als »gleichwertig« betrachten. Es ergab sich folgende Verteilung: Eher homo als hetero stufen sich 65,4 %, eher hetero als homo 9,5 % ein und beide Anteile als gleichwertig sehen 25,1 % der jungen Männer.

Ihre sexuelle Orientierung machten alle Teilnehmer dabei an verschiedenen Facetten fest, die in Tabelle 5 aufgeführt sind. Deutlich wird, dass es nicht »die« sexuelle Orientierung gibt, sondern dass sich unterschiedliche Vorstellungen hinter dem oft pauschal verwendeten Begriff der sexuellen Orientierung verbergen.

Tabelle 5: »Wie zeigt sich deine sexuelle Orientierung?« (Mehrfachnennungen möglich)

Facetten der sexuellen Orientierung		Angaben in %
sexuelles Verlangen	(Ich begehre ...)	48,1
sexuelle Phantasien	(Ich träume von ...)	19,3
emotionales Verlangen	(Ich verliebe mich in ...)	41,1
emotionale Phantasien	(Ich träume von ...)	6,7
Sexuelles und Emotionales	(Ich begehre ... und verliebe mich in ...)	63,3

Emotionales und/oder Sexuelles – Wer legt mehr Wert auf was?

Um zu überprüfen, ob homo- und bisexuelle Männer eventuell unterschiedliche Schwerpunkte setzen, wenn es darum geht, die eigene sexuelle Orientierung zu definieren, wurde die Häufigkeiten, mit der einzelne Aspekte genannt wurden, gegenüber gestellt. Dies erschien notwendig, um die Ergebnisse zur Motivation später richtig interpretieren zu können. Wozu bekennt man sich überhaupt? Wo setzt man selbst die Schwerpunkte? Es ergab sich folgendes Bild (Tabelle 6):

Tabelle 6: Unterschiede zwischen homo- und bisexuellen Männern (Mehrfachnennungen möglich)

Facetten	% homo	bi	χ^2[1]	p
sexuelles Verlangen	46,8	52,0	1,45	k. U.
sexuelle Phantasien	16,1	29,1	14,52	***
emotionales Verlangen	44,9	29,6	13,02	***
emotionale Phantasien	6,1	8,4	1,12	k. U.
Sexuelles und Emotionales	68,2	48,6	22,26	***

* geben an, ob es einen statistisch bedeutsamen Unterschied gab.
Umso mehr Sterne, desto geringer ist der Einfluss des Zufalls. k. U. = kein Unterschied nachweisbar.

Die Ergebnisse legen nahe, dass die emotionale Komponente eher bei homosexuellen Männern eine wichtige Rolle spielt. Möglicherweise streben homosexuelle Männer häufiger eine feste Beziehung an, wohingegen bisexuelle Männer dies – eventuell weil sie um die Schwierigkeit, beide Aspekte parallel zu vereinen, wissen – weniger häufig tun. Darüber hinaus ist die bisexuelle Orientierung uneindeutiger, wodurch die Person in ihrer sexuellen Identität womöglich weniger gefestigt ist. Dies kann zu einem stärkeren Sich-Ausprobieren führen, was in einer festen Beziehung meist nur eingeschränkt möglich ist.

Geht man davon aus, dass mit steigendem Alter auch die eigene Identität gefestigter ist und sich dies in dem Wunsch nach einer Beziehung äußert, so müssten mit steigendem Alter emotionale Aspekte an Bedeutung gewinnen. Dies wurde anhand eines Vergleichs der verschiedenen Alterskategorien (252 wurden den 16- bis 19-Jährigen zugeordnet, 292 den 20- bis 24-Jährigen, 176 den 25- bis 27-Jährigen) überprüft (vgl. Tabelle 7).

Tabelle 7: Unterschiede zwischen den verschiedenen Altersgruppen (Mehrfachnennungen möglich)

Facetten	% 16–19	20–24	25–27	χ^2[1]	p
sexuelles Verlangen	54,8	50,3	34,7	17,81	***
sexuelle Phantasien	22,2	18,2	17,0	2,20	k. U.
emotionales Verlangen	41,3	44,2	35,8	3,19	k. U.
emotionale Phantasien	3,6	7,9	9,1	6,23	*
Sexuelles und Emotionales	52,4	64,7	76,7	26,81	***

* geben an, ob es einen statistisch bedeutsamen Unterschied gab.
Umso mehr Sterne, desto geringer ist der Einfluss des Zufalls. k. U. = kein Unterschied nachweisbar.

Ein Anstieg des emotionalen Verlangens ist nicht zu verzeichnen, jedoch legen Männer mit zunehmendem Alter mehr Wert auf die Kombination von sexuellen und emotionalen Aspekten. Dies spiegelt sich auch darin wider, dass sexuelles Verlangen allein an Bedeutung verliert, wenn es darum geht, wie sich die eigene sexuelle Orientierung zeigt. Auch emotionale Phantasien sind zwar gering, aber mit steigender Anzahl vertreten, was wiederum für einen Bedeutungsgewinn des Beziehungsaspekts über die Zeit spricht.

Das Bewusstwerden der sexuellen Orientierung: Das innere Coming-out

Das Bewusstwerden der sexuellen Orientierung gehört zur Entwicklung der sexuellen Identität. Die Daten dieser Umfrage zeigen, dass die meisten Teilnehmer (37,5 %) bereits im Alter von 13 bis 15 Jahren wussten, dass sie nicht heterosexuell orientiert sind. 24,0 % waren geringfügig älter (16 bis 17 Jahre) und 12,2 % waren unter 13 Jahre alt, als sie sich dessen bewusst wurden. Somit haben 73,8 % der Teilnehmer bereits bis zu ihrem 17. Lebensjahr für sich festgestellt, homo- bzw. bisexuell orientiert zu sein. Die verbleibenden Personen waren älter als 17 Jahre, als sie verspürten, dass ihre sexuelle Orientierung »anders« ist als die ihrer meisten Peers: 7,2 % waren 17 bis 18 Jahre alt, 7,2 % waren 19 bis 20 Jahre alt, 4,0 % waren 21 bis 22 Jahre alt, 7,6 % waren 23 bis 24 Jahre alt und 0,1 % war 25 bis 27 Jahre alt.

Zusammenfassend lässt sich sagen, dass 49,7 % der Teilnehmer bereits in der frühen Adoleszenz (bis zum 15. Lebensjahr) und 42,5 % der Teilnehmer in der späten Adoleszenz (16. bis 22. Lebensjahr) ihre sexuelle Orientierung bewusst wahrgenommen haben. Nur 7,8 % der Teilnehmer waren bereits junge Erwachsene. Unterschiede zwischen homo- und bisexuellen Männern, wann sie sich ihrer Orientierung bewusst wurden, lassen sich nicht nachweisen.

Was ist das für ein Gefühl, zu bemerken, dass man homo- bzw. bisexuell orientiert ist? Bei den Teilnehmern dieser Studie waren eher negative Gefühle wie Beunruhigung und Fremdsein vorherrschend. Auch ablehnende Emotionen waren zu spüren, das heißt, die Teilnehmer konnten diese Gedanken nur schwer für sich annehmen. Es waren aber auch neutrale Reaktionen (z. B. sich »wie immer« fühlen) vorhanden. Ebenso zeigten sich positive Gefühle, beispielsweise Stolz und Begehrtsein – man(n) fühlte sich also wertvoll und liebenswert. Eine Übersicht über die Variabilität der Gefühle beim Erkennen der eigenen sexuellen Orientierung liefert Tabelle 8.

In Bezug auf die Gefühle, die das Bewusstwerden der sexuellen Orientierung begleitet haben, lassen sich keine Unterschiede zwischen homo- und bisexuellen Teilnehmern der Studie nachweisen.

Anderen von sich erzählen: Das äußere Coming-out

Von den insgesamt 720 Teilnehmern gaben 563 (78,2 %) an, sich anderen gegenüber zu ihrer sexuellen Orientierung geäußert zu haben. 81 Teilnehmer (11,3 %) hatten sich bisher noch gar nicht, 76 (10,6 %) hingegen nur Homo- bzw. Bisexu-

Tabelle 8: »Wie fühltest du dich damals, als du für dich deine sexuelle Orientierung erkannt hast?« (Mehrfachnennungen waren möglich)

Gefühl	Angaben in %
Ich war beunruhigt.	54,2
Ich fühlte mich mir fremd.	32,5
Ich verspürte Furcht.	21,4
Ich lehnte die Gefühle ab.	19,3
Ich war glücklich.	18,8
Ich fühlte mich wie immer.	18,1
Ich war froh.	15,8
Ich dachte, Sex mit Männern ist falsch.	12,2
Ich fühlte mich schuldig.	11,7
Ich war stolz.	9,6
Ich fühlte mich begehrt.	3,5

ellen gegenüber geoutet. Es finden sich hierbei deutliche Unterschiede zwischen homo- und bisexuell Orientierten: *Geoutet* sind 87,9 % der homosexuellen und 50,6 % der bisexuellen Männer, *nicht geoutet* sind 6,1 % der homo- und 27,0 % der bisexuellen Männer und nur *bei anderen Homo- und Bisexuellen geoutet* sind 6,5 % der homo- und 22,5 % der bisexuellen Männer. Bisexuelle neigen also eher als Homosexuelle dazu, anderen nicht von ihrer sexuellen Orientierung zu erzählen – vielleicht allein deshalb, weil sich die eigene Orientierung besser vor anderen verbergen lässt und es einem leichter fällt, nach außen heterosexuell zu wirken.

Tabelle 9 gibt eine Übersicht, mit wem und in welchem Alter die Einzelnen über die eigene sexuelle Orientierung gesprochen haben.

Tabelle 9: »Wem gegenüber und in welchem Alter hast du deine sexuelle Orientierung mitgeteilt?« (Mehrfachnennungen möglich)

Ansprechpartner	geoutet	Ø Alter (SD)*
Freunden	72,2 %	18,0 (3,0)
Eltern	59,4 %	19,2 (4,1)
Mitschülern/Arbeitskollegen	46,8 %	18,4 (3,4)
Geschwistern	44,0 %	18,7 (3,3)
sonstigen Verwandten	26,0 %	18,8 (4,5)
Lehrern/Beratungsstellen	13,1 %	17,9 (2,8)
sonstige	11,0 %	18,6 (3,9)

* Angegeben sind das Durchschnittsalter und die Standardabweichung (SD).

Der Zeitraum zwischen dem Bewusstwerden der eigenen sexuellen Orientierung und dem Äußern gegenüber anderen – also zwischen dem inneren und dem äußeren Coming-out – gestaltet sich unter den Teilnehmern sehr unterschiedlich. Bei 2,7 % der jungen Männer dauerte es weniger als sieben Tage, nach dem inneren Coming-out mit jemandem über die eigenen Gefühle zu sprechen. Weitere 4,1 %

gaben an, dass es zwischen einer und drei Wochen dauerte, sich jemandem anzuvertrauen. Bei 13,1 % dauerte die Phase ein bis fünf Monate. Sechs Monate bis ein
Jahr brauchten 15,8 % der Teilnehmer, während der überwiegende Teil (31,4 %)
ein bis drei Jahre benötigte, um anderen gegenüber ihre sexuelle Orientierung
äußern zu können. 19,2 % haben nach drei bis fünf Jahren ihr äußeres Coming-
out gewagt, und 13,7 % brauchten sogar mehr als fünf Jahre dafür. In Bezug auf
das »Wann« des Coming-out bei den verschiedenen Personengruppen finden sich
ebenfalls keine Unterschiede zwischen homo- und bisexuellen Männern.

Erwartete Reaktionen

Bevor ein homo- oder bisexueller Jugendlicher es wagt, offen über seine sexuelle
Orientierung zu reden, macht er sich natürlich auch Gedanken darüber, welche
Reaktionen sein Gegenüber zeigen könnte. Auf die offene Frage: »Welche Reaktionen auf dein Coming-out bzw. Konsequenzen auf dein Coming-out hast du
erwartet?« antworteten 493 Personen. Mehrfachnennungen waren möglich, so
dass insgesamt 1039 verschiedene Antworten inhaltsanalytisch ausgewertet werden
konnten. Es ergaben sich 72 Kategorien[2], die im Anhang noch einmal detailliert
aufgeführt werden (Tabelle 12).

118 Personen (23,9 %) haben Ablehnung bzw. Abneigung erwartet, 89 Jugendliche (18,1 %) glaubten hingegen an positive und 53 (10,8 %) an negative bzw.
schlimme Reaktionen aus ihrer Umwelt. Auf Akzeptanz und Annahme zu stoßen,
hofften 59 (12,0 %), hingegen hatten 51 junge Männer (10,3 %) Angst, sozial ausgegrenzt oder von ihrer Familie verstoßen zu werden. Ungefähr genau so viele
(10,1 %) glaubten, sie würden mit Unverständnis konfrontiert werden.

Die einzigen Unterschiede zwischen homo- und bisexuellen Männern zeigen
sich bei den Kategorien Ablehnung und Enttäuschung. In beiden Fällen wird die
Kategorie von Homosexuellen häufiger genannt. Insgesamt rechneten die jungen
Männer in den meisten Fällen (66,1 %) mit negativen Reaktionen ihres Umfeldes.
47,7 % hingegen hofften allgemein auf positive Reaktionen, während 27,4 % von
neutralen Reaktionen ausgingen bzw. sich gar keine Gedanken darüber gemacht
hatten. Unterschiede in den Erwartungen, wenn man neutrale, positive und negative Aspekte zusammenfassend betrachtet, lassen sich zwischen homo- und bisexuellen Teilnehmern nicht nachweisen.

Angst

Auf einer Skala von 1 bis 10 gaben die jungen Männer an, wie hoch ihre Angst
war, mit verschiedenen Personen über ihre sexuelle Orientierung zu sprechen.
1 bedeutet dabei, überhaupt keine (= 0 bis 10 %), 10 hingegen vollkommene Angst

---

2 Das dazugehörige Kategoriensystem weist eine Interkoderreliabilität von .82 auf und kann somit als
    messgenaues Instrument bezeichnet werden.

(= 100 %) verspürt zu haben. Je höher also der Prozentsatz ausfällt, desto stärker ist die Angst ausgeprägt. Im Folgenden werden die Mittelwerte angegeben, wobei sich keine Unterschiede zwischen homo- und bisexuellen Männern nachweisen ließen: Gegenüber ihren Eltern verspürten die Teilnehmer zu 77 % Angst, bei ihren Geschwistern hingegen zu 51 %. Bei sonstigen Verwandten betrug das Angstmaß 70 %, bei Freunden 45 % und bei Mitschülern bzw. Arbeitskollegen 59 %. Lehrern bzw. Beratungsstellen gegenüber waren sie zu 44 %, sonstigen Personen zu 45 % ängstlich. Die meiste Angst hatten die Befragten also vor Gesprächen mit Personen, die direkt zur Familie und gleichzeitig auch zur älteren Generation gehörten. Bei Geschwistern und Mitschülern, die üblicherweise der eigenen Altersgruppe näher sind, war das Angstmaß zwar niedriger, aber immer noch höher als bei Freunden und professionellen Beratern bzw. Lehrern. Freunde spielen demnach zunächst die wichtigste Rolle im Coming-out Prozess, da man vor Gesprächen mit ihnen am wenigsten Angst hat und sich ihnen auch am ehesten anvertraut (vgl. Tabelle 9).

Was ist die Motivation, sich anderen anzuvertrauen?

Die zentrale Frage dieser Internetumfrage ist die Motivation zum Coming-out, also die Frage, warum die jungen Männer sich schließlich anderen gegenüber hinsichtlich ihrer sexuellen Orientierung geäußert haben. Tabelle 10 gibt eine Übersicht über die Häufigkeiten einzelner Antworten.

Die Angst, von anderen beim Lügen erwischt zu werden oder bloßgestellt zu werden – vielleicht in Momenten und Situationen, in denen man dies nicht ertragen könnte – ist einer der Hauptbeweggründe, sich anderen anzuvertrauen. Glücklicherweise haben über die Hälfte der Befragten genügend Rückhalt, diesen Schritt auch tatsächlich zu gehen. Klar ist aber, dass das Coming-out für die meisten kein selbstverständlicher Prozess ist, sondern einer, der Überwindung und Mut kostet. Vorurteile sind hierfür sicherlich mitverantwortlich, was die Notwendigkeit, mit diesen aufzuräumen, noch einmal deutlich werden lässt (vgl. Watzlawik u. Kobs in diesem Band).

Durch die Zusatzfrage »Ein Coming-out kann negative Folgen haben, da man die Einstellung der anderen nie genau kennt und deren Umgang mit dem Thema im realen Zusammenhang nie ganz erahnen kann. Wieso hast du es dennoch riskiert?« hatten die Teilnehmer die Möglichkeit, zusätzlich zu den genannten Punkten noch andere Gründe anzusprechen, die sie zu ihrem Coming-out motiviert haben. Insgesamt haben 552 junge Männer diese zusätzliche Möglichkeit genutzt. Es kristallisierten sich weitere 15 Kategorien heraus, die in Tabelle 10 noch nicht zu finden sind. Die am häufigsten genannten seien hier kurz vorgestellt: 39 Personen waren eventuelle negative Reaktionen egal. Sie meinten, so viel Selbstbewusstsein zu haben, dass sie über der Meinung anderer stehen könnten. 27 junge Männer wollten nicht feige sein, sondern bewusst ein Risiko eingehen und in die Offensive gehen. 26 Teilnehmer haben einen inneren Druck verspürt, der Unwohlsein verursachte und dessen sie sich durch das Coming-out entledigen konnten. Sie

Tabelle 10: »Du hast dich anderen gegenüber geäußert. Was waren deine Gründe dafür?«
(Mehrfachnennungen waren möglich)

Gründe für CO	Angaben in %
Ich hatte Angst, beim Lügen erwischt zu werden. ***	56,8
Ich hatte genug Rückhalt. **	56,4
Ich wollte einem Fremdouting entgehen. **	42,9
Ich wollte die Wahrheit sagen (nicht mehr lügen). *	37,3
Ich wollte mich äußern.	34,2
Ich hatte aufgrund der Verheimlichung Depressionen. *	32,2
Ich wollte Sex haben. *	30,2
Ich wollte es offen austesten. *	28,0
Ich wollte für Akzeptanz kämpfen.	25,7
Ich hatte Angst vor Isolation. *	25,4
Ich wollte kein mehr Doppelleben mehr führen. *	25,2
Ich wollte provozieren. *	24,9
Ich hatte eine Beziehung/wollte eine Beziehung haben. **	19,9
Ich hatte aufgrund der Verheimlichung Selbstmordgedanken.	17,2
Ich wollte gegen Diskriminierung kämpfen. *	16,1
Ich wollte mir keine Heirat aufzwingen lassen.	15,8
Ich hatte aufgrund der Verheimlichung Drogen-/Alkoholprobleme. *	14,3
Ich wollte meinen Eltern ein Fremdouting ersparen.	10,3
Ich verspürte Einsamkeit.	8,5
Ich wollte Mobbing im Freundeskreis abwehren.	6,9
Ich habe unter der Diskriminierung gelitten.	2,9
Ich hatte Angst um meinen Job.	1,9
Ich hatte Sorgen wegen HIV/AIDS.	1,3
Ich habe sexuelle Gewalt erfahren.	0,8
Ich habe mich wegen meines religiösen Hintergrunds geoutet.	0,8
Ich wollte Mobbing am Arbeitsplatz abwehren.	0,5

* geben an, dass es einen statistisch bedeutsamen Unterschied zwischen homo- und bisexuellen Männern gab.
Umso mehr Sterne, desto geringer ist der Einfluss des Zufalls. Treten Unterschiede auf, wurde die Kategorie in jedem
Fall häufiger von homosexuellen Männern genannt.

fühlten sich anschließend ausgeglichener und entspannter. 17 Jugendliche hatten keine andere Wahl. Sie sahen sich plötzlich mit einem Fremdouting[3] konfrontiert. Für 16 Teilnehmer war ein Coming-out einfach notwendig, um glücklich und frei leben zu können.

Viele der Teilnehmer haben sich zu einem Zeitpunkt anderen gegenüber zu ihrer sexuellen Orientierung geäußert, als sie noch von ihren Eltern finanziell und emotional abhängig waren. 75,7 % der jungen Männer gaben jedoch an, dass die Abhängigkeit von den Eltern für sie keine Hürde für ihr Coming-out darstellte.

3 Fremdouting = Dritte geben die sexuelle Orientierung der eigenen Person bekannt, ohne dies vorher abgesprochen zu haben. Man sieht sich also gezwungen, sich mit den Fragen und dem Wissen anderer auseinanderzusetzen und gegenbenfalls Stellung zu beziehen.

Bereut man seine Entscheidung, andere eingeweiht zu haben? Wie fühlten sich die Teilnehmer der Umfrage nach dem Coming-out? 86,1 % der gaben an, diesen Schritt überhaupt nicht bereut zu haben. 9,1 % bereuen diesen Schritt eher selten, 3,4 % hingegen häufig. Für 1,1 % trifft die Aussage zu, dass sie den Schritt des Coming-out meistens bereuen, und 0,4 % sind der Ansicht, dass sie sich lieber nicht hätten outen sollen. Weiterhin konnten die Teilnehmer begründen, warum sie ihr Coming-out (nicht) bereuen. 363 der Teilnehmer nutzen diese Möglichkeit.

Ich bereue es nicht ...: 231 (63,6 %) haben nur positive Erfahrungen mit ihrem Coming-out gemacht und bereuen diesen Schritt somit in keinster Weise. 23 (6,3 %) konnten keine negative Entwicklung beobachten, was für sie der Grund war, keine Reue zu zeigen. 12 Personen (3,3 %) bereuen diesen Schritt aus einem anderen Grund nicht: Ihnen ist es egal, was andere über sie denken. 20 junge Männer (5,5 %) gaben an, mehr positive als negative Erfahrungen gemacht zu haben, und betonen deshalb, dass es besser sei, sich zu outen als zu schweigen. Obwohl ein Coming-out nicht immer leicht ist, nicht immer alles glatt läuft und man auf Schwierigkeiten stößt, waren 25 Teilnehmer (6,9 %) der Meinung, der Schritt sei notwendig gewesen, um glücklich und befreit leben zu können.

Ich bereue es ...: Negative Erfahrungen mit dem Coming-out zu machen, ist leider nicht ganz auszuschließen. Befürchtungen bezüglich der möglichen Reaktionen haben, wie dargestellt, die meisten und diese begleiten den Einzelnen zunächst wie eine dunkle Wolke. Und manchmal passiert es dann auch: Die schlimmsten Erwartungen bestätigten sich und der junge Mann steht buchstäblich im Regen. Diese Erfahrungen machten 12 Teilnehmer (3,3 %) und gaben verständlicherweise an, ihr Coming-out zu bereuen. Weitere 5 Teilnehmer (1,4 %) bereuen ihr Coming-out ebenfalls, aber aus anderen Gründen: Sie sind sich ihrer Gefühle nicht im Klaren und betrachten sich nun durch ihr Coming-out als »gebranntmarkt«. Sie können ihre eigenen Worte nicht problemlos zurücknehmen und würden es doch gern.

Allen jungen Männern, die sich eventuellen negativen Reaktionen ausgesetzt sehen, sei gesagt: Es sind nicht einmal 5 % der Teilnehmer, die den Schritt des Coming-out häufig bzw. immer bereuen. Obwohl fast zwei Drittel (66,1 %) der jungen Männer glaubten, dass es negative Konsequenzen haben würde, sich zu outen, und sie mit negativen Reaktionen rechnen müssten, haben nur wenige tatsächlich diese Erfahrung gemacht.

Was ist die Motivation, sich anderen nicht anzuvertrauen?

Warum entschließen sich manche, mit niemandem über ihre Gefühle und Wünsche zu sprechen? Tabelle 11 zeigt eine Übersicht über die genannten Gründe.

Bereits für das Coming-out war Angst eine Hauptmotivation. Dies sieht bei dem bewussten Entschluss, sich *nicht* zu outen, nicht anders aus. Angst ist auch hier einer der Hauptgründe für das gezeigte Verhalten. Nicht mehr anerkannt,

Tabelle 11: »Du hast dich anderen gegenüber noch nicht geoutet. Warum?«

Gründe für Nicht-CO	Angaben in %
Ich habe Angst vor fehlender Akzeptanz. ***	14,2
Ich habe Angst wegen fehlender Anerkennung. ***	11,9
Ich möchte keine Diskriminierung erfahren. ***	11,9
Ich habe Angst vor Isolation von Seiten der Freunde. ***	11,3
Ich möchte nicht von Freunden und Bekannten gemobbt werden. ***	10,7
Ich möchte nicht (sozial) isoliert werden. ***	9,0
Ich bin feige. ***	8,6
Ich möchte nicht von Mitschülern und Lehrern gemobbt werden. ***	8,5
Es geht nur mich etwas an. ***	7,6
Ich möchte keinen Hass spüren.	7,1
Ich könnte dadurch schlechtere berufliche Chancen haben. ***	6,5
Ich bin mir unklar darüber, was ich will bzw. bin. ***	6,0
Ich würde gerne Kinder haben. ***	5,7
Ich habe selber Zweifel. ***	4,7
Ich bin (finanziell) abhängig von meinen Eltern. **	4,7
Ich habe intolerante (Freundes-)Clique. ***	3,9
Ich will nicht weiblicher werden/Männlichkeitsverlust erfahren. ***	3,2
Ich möchte meinen Job nicht verlieren. *	3,1
Ich lehne es selbst ab. **	1,7
Es geht vorbei und ist nur eine Phase. ***	1,4
Ich darf mich wegen meiner Religion nicht outen. ***	1,1
Ich habe Sorgen und Angst vor Aids.	1,0
Ich habe sexuelle Gewalt erfahren.	0,3
Ich habe Kinder und nehme deshalb Rücksicht.	0,1

* geben an, dass es einen statistisch bedeutsamen Unterschied zwischen homo- und bisexuellen Männern gab. Umso mehr Sterne, desto geringer ist der Einfluss des Zufalls. Treten Unterschiede auf, wurde die Kategorie in jedem Fall häufiger von bisexuellen Männern genannt.

akzeptiert oder gemocht zu werden, ist für viele eine so abschreckende Vorstellung, dass sie lieber einen Teil von sich verheimlichen, als das Risiko einzugehen, wegen ihrer sexuellen Orientierung abgelehnt zu werden.

Wie denken die Teilnehmer darüber, sich noch zu einem späteren Zeitpunkt zu outen? 31,8 % der jungen Männer, die sich noch nicht geoutet haben, können es sich vorstellen, sich später gegenüber anderen zu outen. Für 19,7 % kommt dies nicht in Frage. 48,4 % denken darüber nach, ob sie es vielleicht tun sollten.

Fazit

Egal, ob Mann homo- oder bisexuell ist: Angst ist einer der Hauptgründe, sich jemandem anzuvertrauen oder es eben nicht zu tun. Vorurteile und diskriminierendes Verhalten sind für diesen Befund mit großer Wahrscheinlichkeit ausschlaggebend. Sie führen dazu, dass man sich oft nicht traut, sich frei zu entfalten oder zu zeigen, wer man (wirklich) ist. Sich selbst einzugestehen, anders zu sein, ist dabei schon der erste, oft schwer zu vollziehende Schritt. Besondere Aufmerksamkeit sollte hierbei den bisexuellen Männern geschenkt werden, bei denen Selbstzweifel stärker ausgeprägt sind. Sie ziehen andere seltener ins Vertrauen und verspüren oft Orientierungslosigkeit und Angst. Erst mit der Festigung der eigenen Identität sind sie mehr und mehr in der Lage oder gewillt, auch emotionale Komponenten zuzulassen. Bisexualität wird oft noch vernachlässigt, weil es nicht eindeutig zu sein scheint und bisexuelle Personen zumindest einen Teil ihrer selbst unter dem Deckmantel der Heterosexualität offen ausleben können. Da sie dabei einen anderen Teil verleugnen, ist spätestens dann, wenn eine Person in ihr Leben tritt, die diesen Aspekt anspricht, mit Konflikten zu rechnen.

Trauen sich Männer, andere ins Vertrauen zu ziehen, werden sie laut der vorgestellten Studie meistens nicht enttäuscht. Die Reaktionen fallen überwiegend positiv aus. Reue darüber, sich geoutet zu haben, stellt sich im Nachhinein selten ein. Vielleicht kann sich der ein oder andere »Nicht-Geoutete« aufgrund der hier vorgestellten Ergebnisse eher mit dem Gedanken anfreunden, doch einmal jemandem ins Vertrauen zu ziehen und eventuell sogar für die immer noch dringend notwendige »Akzeptanz zu kämpfen«. Dies sagten von sich aus schon jetzt 25,7 %. Ein Anteil, der sich sicherlich noch ausbauen lässt.

Literatur

Rochlin, M. (1977). The heterosexual questionnaire. Elektronische Ressource. Abrufbar über: http://www.pinkpractice.co.uk/quaire.htm. Zugriffsdatum: 31.01.2008.
Watzlawik, M. (2004). Uferlos? Jugendliche erleben sexuelle Orientierungen. Aachen: Jugendnetzwerk Lambda NRW.

Anhang

Tabelle 12: Erwartete Reaktionen auf das eigene Coming-out (Kategorien ermittelt durch die qualitative Inhaltsanalyse)

Nr.	Kategorie (Anzahl)	Erwartet wird ...	Beispielaussagen (Personennummer)
1	Ablehnung/ Abneigung (N = 118)	Ansprechpartner reagieren ablehnend auf das Coming-out, indem sie Ablehnung oder Abneigung verbal äußern oder Emotionen der Ablehnung oder Abneigung zeigen.	• Ablehnung (4) • Abneigung (17) • abwertende Haltung der anderen (131) • ablehnendes Verhalten mir gegenüber (246)
2	aggressive Reaktion (N = 8)	Ansprechpartner reagieren aggressiv auf das Coming-out, indem sie aggressive Handlungen verbal androhen oder sogar ausführen wollen.	• umgebracht, zusammengeschlagen zu werden (81) • bis hin zu Aggressionen (229) • Gewalt (333) • Aggressivität (537)
3	Akzeptanz/ Annahme (N = 59)	Ansprechpartner reagieren auf das Coming-out, indem sie die Person so akzeptieren und annehmen, wie sie ist.	• Akzeptanz (3) • bei meiner Mutter habe ich mit Verständnis und Annahme gerechnet (63) • dass man mich so akzeptiert (138)
4	Ambivalenz (N = 7)	Die Person ist sich nicht klar darüber, ob sie positive oder negative Reaktionen erwarten soll.	• eher gute, aber ich denke jedes Mal, dass es nicht gut ausgehen wird (193) • bei meinen Eltern hatte ich schon etwas Bammel, obwohl ich sonst mit ihnen über alles sprechen kann (305) • geteilte Reaktionen (433) • war mir nicht sicher (626)
5	Anerkennung der Offenheit (N = 3)	Ansprechpartner finden es gut, dass die Person ehrlich ist, und erkennen die Offenheit an.	• evt. Anerkennung meiner Offenheit (286) • sich bedanken für die Offenheit (353)
6	Angst (N = 8)	Die Person verspürt Angst oder Furcht, anderen gegenüber ihre sexuelle Orientierung zu äußern.	• Angst (338) • dennoch war die Furcht vorhanden (531) • ich hatte vor meinen Eltern Angst (711)

Nr.	Kategorie (Anzahl)	Erwartet wird ...	Beispielaussagen (Personennummer)
7	Ärger/Stress/ Streit (N = 7)	Ansprechpartner reagieren ärgerlich auf das Coming-out, machen Stress oder fangen einen Streit an.	• Ärger (8) • vielleicht Streit, Stress usw. (167) • Vorwürfe (525)
8	Bekehrungs- versuche (N = 2)	Ansprechpartner wollen der Person die sexuelle Orientie- rung ausreden und starten Versuche, sie zu bekehren.	• es mir ausgeredet wird (46) • Bekehrungsversuche (284)
9	Besorgnis/ Beunruhigung (N = 4)	Ansprechpartner sind besorgt oder beunruhigt über die Äußerung der sexuellen Orien- tierung.	• dass sie sich sehr sorgen wegen Aids (207) • Beunruhigung (265) • Sorge (513)
10	Besserung der Situa- tion nach negativen Reaktionen (N = 3)	Ansprechpartner äußern zuerst Negatives über das Coming- out, lenken aber später wieder ein, so dass sich der Umgang mit ihnen wieder verbessert.	• zunächst stark negative, allmähliche Besserung (143) • Schock, dann werden sie es schon verkraften (471)
11	Bestürzung (N = 8)	Ansprechpartner sind bestürzt über die Äußerung der sexuellen Orientierung.	• dass meine Eltern entsetzt sein würden (13) • vielleicht Fassungslosigkeit (58)
12	Diskriminierung (N = 7)	Ansprechpartner diskrimi- nieren die Person nach dem Coming-out.	• diskriminiert und in der Öffentlichkeit anders behan- delt zu werden (125) • Diskriminierung (349)
13	Distanz (N = 20)	Ansprechpartner gehen nach dem Coming-out auf Distanz.	• Distanz (43) • manche Leute distanzieren sich (106) • Rückzug (112)
14	Duldung (N = 1)	Ansprechpartner dulden die sexuelle Orientierung, ohne sie zu akzeptieren.	• Duldung (463)
15	Ekel/Abscheu (N = 8)	Ansprechpartner empfin- den oder äußern Ekel oder Abscheu als affektive Reaktion auf das Coming-out.	• Ekel (350) • Abscheu (373) • angewidert (602)
16	emotionale Kälte (N = 1)	Ansprechpartner reagie- ren emotional kalt auf das Coming-out.	• Kälte (674)

Nr.	Kategorie (Anzahl)	Erwartet wird ...	Beispielaussagen (Personennummer)
17	emotionale Reaktion (N = 2)	Ansprechpartner reagieren emotional auf das Coming-out, entweder positiv oder negativ.	• eine emotionale Regung positiv oder negativ, aber eben eine Reaktion (535) • bei meinen Eltern habe ich gedacht, dass meine Mutter emotional drauf reagiert (54)
18	Empörung (N = 2)	Ansprechpartner reagieren empört auf das Coming-out und äußern dies auch.	• Empörung (492) • empört (602)
19	entspannteres Verhältnis (Umfeld) (N = 4)	Durch das Coming-out wird der Umgang mit dem Umfeld entspannter, die Person gewinnt dadurch mehr Freiheiten, muss nicht mehr so aufpassen mit dem, was sie sagt und tut.	• ein leichteres Leben, verbesserter Umgang mit meinem Umfeld (310) • aber auch einen freieren Umgang mit anderen, wenn ich weiß, ich muss mich nicht verstellen und nicht penibel darauf achten, was ich sage (428)
20	Enttäuschung (N = 19)	Ansprechpartner sind enttäuscht, dass die Person homo- bzw. bisexuell ist, sie äußern Bedauern, Trauer oder sind darüber unglücklich.	• Bedauern vielleicht (3) • bei Eltern Enttäuschung (20) • bei Verwandten, gerade Großeltern erwarte ich, dass es sie unglücklich macht (56)
21	Fragen/ Diskussionen (N = 5)	Ansprechpartner stellen Fragen zum Coming-out bzw. sie beginnen Diskussionen darüber.	• Fragen! (21) • eine grundlegende Diskussion (358)
22	Freude (N = 6)	Ansprechpartner freuen sich über das Coming-out, zeigen Begeisterung entweder verbal oder affektiv.	• Begeisterung (163) • von Freunden habe ich vermutet, dass sie es hinnehmen und sich über meine neu erworbene Freiheit freuen (300)
23	Fürsorge/Geborgenheit/Liebe (N = 2)	Ansprechpartner reagieren fürsorglich auf das Coming-out, geben der Person ein Gefühl von Geborgenheit oder Liebe.	• Fürsorge (76) • Liebe und Geborgenheit (549)

Nr.	Kategorie (Anzahl)	Erwartet wird ...	Beispielaussagen (Personennummer)
24	Gerede/ Tratsch (N = 3)	Ansprechpartner reden hinter dem Rücken der Person über das Coming-out, ziehen über sie her oder tratschen, verbreiten sogar Gerüchte.	• an manchen Stellen wird über einen hergezogen (5) • am ehesten hätte ich bei Freunden erwartet, dass es als eine Art Sensation gilt und sich herumspricht (429)
25	Gleichgültig-keit/Desinter-esse (N = 9)	Ansprechpartner ist die sexuelle Orientierung der Person nicht wichtig und daher reagieren sie gleichgültig oder desinteressiert.	• Gleichgültigkeit (92) • Desinteresse von anderen (339)
26	Hass (N = 3)	Ansprechpartner reagieren hasserfüllt.	• Hass (17)
27	Ignoranz (N = 8)	Ansprechpartner beachten die Person absichtlich nicht nach dem Coming-out oder gehen über die sexuelle Orientierung absichtlich hinweg.	• außer dass mein Vater es gerne ignoriert, dass ich schwul bin (64) • Ignoranz (456)
28	Interesse/Neu-gierde (N = 9)	Ansprechpartner sind daran interessiert, mehr über die Person bzw. ihre sexuelle Orientierung zu erfahren.	• allgemein habe ich immer auf Interesse gehofft (»Wie ist das denn wirklich?«) (91) • Neugierde (93)
29	Intoleranz (N = 15)	Ansprechpartner dulden oder akzeptieren die Andersartigkeit der sexuellen Orientierung der Person nicht.	• Intoleranz (82) • sich von seinen Freunden nicht akzeptiert zu fühlen (241) • kaum Toleranz (von Akzeptanz ganz zu schweigen) (457)
30	keine Angst vor Konse-quenzen (N = 1)	Die Person hatte keine Angst vor den Konsequenzen, die auf das Coming-out folgen könnten.	• hatte keine Angst vor Konsequenzen (55)
31	keine Begeis-terung (N = 3)	Ansprechpartner finden es zwar nicht gut, dass die Person homo- bzw. bisexuell orientiert ist, und sagen bzw. zeigen dies auch, sind aber auch nicht abweisend dabei.	• keine Begeisterung (286) • Eltern: nicht gerade himmelhochjauchzende Begeisterung (314)

Nr.	Kategorie (Anzahl)	Erwartet wird ...	Beispielaussagen (Personennummer)
32	keine Erwartungen/keine Gedanken gemacht (N = 37)	Die Person hat keine Erwartungen an das Coming-out gehabt bzw. sie hat sich keine oder wenig Gedanken darüber gemacht.	• habe darüber nicht nachgedacht (32) • gar keine ... (51) • hatte mir wenige Gedanken gemacht (55)
33	keine Konsequenzen (N = 4)	Die Person erwartet keine Konsequenzen und rechnet auch nicht mit Schwierigkeiten.	• Konsequenzen habe ich keine erwartet! (175) • keine Schwierigkeiten (592)
34	keine negativen/schlimmen Erwartungen (N = 28)	Die Person hat keine negativen oder schlimmen Erwartungen gehabt bzw. nicht mit Ablehnung oder negativen Konsequenzen gerechnet.	• bei Freunden keine negativen (56) • nichts Schlimmes (58) • ich habe einfach gehofft, dass alles gut geht (75)
35	keine Reaktion (N = 4)	Ansprechpartner reagieren einfach gar nicht oder sind sprachlos.	• Sprachlosigkeit (225) • keine Reaktion (602)
36	keine Veränderung/es bleibt wie vorher (N = 8)	Nach dem Coming-out verhalten sich die Ansprechpartner der Person gegenüber wie vorher.	• genauso weiterleben wie bisher (391) • dass alles so bleibt, wie es vorher war (622)
37	Leben ändert sich (N = 1)	Die Person erwartet, dass sich ihr Leben komplett verändert.	• dass mein Leben sich komplett ändert (571)
38	Leute brauchen Zeit zum Nachdenken/daran gewöhnen (N = 5)	Ansprechpartner sagen nach dem Coming-out, dass sie sich erst mal daran gewöhnen müssen, dass die Person homo- bzw. bisexuell orientiert ist und eventuell Zeit zum Nachdenken brauchen.	• schwierige Phase zum daran gewöhnen (274) • jedoch hätte ich auch damit gerechnet, dass meine Familie sich erst mal hätte an die Vorstellung gewöhnen müssen (8)
39	Leute haben Probleme damit (N = 9)	Nach dem Coming-out haben die Ansprechpartner Probleme mit der sexuellen Orientierung der Person, kommen damit nicht klar.	• Eltern: dass die Probleme haben, zu mir zu stehen wenn Bekannte sie ansprechen, weil sie einen sehr konservativen Freundeskreis haben (207) • dass mein bester Freund damit nicht klar kommt (487)

Nr.	Kategorie (Anzahl)	Erwartet wird ...	Beispielaussagen (Personennummer)
			• weiter hätten Mitschüler Probleme beim Sportunterricht mit dem gemeinsamen Umziehen haben können (697)
40	Leute haben sich das schon gedacht (N = 7)	Nach dem Coming-out sagen die Ansprechpartner, dass sie sich schon gedacht bzw. geahnt haben, dass die Person homo- bzw. bisexuell ist.	• bei meinen engsten Freunden war klar, dass sie sich das schon gedacht hatten (63) • Freunde: warteten eigentlich darauf dass ich es endlich zugebe (314)
41	Leute halten sich mit Gerede zurück (N = 1)	Ansprechpartner halten sich nach dem Coming-out damit zurück, über die Person zu reden, zumindest in deren Gegenwart.	• aber man hält sich damit (zumindest mir gegenüber) zurück; genau das hatte ich auch erwartet (5)
42	Leute machen dumme/verletzende Sprüche (N = 10)	Ansprechpartner machen über die sexuelle Orientierung der Person dumme verletzende Sprüche, hänseln und sticheln.	• dumme Sprüche (15) • unterschwellige Seitenhiebe (480) • Hänseleien (563)
43	Leute machen sich darüber lustig (N = 3)	Ansprechpartner machen sich lustig über die sexuelle Orientierung der Person, z. B. indem sie Schwulenwitze erzählen.	• bei Mitschülern habe ich erwartet, dass sie sich lustig darüber machen (63) • bei meinem Vater hatte ich etwas Schiss, weil er einige Schwulenwitze schon erzählt hat und abwertig geredet hat (54)
44	Männlichkeitsverlust (N = 1)	Die Person hat Angst, dass sie nach dem Coming-out nicht mehr als richtiger Mann angesehen wird.	• dass man mich nicht mehr als richtigen Mann/Kerl ansieht (184)
45	Mitleid (N = 3)	Ansprechpartner empfinden und äußern Mitleid mit der Person nach dem Coming-out.	• und Mitleid (das ich nicht haben wollte) (116) • Mitleid (284)

Nr.	Kategorie (Anzahl)	Erwartet wird ...	Beispielaussagen (Personennummer)
46	Mobbing (N = 13)	Ansprechpartner äußern Gemeinheiten oder verhalten sich unfair der geouteten Person gegenüber, was über verletzende und dumme Sprüche hinaus geht; oft ziehen sie andere noch mit auf ihre Seite.	• Mobbing (69) • gemobbt werden (553)
47	negative/ schlimme Reaktionen (N = 53)	Ansprechpartner reagieren auf das Coming-out im Allgemeinen negativ.	• nichts Gutes! (71) • nur das Schlechteste (257) • Eltern: die totale Katastrophe (603)
48	neutrale Reaktionen/ hinnehmen, wie es ist (N = 29)	Ansprechpartner reagieren neutral auf das Coming-out und nehmen die sexuelle Orientierung der Person einfach so hin, ohne besonders positiv oder negativ zu reagieren.	• dass sie es hinnehmen, wie es ist (26) • bei den Eltern: neutrale Reaktion (181) • dachte mir schon, dass es bei meinen Freunden kein Problem sein dürfte (203)
49	Offenheit/ offenes Gespräch (N = 6)	Ansprechpartner sind offen für ein Gespräch über das Thema bzw. reagieren mit Offenheit.	• bei meiner Mutter (allein erziehend), dass wir offen drüber sprechen können (56) • Offenheit bei Freunden (111)
50	positive Reaktionen (N = 89)	Ansprechpartner reagieren positiv auf das Coming-out, indem sie es verbal äußern oder affektiv zeigen.	• eigentlich habe ich nur positive Reaktionen erwartet (2) • Zustimmung (200) • Integration meines Partners in die Familie (246)
51	Rechtfertigung (N = 1)	Die Person muss sich anderen Leuten gegenüber für die sexuelle Orientierung und das Coming-out rechtfertigen.	• dass ich meine Gefühle und mein relativ spätes Coming-out rechtfertigen müsste (174)
52	Respekt (N = 3)	Ansprechpartner respektieren die Person und ihre sexuelle Orientierung; vielleicht bewundern sie sie für den Mut, sich zu outen.	• Respekt (296) • Bewunderung (492)

Nr.	Kategorie (Anzahl)	Erwartet wird …	Beispielaussagen (Personennummer)
53	Restkategorie (N = 33)	Alle Antworten, die keiner der Kategorien zugeordnet werden konnten.	• Aha, na wenn du meinst (355) • Krankheitsempfindung anderer (422) • Fixierung der Betrachtung meiner Person auf einen Teilaspekt meiner Persönlichkeit (479)
54	Schock (N = 13)	Ansprechpartner sind schockiert über das Coming-out bzw. regieren schockiert darauf.	• ich hatte damit gerechnet, dass es für einige ein Schock sein müsste (37) • schockiertes Verhalten (120)
55	Schuldgefühle (N = 3)	Ansprechpartner – insbesondere die Eltern der Person – geben sich die Schuld für die sexuelle Orientierung der Person und fragen sich, was sie falsch gemacht haben.	• Eltern: fragen sich, was sie falsch gemacht haben (207) • Eltern: Schuldgefühle (290) • Schuldgefühle der anderen (396)
56	Schweigen/es wird totgeschwiegen (N = 3)	Ansprechpartner reagieren auf das Coming-out mit Schweigen und vermeiden es, über die sexuelle Orientierung der Person zu reden.	• dass es totgeschwiegen wird in der Familie (111) • Vater/»konservative« Verwandte: Schweigen (480)
57	Toleranz (N = 14)	Ansprechpartner sind aufgeschlossen gegenüber der sexuellen Orientierung der Person.	• Toleranz (65) • bei den meisten Leuten habe ich Toleranz erwartet (716)
58	Umgang mit Leuten/ Freunden ändert sich (N = 14)	Nach dem Coming-out verändert sich die Beziehung zu den Ansprechpartnern, insbesondere zu Freunden; die Person kann das veränderte Verhalten der Ansprechpartner nicht einordnen bzw. empfindet die Veränderung der Beziehung als negativ.	• anderer Umgang mit Freunden (230) • die Freundschaft ist nicht mehr das, was es gerade ist (234) • Änderung der Tiefe der Beziehung zu den Personen in beide Richtungen möglich (274) • dass die Zuneigung für mich verringert wird (399) • Beklemmtheit bei Personen, mit denen man zuvor eher lockeren Umgang hatte (605) • Fremdeln (618)

Nr.	Kategorie (Anzahl)	Erwartet wird ...	Beispielaussagen (Personennummer)
59	Ungläubigkeit (N = 8)	Der Person wird nicht geglaubt, dass sie sexuell »anders« orientiert ist, die Ansprechpartner sind skeptisch.	• Skepsis (165) • das kann nicht sein (355) • und Unglauben von meinen Eltern erwartet (434)
60	Unterstützung (N = 22)	Ansprechpartner reagieren auf das Coming-out mit Rückhalt und Unterstützung, bieten Hilfe an und halten zu der Person.	• Rückhalt (84) • Unterstützung (177) • dass meine guten Freunde zu mir stehen (188) • Hilfe (554)
61	Unverständnis/ Missverständnis (N = 50)	Ansprechpartner zeigen kein Verständnis für die sexuelle Orientierung der Person oder sie verstehen es falsch.	• Unverständnis (20) • Missverständnis (27) • nicht verstanden werden, das ist doch nur eine »Phase« (280)
62	Unwissenheit (N = 2)	Ansprechpartner kennen sich mit dem Thema Homo- bzw. Bisexualität nicht aus und reagieren unwissend.	• Unwissenheit (240)
63	Verachtung (N = 6)	Ansprechpartner verachten oder missachten die Person aufgrund ihrer sexuellen Orientierung.	• bei meinem Vater habe ich mit Unakzeptanz und Missachtung gerechnet (63) • Verachtung (90)
64	Veränderung zum Positiven/es wird besser (N = 5)	Die Beziehung zu Personen aus dem Umfeld wird nach dem Äußern der sexuellen Orientierung besser, z. B. dadurch, dass das Vertrauen gefestigt wird.	• alles blieb wie immer bzw. wurde noch besser (121) • das Vertrauen gefestigt wird (139)
65	Verlust von Menschen/ Freundschaften (N = 39)	Die »andere« sexuelle Orientierung der Person belastet die Beziehung zu einigen Menschen, so dass dabei Freundschaften kaputt gehen bzw. sich von der Person abwenden.	• Kündigung der Freundschaft (182) • Rückzug alter Freunde (288) • ich hatte Angst, meine Freunde zu verlieren und so (500) • Kontaktabbruch (519)
66	Verständnis (N = 45)	Ansprechpartner reagieren verständnisvoll nach dem Äußern der sexuellen Orientierung.	• Verständnis (24) • sie werden es schon verstehen ... (50)

Nr.	Kategorie (Anzahl)	Erwartet wird ...	Beispielaussagen (Personennummer)
67	verstoßen werden/soziale Ausgrenzung (N = 51)	Ansprechpartner wollen nach dem Coming-out nichts mehr mit der Person zu tun haben, halten nicht mehr zu ihr und verstoßen sie aus ihrem Umfeld, z. B. Eltern werfen ihr Kind zu Hause hinaus.	• verstoßen werden (12) • Isolation (27) • Ausgrenzung (47) • Einsamkeit (667)
68	Verunsicherung (N = 5)	Ansprechpartner reagieren mit Verunsicherung oder Zurückhaltung auf das Coming-out.	• Eltern: Verunsicherung (265) • und ein gewisses Maß an anfänglicher Unsicherheit mir gegenüber (428)
69	Verwunderung/ Überraschung (N = 20)	Ansprechpartner reagieren überrascht bzw. verwundert darüber, dass die Person homo- bzw. bisexuell orientiert ist, weil sie dies nicht erwartet haben.	• Verwunderung (41) • Überraschung (163) • Erstaunen (637)
70	Wut (N = 3)	Ansprechpartner reagieren wütend auf das Coming-out.	• Wut (214)
71	Zurückweisung (N = 6)	Ansprechpartner reagieren zurückweisend auf das Coming-out.	• Zurückweisung (309)

Ulrike Kolanowski

Wie Jugendliche ihre sexuelle Orientierung entdecken

Persönliche Geschichten einmal anders betrachtet

Zur Entwicklung der sexuellen Identität als Teilaspekt der persönlichen Identität gehört die Entwicklung der sexuellen Orientierung. Mit dem Bewusstwerden der eigenen Homo- oder Bisexualität sehen sich die Jugendlichen vor eine neue Entwicklungsaufgabe gestellt. Diese besteht darin, diesen neuen Teilaspekt in ihr Selbstbild zu integrieren. Sie müssen ihre Gefühle verstehen und akzeptieren lernen.

Dieser Entwicklungsprozess der Bewusstwerdung der eigenen sexuellen Orientierung stellt vor allem für homo- oder bisexuell orientierte Jugendliche eine große Herausforderung dar und ist nicht selten mit Schwierigkeiten verbunden. Stärker als heterosexuell orientierte Jugendliche müssen sie sich mit dem Widerspruch zwischen eigenem Empfinden und verinnerlichten bzw. erlebten gesellschaftlichen Sanktionen homo- und bisexueller Lebensweisen auseinandersetzen. Obwohl sich die sexuelle Orientierung und sexuelle Präferenzen typischerweise in der frühen Adoleszenz manifestieren, erfahren bzw. entdecken nicht selten Menschen ihre nicht heterosexuelle Orientierung erst im frühen Erwachsenenalter.

Auf der Grundlage von Aussagen Jugendlicher und junger Erwachsener über ihr Erleben des Bewusstwerdens der eigenen sexuellen Orientierung und dem damit verbundenen wachsenden Identitätsgefühl sollen in diesem Kapitel Themen und Einflussfaktoren herausgearbeitet werden, die für den Entwicklungsprozess von zentraler Bedeutung sind. Das Erleben der eigenen sexuellen Orientierung wird nicht *für*, sondern *mit* den Jugendlichen und jungen Erwachsenen formuliert, um Schwierigkeiten und Probleme aus Sicht der Jugendlichen und jungen Erwachsenen zu erfassen. Bevor die eigentlichen Ergebnisse der Studie vorgestellt werden, sollen jedoch einige grundlegende Begriffe und die Bedeutung des Mediums Internet noch einmal genauer unter die Lupe genommen werden.

Sexuelle Orientierung

Die sexuelle Orientierung hat ihren Ausgangspunkt in der Ausbildung emotionaler, erotischer und sexueller Wünsche zu Beginn der Jugend. Diese werden in erster Linie durch deutliche hormonelle Veränderungen in der Pubertät ausgelöst und führen zu einer rasch zunehmenden sexuellen Reaktionsfähigkeit. In den meisten Fällen manifestieren sich sexuelle Orientierung und sexuelle Präferenzen in sexuellen Phantasien bis hin zu sexuellen Kontakten während der frühen

Adoleszenz. Diese erotischen und sexuellen Phantasien tragen zur Organisation des inneren Erlebens und zu einem subjektiven Selbstverständnis bei, zur Auswahl sexueller Vorlieben sowie zur inneren Vorstellung über zwischenmenschliche Beziehungen (Fiedler, 2004).

Sexuelle Orientierung und Geschlechtsdifferenzierung

Die Komplexität sexueller Verhaltensweisen macht es notwendig, genauer zwischen biologischem Geschlecht, subjektiver wie interpersoneller sexueller Orientierung und den Besonderheiten der öffentlichen Präsentation sexueller Rollen zu unterscheiden (Fiedler, 2004). Die subjektiv erlebte Geschlechtsidentität und die zwischenmenschlich gelebte sexuelle Orientierung bestimmen das innerpsychische Skript[1] und ermöglichen individuelles Begehren. Die präsentierte Geschlechtsrolle und die Sexualpraktiken bestimmen das sozial praktizierte Skript sexueller Handlungen und führen üblicherweise zu sozial-gesellschaftlich annehmbarem Verhalten. Die sexuelle Orientierung bzw. Geschlechtspartnerorientierung ist das Ergebnis einer Vielzahl von Einflüssen, von denen zwei Aspekte als Voraussetzung zu beachten sind, die Geschlechtsidentität und die Geschlechtsrolle (Fiedler, 2004).

Geschlechtsidentität

Die *Geschlechtsidentität* spiegelt sich in dem Erleben, männlich oder weiblich zu sein, wider. In den meisten Fällen wird die Identifizierung mit und Akzeptanz von dem (vermeintlich) eindeutig[2] festgelegten biologischen Geschlecht erwartet. Diese mit den ersten Lebensminuten beginnende individuelle Entwicklung der subjektiven Geschlechtsidentität findet ihre endgültige Festlegung im vierten Lebensjahr (Cohen-Kettenis u. Pfäfflin, 2003, zitiert nach Fiedler, 2004) und bildet damit eine überdauernde Selbstkategorisierung in männlich oder weiblich. Auf Grundlage der erlebten Geschlechtsidentität organisiert sich beim Kind die subjektive und mit zunehmendem Sprachvermögen mitteilbare Selbsterkenntnis, einem bestimmten Geschlecht anzugehören.

Trautner (2002) unterscheidet diese *globale Geschlechtsidentität*, also die überdauernde Selbstwahrnehmung bzw. das innere Gefühl (biologisch und sozial), eindeutig männlich oder weiblich zu sein, von der *spezifischen Geschlechtsidentität*, dem Selbstkonzept eigener Maskulinität und Femininität. Dieses Selbstkonzept der eigenen Maskulinität und Femininität setzt sich inhaltlich aus mehreren Aspekten

---

1 Skript = eine Art Drehbuch, nach dem sich der Mensch verhält. Skripte bilden sich vor allem durch Lernprozesse (Was darf ich? Was will ich? Ist dies vereinbar?) heraus.

2 Das biologische Geschlecht wird durch vier körperliche Kriterien bestimmt: dem chromosomalen und hormonalen Geschlecht sowie der inneren und äußeren Geschlechtsorgane. Demzufolge stellt das biologische Geschlecht eher eine graduelle Ausprägung als eine genaue Klassifizierung in männlich oder weiblich dar. Die dichotome Klassifizierung in Junge oder Mädchen ist nur eine Vereinfachung und bildet nicht unbedingt die Natur der Dinge ab.

zusammen. Huston (1983) entwickelte zu ihrer Darstellung eine Matrix (erweitert von Ruble u. Martin, 1998, zitiert nach Trautner 2002), die das Erleben des eigenen Körpers, der eigenen Fähigkeiten, Interessen, Verhaltensweisen, Persönlichkeitseigenschaften und sozialen Beziehungen als (eher) maskulin oder feminin beinhaltet. Diese Aspekte entwickeln und verändern sich bis ins Erwachsenenalter.

Noch bevor sich der Mensch seiner sexuellen Orientierung bewusst wird, bildet er eine globale Geschlechtsidentität aus. Diese ist zwar Grundlage für die spätere (Selbst-)Definition als zum Beispiel homo- oder heterosexuell, jedoch erlaubt die früher etablierte Geschlechtsidentität keine Vorhersagen über spätere Ausprägungen der sexuellen Orientierung: Homosexuell orientierte Jungen und junge Männer erleben sich wie bisexuell oder heterosexuell Orientierte in gleichem Maße dem männlichen Geschlecht zugehörig wie homosexuell, bisexuell und heterosexuell orientierte Mädchen und junge Frauen eindeutig dem weiblichen Geschlecht (Fiedler, 2002; Trautner, 2002).

Geschlechterrollen und Geschlechtsrollenstereotype

Die *Geschlechterrolle* basiert auf erlernten Verhaltensmustern, die in bestimmten Gesellschaften jeweils für Männer und Frauen als angemessen erachtet werden und die ein Kind auf viele Arten erlernt. Bei der Sozialisierung der Geschlechterrolle spielen in den ersten Lebensjahren die Eltern eine wichtige Rolle. Diese Sozialisierung umfasst nach Maccoby (2000) nicht nur deren erzieherische Einflüsse und Erwartungen, sondern auch den Erwerb von Geschlechtsrollenstereotypen anhand selbst gewählter Vorbilder des Kindes. Die Geschlechterrolle wird laut Moneys Definition schrittweise durch Erfahrungen aufgebaut und vervollständigt, dies erfolgt durch zufälliges, ungeplantes Lernen sowie durch gezieltes Unterweisen und Einprägen (1994, zitiert nach Fiedler, 2004). Erklärungsversuche sind unter anderem kognitive Ansätze, in deren Zentrum der Begriff des Geschlechtsschemas steht (Bem, 1981; Martin u. Halverson, 1981, zitiert nach Trautner, 2002). Das Geschlechtsschema als kognitive Repräsentation sämtlicher geschlechtsbezogener Informationen dient der Informationsverarbeitung und beeinflusst das Verhalten schemakonsistent (vgl. Watzlawik u. Kobs in diesem Band).

Geschlechtsrollenstereotype als vereinfachte und überakzentuierte Schemata der Geschlechterrollen beinhalten Vorstellungen darüber, welche Verhaltensweisen und Merkmale einem typischen Mann oder einer typischen Frau zugeordnet werden. Diese Geschlechtsrollenstereotype entwickeln sich bereits im Alter von zwei bis drei Jahren. Die diesen Schemata zugrunde liegenden Informationen stammen aus der in der sozialen Umwelt wahrgenommenen Geschlechterdifferenzierung. Die Bedeutung der aus der Umwelt eingehenden Informationen wird durch kognitive Entwicklungsvoraussetzungen des Kindes, diese Stimuli zu verarbeiten, festgelegt (Trautner, 2002).

Die Entwicklung der persönlichen Geschlechtsrolle und Rollenpräsentation orientiert sich wesentlich an kulturspezifischen Vorstellungen und Normen sowie an sozialen Erwartungen. Die Geschlechtsrollenpräsentation wird zwar durch die

Geschlechtsidentität mit bestimmt, die Vielfalt ihrer Erscheinungsformen entwickelt und vervollständigt sich allerdings erst nach und nach durch Erfahrungen (Fiedler, 2004). Die nach außen präsentierte Geschlechtsrolle entspricht meist der Geschlechtsidentität und lässt sich relativ eindeutig als männlich oder weiblich klassifizieren (Fiedler, 2004). *Relativ* eindeutig deshalb, weil die mittlerweile gesellschaftlich gezeigte und akzeptierte Vielfalt der öffentlichen Präsentation der Geschlechtszugehörigkeit keine eindeutige Klassifikation in »männlich« versus »weiblich« mehr ermöglicht. Die Geschlechterrollen unterliegen Wandlungen und sind heutzutage weniger biologisch determiniert, denn von gesellschaftlichen Auffassungen und Erwartungen bestimmt. Hierbei spielen sicherlich Aspekte wie Schichtzugehörigkeit sowie der kulturelle sowie religiöse Hintergrund eine wichtige Rolle (Baacke, 1994, zitiert nach Watzlawik, 2003).

Wie die Entwicklung der Geschlechtsidentität beginnt auch die Entwicklung der Geschlechtsrolle und der Rollenpräsentation bei allen Menschen lange vor Bewusstwerdung der eigenen sexuellen Orientierung. Die Vielfalt der Geschlechterrollen bei homo- und bisexuell orientierten Menschen unterscheidet sich nicht von der heterosexuell orientierter Menschen (Roger u. Turin, 1991, zitiert nach Watzlawik, 2003). In westlichen Gesellschaften sind Frauen in Männerberufen und umgekehrt keine Seltenheit mehr, ebenso wie das von Männern zunehmend wahrgenommene Engagement bei der Kindererziehung. Immer mehr Frauen widmen sich vorrangig ihrer Karriere, engagieren sich in Politik und Wirtschaft und erfüllen sich ihren Kinderwunsch – wenn überhaupt – immer später. Nicht selten entscheiden sie sich bewusst dafür, ihr Kind ohne Partner großzuziehen. Trotzdem bewirken die beschriebenen und deutlich bemerkbaren Veränderungen im Verhalten nur langsame Veränderungen im Rollenverständnis. Die Vorstellung von stereotypen Geschlechterrollen ist immer noch in den Köpfen und im Sprachgebrauch zu finden.

Für homo- und bisexuelle Menschen stellt das Gestalten der Geschlechtsrolle oft eine besondere Herausforderung dar, weil es vielen an Vorbildern bzw. Modellen mangelt. Auch sind Personen des öffentlichen Lebens, die sich als homo- oder bisexuell orientiert zu erkennen geben, eher eine Ausnahme. Bestehende Geschlechtsrollenstereotype und mangelnde Informationen lassen Fragen aufkommen wie: Ist eine lesbische Frau, die rein biologisch mit ihrer Partnerin keine Kinder bekommen kann, eine »richtige Frau«? Ist ein Mann, der durch Frauen nicht stimuliert wird, ein »richtiger Mann«? Muss sich ein schwuler Mann »schwul« verhalten? Und wenn, was bedeutet das?

Stereotype, die nichtnormatives Geschlechtsrollenverhalten betreffen, sind stark vereinfacht und überzeichnet, und helfen Jugendlichen nicht, sich darin wieder zu finden. Homo- oder bisexuell zu sein, bedeutet für viele Jugendliche einem ständigen Rechtfertigungszwang ausgesetzt zu sein. Die Zitate dreier homosexuell orientierter Jugendlichen aus der Studie von Biechele, Reisbeck und Keupp (2001, S. 4) machen dies sehr deutlich (selbst gewählte Pseudonyme):

> FoxForce3 (17): Ich muss überall 200 % geben, wo alle »Normalen« nur 100 % geben müssen, um zu beweisen, dass ich nicht »minderwertig« bin.

Bobi (22): Rechtfertigung vor vielen Menschen für seine Sexualität; ständiges Ringen um Anerkennung in der Gesellschaft; schwierige Einstiegschancen im Beruf; spätere Erfahrungen in Sachen Liebe und Sex.

Zoisite (20): Man muss sich mit Ablehnung auseinander setzen, wegen etwas, wofür man nichts kann. Man muss bis zum Coming-out ein Doppelleben führen. Man fühlt sich mehr alleine und auf sich selbst gestellt. Man hat keine Vorbilder und Leitfiguren (oder eine beschränkte Auswahl). Man sieht alles mit anderen Augen und reagiert leicht paranoid bis zum Coming-out.

Sexuelle Orientierung und sexuelle Identität

Die sexuelle Orientierung ist im Kontext der sexuellen Identität in die Identitätsentwicklung eingebettet, deren verschiedene Facetten ursprünglich von Havighurst als Entwicklungsaufgaben formuliert wurden (Oerter u. Dreher, 2002). Eine dieser Aufgaben umfasst das Annehmen der körperlichen Reife und der ausgereiften Sexualität. Diese Aufgabe stellt einen Bestandteil der Gesamtaufgabe dar, die den Aufbau einer integrierten Identität beinhaltet. Die Identitätsfindung und mit ihr die sexuelle Identität als ein Teilaspekt stellt im Jugendalter, dem Lebensabschnitt zwischen Pubertät und Erwachsensein, einen wichtigen Entwicklungsschritt dar.
Determinanten für die Bildung der sexuellen Identität sind spezifische biologische, soziale und kognitive Veränderungen. Als treibende Kraft für die aktive Gestaltung von Entwicklung und damit als Quellen für die Entwicklungsaufgaben gelten physische, soziale und psychische Reifungsprozesse. Werden erstere ausgelöst durch hormonelle Veränderungen, liegen soziale und psychische begründet in einem Anpassungsprozess an gesellschaftliche Erwartungen bzw. einen kulturellen Druck, dem individuelle Zielsetzungen und Werte gegenüberstehen (Oerter u. Dreher, 2002).

Neue Entwicklungsaufgaben in der Adoleszenz

Mit den in der Pubertät eintretenden körperlichen Veränderungen wie Ausbildung der sekundären Geschlechtsmerkmale, Auftreten sexueller Reaktionen, Menstruation und Pollution stellen sich dem Jugendlichen neue Entwicklungsaufgaben, die mit allmählichen Veränderungen der spezifischen Geschlechtsidentität einhergehen (Trautner, 2002). Der Jugendliche muss unter anderem lernen, sich selbst mit seiner Körperlichkeit anzunehmen und zu akzeptieren. Bestehen bleibt hingegen die globale Geschlechtsidentität bzw. das Selbsterleben als männlich oder weiblich und das Wissen über die kulturellen Definitionen der Maskulinität und Femininität.
Die mit der Pubertät einhergehenden einschneidenden körperlichen Veränderungen und die verstärkte Bedeutung des Akzeptiertwerdens durch Gleichaltrige werden darüber hinaus von einer neuen Bewusstheit für sexuelle Gefühle und

Reaktionen begleitet. Der Jugendliche sieht sich vor die Aufgaben gestellt, neben der Geschlechtsidentität eine sexuelle Identität zu entwickeln. Dazu gehört, sich seiner sexuelle Orientierung bewusst zu werden und Erfahrungen zu sammeln. Dafür ist es aber notwendig, ein Verantwortungsgefühl für die Folgen des eigenen Sexuallebens zu entwickeln, sensibel mit den eigenen Bedürfnissen und denen des Partners umzugehen und sich für persönliche Werte zu entscheiden, nach denen der Jugendliche sein Sexualleben gestalten möchte. Der Jugendliche muss sich mit widersprüchlichen Anforderungen und Moralvorstellungen Gleichaltriger sowie Eltern auseinandersetzen, die er bis dahin möglicherweise als selbstverständlich übernommen hat, insbesondere mit den gesellschaftlich vorgegebenen Geschlechtsrollen. Diese Auseinandersetzung bekommt dann eine besondere Bedeutung, wenn die eigenen Wünsche und Gefühle nicht den von außen herangetragenen Erwartungen entsprechen. Dies gilt in besonderem Maße für die Jugendlichen, die sich ihrer homo- oder bisexuellen Orientierung bewusst werden und mit deutlich mehr Problemen in dieser Phase zu »kämpfen« haben als heterosexuell orientierte Jugendliche. Vielfach entwickeln sie erst mit Mitte bis Ende Zwanzig eine positive Identität (Riddle u. Morin, 1977, zitiert nach Zimbardo, 1992).

Damit wird die Entwicklung einer sexuellen Identität, die sowohl die Einstellung zur Sexualität als auch das Sexualverhalten bestimmt, zu einer wichtigen Aufgabe für die Jugendlichen (Zimbardo, 1992).

Heterosexuelle, homosexuelle und bisexuelle Orientierung

Während sich mit der innerpsychischen Orientierung das Selbstkonzept eigener Maskulinität und Femininität entwickelt, bildet sich die interpersonelle Orientierung in Richtung Heterosexualität, Bisexualität oder Homosexualität aus. Wobei festgehalten werden muss, dass die sexuelle Orientierung nicht allein durch die Beteiligung an sexuellen Aktivitäten bestimmt wird, sondern auch durch das Gefühl der Anziehung zum einen und/oder anderen Geschlecht. Die sexuelle Orientierung umfasst demzufolge die emotionale Bindung und die erotischen Phantasien gegenüber Personen des gleichen und/oder anderen Geschlechts (Anglowski, 1999, zitiert nach Watzlawik, 2003).

Die Ergebnisse der als San Francisco-Studie bekannt gewordenen Untersuchung zeigen eindeutig (Bell, Weinberg u. Hammersmith, 1981, zitiert nach Fiedler, 2004), dass »die meisten homosexuellen bzw. bisexuellen Erfahrungen gemacht werden, nachdem sich die Betreffenden ihrer Orientierung selbst bewusst geworden sind – d. h., die Orientierung ist bereits angelegt, wenn eigene Aktivitäten aufgenommen werden« (Fiedler, 2004, S. 88). Ebenso berichten viele Homosexuelle von zahlreichen heterosexuellen Erfahrungen in ihrer Jugendzeit. Andersherum lässt homosexuelles Verhalten nicht unbedingt auf eine homosexuelle Orientierung schließen. Es ist nicht ungewöhnlich, dass ab Beginn der Pubertät heranwachsende Jungen in Gruppen masturbieren oder auch jugendliche Mädchen gelegentlich lesbische Erfahrungen machen. Dieses quasi homosexuelle Verhalten wie spielerischer Erfahrungsaustausch, Mut- und Initiationsproben sowie auch sexuelles Konkurrenzverhalten oder nur schlichte Neugier zwischen gleichgeschlechtlichen Jugendlichen ist von einer homosexuellen Orientierung als überdauerndes sexuelles Begehren und Wunsch nach Geschlechtsverkehr mit gleichgeschlechtlichen Partnern zu unterscheiden (Fiedler, 2004).

Übergänge zwischen Heterosexualität und Homosexualität

Die Begriffe homo-, bi- oder heterosexuell werden in der Psychologie der sexuellen Orientierung zugeordnet und suggerieren deutlich von einander unterscheidbare Klassen. Die sexuelle Orientierung ist aber ebenso wie das Geschlecht (männlich/weiblich) und die Geschlechterrolle (maskulin/feminin) keine in zwei Kategorien fassbare Dimension, vielmehr muss sie als ein Kontinuum mit vielen Ausprägungen begriffen werden. Die Begriffe homo-, bi- und heterosexuell als Kategorien erlauben zwar dem einzelnen eine vereinfachte Aussage über sich und andere,

---

Klein Sexual Orientation Grid (KSOG)

Es werden die unten angegebenen Werte in die freien Felder eingetragen; bei größeren Diskrepanzen zwischen »Gegenwart« und »idealerweise« wird von einem aktuell vorhandenen Konflikt ausgegangen.

Variable	Vergangenheit	Gegenwart	in idealer Weise
A: sexuelle Neigung B: sexuelles Verhalten C: sexuelle Phantasien D: emotionale Vorlieben [1] E: emotionale Vorlieben [2] F: hetero-/homosexueller Lebensstil G: Selbstidentifikation			

Für die Variablen A bis E

1 = ausschließlich mit dem anderen Geschlecht
2 = meistens mit dem anderen Geschlecht
3 = etwas mehr mit dem anderen Geschlecht
4 = gleichermaßen gleich-/gegengeschlechtlich
5 = etwas mehr mit dem gleichen Geschlecht
6 = meistens mit dem gleichen Geschlecht
7 = ausschließlich mit dem gleichen Geschlecht

Für die Variablen F und G

1 = ausschließlich heterosexuell
2 = meistens heterosexuell
3 = etwas mehr heterosexuell
4 = gleichermaßen hetero-/homosexuell
5 = etwas mehr homosexuell
6 = meistens homosexuell
7 = ausschließlich homosexuell

Erläuternde Hinweise:
[1]) Bei welcher Art von Sex möchten Sie gern emotional involviert sein?
[2]) Welcher sozialen Gruppierung möchten Sie sich zugehörig fühlen?

Abbildung 14: Klein Sexual Orientation Grid

beinhalten aber gleichzeitig den Nachteil, dass damit die sexuelle Orientierung mit ihren emotionalen und körperlichen Aspekten nur unzureichend abgebildet wird. Diese Kategorien werden dem Umstand nicht gerecht, dass in Untersuchungen immer wieder Menschen zu finden sind, die sich emotional eher gleichgeschlecht-lich orientieren und gleichzeitig aber noch nie sexuelle Kontakte mit gleichge-schlechtlichen Partnern hatten. Umgekehrt gibt es genauso Menschen, die sich selbst als heterosexuell einstufen, zeitgleich aber extensive homosexuelle Beziehun-gen haben. Auch kann sich bei ein und derselben Person die sexuelle Orientierung über eine Zeitspanne hinweg in die eine oder andere Richtung verschieben (Fiedler, 2004).

Der von Klein und Mitarbeitern (1985, zitiert nach Fiedler, 2004) vorgestellte »Klein Sexual Orientation Grid« (KSGO, siehe Abbildung 14) ermöglicht, dieser Vielfalt der Erscheinungsformen mit ihren unterschiedlichen Aspekten auch in der Forschung gerecht zu werden.

Das »Klein Sexual Orientation Grid« stellt eine Erweiterung der von Kinsey, Pomeroy und Martin (1948, zitiert nach Fiedler, 2004) entwickelten Skala zur Erfassung des sexuellen Verhaltens dar. Mit dem »Klein Sexual Orientation Grid« ist eine erheblich komplexere Darstellung möglich: das *sexuelle (Selbst-) Erleben* wird mit den drei Bereichen sexuelle Neigung, sexuelle Phantasien und sexuelle Verhaltensmuster abgebildet, während die *sexuelle Orientierung im engeren Sinne* mit den drei Bereichen Art der bevorzugten Partnerausrichtung, Wunsch, einen heterosexuellen bzw. homosexuellen Lebensstil nach außen präsentieren zu wollen und der Frage, ob sich die Person subjektiv selbst mehr, eher weniger oder nicht als hetero- bzw. homosexuell einstuft, abgebildet wird.

Unterschiede und Probleme in der sexuellen Identitätsfindung

Generell unterliegen alle Jugendlichen unabhängig von ihrer sexuellen Orientie-rung der gleichen Entwicklung. Sie entwickeln ein Verständnis für die Geschlechts-konstanz, das heißt eine Überzeugung, dass das Geschlecht ungeachtet des äußeren Erscheinungsbildes unwandelbar bleibt, erlangen Wissen über Geschlechtsrollens-tereotype und die entsprechenden sozialen Verhaltensweisen. Sie werden vertraut mit Normen, die soziale Beziehungen beeinflussen und erkennen geschlechtsty-pische Verhaltens- und Ausdrucksweisen. Bedeutende Aspekte bei der Suche nach der eigenen sexuellen Identität sind das Lernen von Vorbildern und die Bewertung verschiedener sexueller Orientierungen in der Gesellschaft.

Neben den Eltern bzw. der Familie, die insbesondere bei der Herausbildung von Einstellungen und Verhaltensdispositionen einen besonderen Stellenwert ein-nehmen (Haeberle, 1985, zitiert nach Watzlawik, 2003), beeinflussen vor allem gesellschaftliche Bedingungen Art und Umfang der Information, die Jugendlichen in Bezug auf Sexualität zur Verfügung steht. Das soziale Umfeld ist – selbst in sexu-ell toleranten Gesellschaften – geprägt durch heterosexuelle Normen. Begründet ist dies zum einen in dem selteneren Auftreten der homosexuellen Orientierung. Laut Kinsey Institut (1998, zitiert nach Fiedler, 2004) kann in den USA und in Europa gegenwärtig von 2 bis 3 % Männern und von 1 bis 2 % Frauen ausgegangen werden, die sich ausschließlich mit gleichgeschlechtlichen Partnern bzw. Partnerinnen sexuell engagieren. Zum anderen ist dies aber auch durch eine mehr oder weniger vorhandene Stigmatisierung zu erklären.

Geschlechterrollen und Stereotype als Vorgaben einer Gesellschaft bedeuten sowohl Orientierung als auch Einschränkung (Erikson, 1995, zitiert nach Watzlawik, 2003). Für Jugendliche stehen vor allem zwei Aspekte im Vordergrund. Der erste Aspekt betrifft die Integration in die Welt der Erwachsenen (Sozialisation), beim zweiten Aspekt geht es darum, den eigenen Weg zu finden (Individuation). Die Rahmenbedingungen, die ihnen eine heterosexuell genormte Welt dafür bietet, stellen für heterosexuell orientierte Jugendliche kein Problem dar. Für homo- und bisexuell orientierte Jugendliche aber, die sich mit einem verzerrten Bild homo- und bisexueller Menschen auseinandersetzen müssen, führen sie im Bereich der Individuation in der Regel nicht zu einer stabilen Identität, die das Homo- bzw. Bisexuellsein einschließt. Eine stabile homosexuelle Identitätsentwicklung ist für den Jugendlichen auf seinem Weg in die Gesellschaft leider noch eher die Ausnahme als die Regel (Biechele et al., 2001).

Homophobie und Heterosexismus

Für bestehende gesellschaftliche Vorbehalte und Vorurteile gegenüber Menschen mit »andersartiger« sexueller Orientierung, die Stigmatisierung und Ausgrenzung beinhalten, steht das Phänomen der Homophobie. Der von Weinberg (1972, zitiert nach Fiedler, 2004) eingeführte Begriff steht für die ablehnende Haltung der Gesellschaft zur Homosexualität und die irrationale Furcht heterosexueller Menschen im Umgang mit Schwulen und Lesben. Untersuchungen zur Homophobie in den 1980er und zu Beginn der 1990er Jahre haben bestätigen können, dass »Abscheu« und »Angst« vor homosexuell orientierten Mitmenschen in der Bevölkerung weit verbreitet sind (Herek u. Berill, 1992; Plummer, 1989, zitiert nach Fiedler, 2004). Kennzeichnend bei diesen wie auch bei neueren Forschungsarbeiten ist das Ergebnis, dass es sich bei den Personen mit den größten Befürchtungen und Unbehagen um Menschen handelt, die bisher keine Homosexuellen persönlich kennen gelernt haben und auch nicht kennen lernen wollen. Dem Begriff der Homophobie stellten die Vereinigungen organisierter Schwuler und Lesben selbst den Begriff Heterosexismus gegenüber. Analog zu Begriffen wie Sexismus oder Rassismus wurde der Begriff Heterosexismus zur Charakterisierung institutioneller Unterdrückung nicht heterosexueller Menschen verwendet (Herek, 1990, zitiert nach Fiedler, 2004).

Laut Fiedler (2004) haben sich seit den ersten Studien zur Homophobie die demographischen Daten und Motive der Personen, die eine homosexuelle Lebensform nach wie vor ablehnen, kaum geändert. Die Mehrheit, die eine ablehnende Haltung zeigen, bilden Männer sowie ältere Menschen, die zumeist religiös eingebunden sind und homosexuelles Verhalten als Sünde betrachten. Politisch bezeichnen sie sich selbst als konservativ und vertreten die Meinung, dass Homosexualität selbst gewählt sei und deshalb jederzeit aufgegeben werden könne. Außerdem haben sie bisher meist noch keinen persönlichen Kontakt zu homosexuellen Menschen gehabt.

Die Homophobie stellt ein Mittel dar, um das traditionelle Bild von Männlichkeit und Weiblichkeit sowie Werte und Normen aufrechtzuerhalten, und ist damit auch ein Mittel sozialer Kontrolle (Watzlawik, 2003).

Ergebnisse zu homophoben Reaktionen gegenüber Jugendlichen

Schupp (1999) untersuchte homo- und bisexuell orientierte Jugendliche und junge Erwachsene im Alter von 15 bis 27 Jahren in Berlin. Die Untersuchung zeigt, dass die Mehrheit der Befragten, vor allem Mädchen und Frauen, schon einmal negative Reaktionen in Bezug auf ihre sexuelle Orientierung erlebt hatten. Auf die Frage nach negativen Reaktionen auf ihre Homo- bzw. Bisexualität stellen die häufigsten Reaktionen Beschimpfungen, Beleidigungen und Kontaktabbruch dar: Über die Hälfte der Mädchen und Frauen (53 %) berichten von Beschimpfungen, jede vierte (24 %) berichtete von Kontaktabbrüchen. 46 % der Jungen und Männer sind beschimpft worden, 17 % haben einen Kontaktabbruch erfahren. Jede bzw. jeder zehnte Befragte sah sich mit körperlicher Gewalt konfrontiert. Weitere Reaktionen, von denen die Betroffenen berichten, reichen vom Ausschluss aus der Gruppe (3 % der Mädchen/Frauen, 7 % der Jungen/Männer) über sexuelle Belästigungen (je 3 %) bis hin zur Diskriminierung in der Schule wie zum Beispiel Einzelzimmer bei Klassenfahrt und leichten Angriffen (4 % der Jungen/ Männer).

Die schwul-lesbische Forschungsgruppe der Ludwig-Maximilians-Universität München (SLFM, 2001; Biechele, Reisbeck u. Keupp, 2001) führte eine Untersuchung zur Lebenssituation, sozialen und sexuellen Identität homosexueller Jungen und Männer zwischen 15 und 25 Jahren in Niedersachsen durch. Auf die Frage nach ablehnenden und feindlichen Reaktionen auf ihr Schwulsein kommen sie zu folgendem Ergebnis (Tabelle 13):

Tabelle 13: Feindliche Reaktionen auf Schwulsein (Mehrfachnennungen möglich) (nach Biechele, Reisbeck u. Keupp, 2001)

Reaktionen	%
Gleichaltrige machen sich lustig/reden schlecht	56,1
Freunde ziehen sich zurück	38,6
Beschimpfungen in der Öffentlichkeit	38,0
Beschimpfungen in der Schule	27,8
Beschimpfungen in der Familie	16,3
körperliche Gewalt in der Schule	7,0
Ausbildungsplatz nicht bekommen	6,0
körperliche Gewalt in der Öffentlichkeit	5,7
sexuelle Gewalt	5,1
körperliche Gewalt in der Familie	1,5

Die Ergebnisse zeigen deutlich, dass homophobe Gewalt allgegenwärtig ist und sich überwiegend auf der verbalen Ebene abspielt. Die Mehrzahl der Teilnehmer erlebte die beschriebene Gewalt nicht einmalig, sondern mehrfach. Eine weitere Berücksichtigung in beiden Untersuchungen findet die Situation von homo- und bisexuell orientierten Jugendlichen und jungen Erwachsenen an Schule, Universität und Ausbildungs- bzw. Arbeitsplatz. Schupp (1999) zeigt, dass knapp ein Viertel der Befragten an Schule, Universität oder Arbeitsplatz zum überwiegenden Teil versteckt lebt, ein Fünftel der weiblichen und ein Viertel der männlichen Jugendlichen zeigen dagegen ihre homo- bzw. bisexuelle Orientierung völlig offen. Obwohl die meisten – und hier vor allem die offen lebenden – Jugendlichen sich an ihrem Ausbildungs- oder Arbeitsplatz akzeptiert und integriert fühlen, bezeichnet sich jede sechste weibliche und jeder siebte männliche Jugendliche als Einzelgängerin bzw. Einzelgänger.

Auf die Frage nach Wünschen zur Unterstützung für junge Lesben, Schwule und Bisexuelle werden von den Jugendlichen am häufigsten mehr Informationen über Homosexualität bzw. Bisexualität, mehr Akzeptanz und ein Ansprechpartner für lesbische, schwule und bisexuelle Themen genannt. Für die Mädchen/ Frauen steht der Wunsch nach mehr Informationen an erster Stelle, für die Jungen/Männer ist die Akzeptanz der Mitschüler(innen) von wesentlicher Bedeutung.

Insgesamt zeigen die Ergebnisse, dass homo- und bisexuell orientierte Jugendliche nach wie vor mit einer Umwelt konfrontiert sind, die ihnen oft verdeckt oder offen ablehnend gegenübersteht. Bedenklich stimmen auch die von den Jugendlichen selbst berichteten Erfahrungen verbaler wie körperlicher, persönlicher und institutioneller Gewalt. Dass viele der Jugendlichen sich selbst als Einzelgänger bzw. Einzelgängerin bezeichnen und unter Einsamkeit leiden, ist Indikator dafür, dass Akzeptanz und Integration in der Gesellschaft für homo- und bisexuelle Jugendliche immer noch nicht selbstverständlich und »normal« sind.

Einfluss homophober Einstellungen auf die (Identitäts-)Entwicklung

Die Probleme, die durch den Widerspruch zwischen eigenem Empfinden und verinnerlichten gesellschaftlichen Sanktionen homo- und bisexueller Lebensweisen auftreten, sind vielfältig und haben häufig beträchtliche Folgen für homo- und bisexuell Orientierte. Psychische Störungen wie Einsamkeit, depressive Verfassungen bis hin zu Suizidversuchen und Selbsttötungen werden mit den Wirkungen der Homophobie in Zusammenhang gebracht.

Im Rahmen einer Bundesstudie in den USA zur Suizidalität bei Jugendlichen (vgl. Hofsäss, 1999) wurde festgestellt, dass schwule und lesbische Jugendliche zu zwei Risikogruppen in Verbindung mit Suizidalität gehören: zu Jugendlichen und Homosexuellen. Die Mehrzahl der Suizidversuche Homosexueller liegt in der Jugendzeit. Homosexuell orientierte Jugendliche unternehmen zwei- bis dreimal häufiger Selbstmordversuche als Gleichaltrige. Das Suizidrisiko steht in Abhängigkeit zu den Reaktionsformen des sozialen Umfeldes, vor allem auf der Ebene von Schule, Gleichaltrigen und der Herkunftsfamilie. Es ist insbesondere bei einem sozialen Ausschluss aus einem oder mehreren dieser Bereich erhöht. Das Fehlen alternativer Bezüge wird einerseits einem Mangel an homosexuell orientierten Vorbildern zugeschrieben, andererseits aber verstärken auch Informationsdefizite in Schule, Elternhaus und Peergruppe die Ausschließungstendenzen.

Eine Detailuntersuchung von Fragebögen der Berliner Studie (Schupp, 1999) ergab, dass 84 % der Mädchen und Frauen zwischen dem 12. und 16. Lebensjahr einen Suizidversuch unternommen haben. Bei den Jungen und Männern sind es sogar 90 % der 16- bis 18-Jährigen. Mädchen bzw. Frauen begründen ihren Selbsttötungsversuch mit Einsamkeitsgefühlen, Ärger mit den Eltern und damit, keine Möglichkeit zu haben, mit jemandem über das Lesbischsein zu sprechen. Die gleichen Kategorien zeigen sich auch bei Jungen und Männern, nur in einer anderen Verteilung: Einsamkeitsgefühle, die Unmöglichkeit, mit jemanden über das Schwulsein zu sprechen, Ärger mit den Eltern, gefolgt von Problemen in der Schule. Andere Reaktionsformen auf soziale Ausgrenzungsprozesse liegen im Bereich des Drogenmissbrauchs, Problemen in der Schule, in der beruflichen Integration, Beziehungsstörungen sowie psychosomatische Störungs- bzw. Krankheitsbildern.

Junge Frauen entwickeln ihre gleichgeschlechtliche Identität oftmals erst über einen mehrjährigen heterosexuellen »Umweg« und können ihrer gleichgeschlechtliche Orientierung erst dann Ausdruck und Gestalt geben, wenn andere existenzsichernden Bereiche, wie materielle Grundsicherung und alternative soziale Netzwerke, in Ansätzen funktionieren. Bei jungen männlichen Homosexuellen ist dagegen eher eine Abspaltung gleichgeschlechtlicher sexueller Handlungen von einer gleichgeschlechtlichen Lebensweise zu beobachten. Die Untersuchung von Biechele et al. (2001) zeigt, dass schwule Jugendliche die Erfahrung von Liebe anderthalb Jahre und die der ersten Beziehung rund zweieinhalb Jahre später als heterosexuelle männliche Jugendliche machen.

Insbesondere die Entwicklungsaufgaben (Dreher u. Dreher, 1985a, zitiert nach Oerter u. Dreher, 2002, S. 271) »zu Altersgenossen beiderlei Geschlechts neue, tiefere Beziehungen herstellen« und »engere Beziehungen zu einem Freund bzw. einer Freundin aufnehmen« stellen für nicht heterosexuelle Jugendliche in einer ausschließlich heterosexuell normierten Gesellschaft eine große Hürde dar. Die bewusste, experimentelle und autonome Entwicklung ihrer Homo- bzw. Bisexualität, die oftmals mit einem großen Aufwand und mit Umwegen verbunden ist, erfahren sie oft als weiteren Belastungsfaktor.

Coming-out

Die Entwicklung zwischen der Bewusstwerdung einer homosexuellen Orientierung und der Entscheidung für einen Lebensstil mit entsprechender Geschlechtspartnerwahl wird als Coming-out bezeichnet. Geprägt wurde der Begriff von Morin und Miller (1974, zitiert nach Watzlawik, 2003) und wird aktuell am häufigsten für die Identitätsbildung homo- und mittlerweile auch bisexueller Menschen verwendet. Inzwischen ist nicht nur durch Forschungsarbeiten, sondern auch in zahllosen Erfahrungsberichten eindrücklich belegt, dass sich das Coming-out in sehr unterschiedlicher Weise gestalten kann.

Wie bereits ausführlich dargestellt, bestehen für viele gleichgeschlechtlich orientierte Menschen dabei angesichts der gesellschaftlichen Vorurteile und homophoben Befürchtungen in den Familien nach wie vor erhebliche Probleme, mit der eigenen sexuellen Orientierung nach außen zu treten. Die Entwicklungsphase des Coming-out kann als Prozess komplexer intraspsychischer wie interpersoneller Transformationen aufgefasst werden. Gewöhnlich beginnend im Übergang zum Jugendalter reicht sie oftmals bis weit in das Erwachsenenalter hinein. Zahlreiche Autoren und Forscher haben versucht, diesen Entwicklungsprozess in Stufen- bzw. Phasenmodellen abzubilden (u. a. Cass, 1979; Colemann, 1982; Rauchfleisch, 2001; Savin-Williams, 1990; Troiden, 1989, zitiert nach Fiedler, 2004). Die Modelle unterscheiden sich beträchtlich, unter anderem in der Zahl der aufgenommenen Entwicklungsstufen und hinsichtlich der Zeitspanne. Das Modell von Cass (1979, zitiert nach Fiedler, 2004) hat weite Verbreitung und Akzeptanz unter Professionellen wie Homosexuellen selbst gefunden.

Das Sechs-Stufen-Modell der Entwicklung des Coming-out von Cass

Das Stufen-Modell von Vivienne Cass (1979, zitiert nach Fiedler, 2004) beschreibt den Vorgang des Coming-out als Abfolge von sechs Stufen (vgl. Tabelle 14). Es zeigt die Dynamik in der Entwicklung und wie die Entwicklung in jeder Phase stagnieren kann. Für Cass steht die Frage im Mittelpunkt: Wie kommt jemand von einem kongruenten intrapersonellen System (»ich bin heterosexuell«) zu einem anderen, ebenfalls kongruenten System (»ich bin homosexuell«)? Anfänglich zählt sich die Person zur »normalen« Mehrheit; nun muss sie feststellen und auch innerlich akzeptieren, anders zu sein.

Cass' Stufen-Modell (1979, zitiert nach Fiedler, 2004) lässt die Entwicklung mit der Identitätsverwirrung beginnen, die entsteht, wenn der Jugendliche bei sich Verhaltensweisen oder Bedürfnisse oder beides erkennt, welche seinem Selbstbild widersprechen. Die *Konfusion* ergibt sich aus der Erkenntnis, dass solche Gefühle und Verhaltensweisen »nicht normal« sind und führt zu der Frage »Wer oder was bin ich eigentlich?«. Die Erkenntnis, dass diese Bedürfnisse als Homosexualität (und auch Bisexualität) etikettiert werden, vergrößert die Konfusion und Beunruhigung. Aus dieser Phase sind drei Ausgänge denkbar: Der Jugendliche erfährt keine größeren Probleme und versucht mehr Informationen zu sammeln. Der Jugendliche erfährt Probleme, er versucht »normal« zu sein und sucht Kontakte zum anderen Geschlecht, oder aber er vermeidet sowohl heterosexuelle als auch homosexuelle Aktivitäten. Wenn Letztere dennoch unausweichlich werden, gibt der Jugendliche eventuell die Vermeidungsstrategie auf und die Entwicklung vollzieht sich weiter. Oder aber der Jugendliche hat die äußerst negativen Einstellungen der Umwelt so internalisiert, dass er die homosexuellen Bedürfnisse weiterhin verleugnet.

Tabelle 14: Sechs-Stufen-Modell der Entwicklung des Coming-out (nach Cass, 1979, zitiert nach Fiedler, 2004)

Stufe	Wahrnehmung und Verhalten
Konfusion	Gewahrwerden sexuell-erotisierender Gefühle dem gleichen Geschlecht gegenüber, womit sich die ersten Eigenarten homosexueller Orientierung andeuten und zunehmend ausbilden.
Vergleich	Die betreffende Person wird sich zunehmend darüber klar, dass sie – was die sexuelle Orientierung angeht – nicht mehr zur Mehrheit in der Gesellschaft gehört und dass sie sich damit auch grundlegend von Personen in der eigenen Familie sowie im Freundeskreis unterscheidet.
Toleranz	Gegen Ende der zweiten Phase findet eine Veränderung vom bisherigen heterosexuell geprägten hin zu einem zunehmend homosexuell ausgestalteten Selbstbild statt. Die gleichgeschlechtliche sexuelle Orientierung wird zunehmend toleriert.
Akzeptanz	Ein beginnender und zunehmend häufigerer Kontakt zu anderen homosexuell orientierten Personen normalisiert und festigt die eigene Homosexualität und beeinflusst den weiteren Lebensstil.
Stolz	Die betreffende Person entwickelt hinsichtlich ihrer sexuellen Orientierung ein positives Selbstwertgefühl, obwohl dieses in der Gesellschaft auf Ablehnung stößt. Um mit diesem Widerspruch fertig zu werden, werden zunächst selektiv negative Aspekte an der »Heterosexualität« sowie positive Aspekte an der »Homosexualität« gesucht, wobei man persönlich der letzteren (zunehmend stolz) den Vorzug gibt.
Synthese	Das Individuum wird sich zunehmend klar darüber, dass die negativen Einstellungen zur »Heterosexualität« nicht haltbar sind. Auch wenn die eigene Homosexualität in der Gesellschaft keine allgemeine Zustimmung findet, kann die homosexuelle Orientierung dennoch voll in die eigene Identität integriert werden. Sie wird damit zugleich mit den vielen anderen Aspekten des eigenen Selbst vereinbar.

Wenn ein Jugendlicher die Entwicklung nicht mit rigider Selbstverleugnung abgebrochen hat, zieht er nun in Erwägung, homosexuell zu sein (Phase 2: *Vergleich*). Die Beunruhigung der ersten Phase, entstanden aus der Unklarheit, ist aufgehoben, dafür tritt eine andere auf. Durch die Inkongruenz zwischen dem bisherigen Selbstverständnis und einem anderen Selbst – mit dem Etikett Homosexualität – entsteht ein Gefühl der Entfremdung von Altersgenossen und Erwachsenen. Diese Erfahrung lässt die Jugendlichen Kontakt zu anderen suchen, denen gegenüber sie ihre Gefühle äußern und von denen sie Ratschläge bekommen können. Auch in dieser Phase können unterschiedliche Wege gewählt werden. Meist hat der Jugendliche große Schwierigkeiten mit der Stigmatisierung, homosexuell zu sein. Eine Möglichkeit, die Stigmatisierung zu reduzieren, ist, die homosexuellen Gefühle nur als eine Phase aufzufassen. Eine andere ist, eine feste Beziehung mit einem Partner des anderen Geschlechts einzugehen.

Bei einem positiven Ausgang der zweiten Phase kommen die Jugendlichen zur Erkenntnis einer homosexuellen Identität, ohne diese bereits wirklich als die eigene akzeptieren zu können (Phase 3: *Toleranz*). Diese Erkenntnis beseitigt teilweise die früheren Spannungen und ermöglicht die Exploration homosexueller Kontakte. Der Kontakt mit einem homosexuellen Milieu kann sich unterschiedlich auswirken. Für einige ist es eine Befreiung, die zur Selbstakzeptanz führt (vgl. Phase 4), andere realisieren ein Doppelleben in bestimmter Form, das eine Selbstakzeptanz eher verhindert.

Die vierte Phase (*Akzeptanz*) steht für einen bewussten Neuanfang. Gestützt durch die Einstellungen und Legitimationen des homosexuellen Milieus und mit Hilfe neuer Kontakte wird das eigene Leben mit der homosexuellen Orientierung neu ausgerichtet. Die Jugendlichen besitzen aus dieser neuen Position heraus genügend persönliche Sicherheit, um Außenstehende über die eigene Homosexualität zu informieren, zumeist sehr selektiv und allmählich umfassender, je nachdem, wie die Situation es erlaubt. In diese Phase gehen Jugendlichen auch häufig eine gleichgeschlechtliche Beziehung ein.

In der von Cass postulierten fünften Phase (*Stolz*) kann eine neue Dynamik entstehen, abhängig von der Art des homosexuellen Milieus, in dem sich die Jugendlichen bewegen. Sie erfahren eine neue Inkongruenz zwischen der als positiv empfundenen homosexuellen Identität und der negativen Einstellung der sozialen Umwelt. Diese Inkongruenz erzeugt Zorn gegen die Außenwelt, verbunden mit Stolz auf die eigene Identität. Die Entwicklung einer eigenen Ideologie führt zu einer Abgrenzung vor allem von der heterosexuell geprägten Umwelt mit ihrem traditionellen Verständnis von Geschlechterrollen, aber auch von anderen Homosexuellen, für die das Ziel bereits erreicht ist, wenn sie ungestört mit ihrem Freund oder ihrer Freundin zusammenleben können.

Die sechste Phase (*Synthese*) ist dadurch gekennzeichnet, dass jetzt eine Relativierung der Einstellung eintritt. Dies schafft die Möglichkeit, die Tatsache der eigenen Homosexualität zu relativieren. Sie ist lediglich *ein* Aspekt des eigenen Lebens neben vielen anderen, die ebenso wichtig sind. Die homosexuelle und auch bisexuelle Orientierung ist nur ein Teil der Persönlichkeit und dieser Teil bestimmt nicht die ganze Person.

Das erklärende Element von Cass' Modell liegt in der angewandten Theorie über Kongruenz und Inkongruenz zwischen Selbstbild, Verhaltensweisen und Bedürfnissen und der Wahrnehmung der Reaktionen anderer darauf, woraus sich Gefühle von Konsonanz und Dissonanz ergeben. Die Ergebnisse einer empirischen Überprüfung von Cass sprechen sowohl für die verschiedenen Phasen als auch für eine sequentielle Abfolge der Identitätsfindung.

Inzwischen wird das Coming-out als hoch komplexer Prozess verstanden, der sich zeitlich auf verschiedenen emotionalen, kognitiven und verhaltensnahen Dimensionen sehr unterschiedlich entwickeln kann (Rosario, Hunter, Maguen, Gwadz u. Smith 2001, zitiert nach Fiedler, 2004). Die dabei im Vordergrund stehenden Entwicklungsdimensionen sind mit Cass' postulierten Phasen durchaus vergleichbar, wobei der zeitliche oder hierarchische Aufbau der Stufenmodelle zunehmend als unzureichend angesehen wird.

Äußeres und inneres Coming-out

Eine in der Aufklärungsliteratur für Jugendliche sehr gebräuchliche Differenzierung der Identitätsbildung ist die Unterscheidung zwischen innerem und äußerem Coming-out (vgl. Kirchhof, Heine u. Kröger in diesem Band), welche ebenfalls eine sequentielle Abfolge darstellt. Das äußere Coming-out bezeichnet den Vorgang, die Erkenntnis in Bezug auf die eigene Homo- bzw. Bisexualität mit anderen zu teilen, sich der Familie, Freunden und Außenstehenden zu offenbaren. Dem äußeren Coming-out geht zeitlich das innere Coming-out voraus.

Das innere Coming-out bezeichnet die Phase, in der sich eine Person ihrer sexuellen Orientierung und den damit zusammenhängenden Konsequenzen bewusst wird. Am Anfang steht oft das Gefühl, anders zu sein. Im Laufe der Zeit erlangt der einzelne Sicherheit darüber, homosexuell zu sein. Wie lange dieser Prozess dauert, ist individuell sehr unterschiedlich. Bei vielen ist sie mit großer Unsicherheit verbunden. Sehr eindringlich beschreibt dies ein junger Mann, der im Online-Diskussionsforum, welches im Rahmen der Untersuchung von Watzlawik (2003) eingerichtet wurde, mitdiskutierte (Eintrag im Forum vom 24. Mai 2001, Kursivstellung wurde aus dem Original übernommen):

>»Das innere Erleben [...] [und das] beginnt lange vor dem 16. Lebensjahr. Das Gefühl des ›Anders-Seins‹, das zunächst gleichgeschlechtliche Interesse, dann aber das Interesse an Mädchen, aber zugleich verbunden mit einem Bedürfnis nach Distanz, das Registrieren heterosexuellen Verhaltens bei anderen Jungen, verbunden mit dem Gefühl, dahin vielleicht nie zu kommen, dieses Verhalten zu ersehnen und zugleich abzulehnen, bedeutet eine tief greifende Aushebelung aus dem gesamten Umfeld. Das beeinflusst wiederum die eigene Wahrnehmung der Umwelt. Insbesondere entsteht eine große reale Unsicherheit darüber, wie man selbst von anderen wahrgenommen/beurteilt wird, Überraschungen sind dann leicht möglich [...]. Am tiefgehendsten ist aber die Unsicherheit über die eigene Existenz, welche unter anderem zu folgenden Fragen führt:
>
> *Werde ich jemals meine eigene Sexualität, wie immer sie auch aussehen mag, ausleben? Und wenn ja, ist das legitim?*
>
> Was aufgrund der existenziellen Bedeutung der Sexualität in die Frage übergeht:
>
> *Darf ich so sein, wie ich bin?*
>
> Und schließlich:
>
> *Darf ich sein?*
>
> Man muss sich jetzt noch vorstellen, dass aus dem Umfeld ablehnende Reaktionen [...] kommen. Ich glaube nicht, dass solche Erfahrungen einem, der seine sexuelle Sozialisation *straight* erlebt hat, vermittelbar sind, eben deshalb, weil *diese nicht normal sind.*«

Großen Einfluss auf die Bewältigung des inneren Coming-out und damit auf den zeitlichen Verlauf haben kulturelle und gesellschaftliche Vorstellungen. Je repressiver eine Gesellschaft ist, desto länger dauert die Phase des inneren Coming-out

(Herdt, 1989, zitiert nach Watzlawik, 2003). Auch ethnische Faktoren, der Wohnort und der Bildungsstand der Eltern beeinflussen diese Phase. Je intoleranter sich eine Gesellschaft in Bezug auf Sexualität zeigt, desto weiter verschiebt sich der Zeitpunkt der sexuellen Identitätsfindung in der Entwicklung nach hinten. Die sexuelle Identitätsfindung beginnt, wie bereits erwähnt, vor dem Jugendalter und ist mit der Adoleszenz nicht abgeschlossen. Neue Erfahrungen müssen ins Selbstkonzept integriert werden und können die sexuellen Identitätsaspekte beeinflussen. Für Jugendliche mit einer nicht gesellschaftlich akzeptierten sexuellen Orientierung kann das heißen, erst viel später als ihre Peers couragiert zu ihren Gefühlen stehen zu können. Unter Umständen erst dann, wenn sie im Arbeitsleben stehen und sie für die Entwicklung wichtige Erfahrungen unter Peers nicht mehr machen können.

Unterschiede zwischen Mädchen und Jungen

Ein erster Unterschied zwischen Jungen und Mädchen ist das Durchschnittsalter zum Zeitpunkt des Bewusstwerdens der sexuellen Orientierung, dem inneren Coming-out. Jungen entwickeln durchschnittlich mit 13 Jahren ein Bewusstsein ihrer homosexuellen Orientierung, Mädchen dem gegenüber erst mit 14 bis 16 Jahren (Bell et al., 1981, zitiert nach Watzlawik, 2003). In der Befragung von Schupp (1999) zeigte sich der Trend, dass Jungs im Durchschnitt etwas früher (mit 13,7 Jahren) als Mädchen (mit 15,0 Jahren) die Vermutung hatten, »anders« zu sein. In der Untersuchung von Watzlawik (2003) ergab ein Vergleich von Jungen und Mädchen in den einzelnen Gruppen einen signifikanten Altersunterschied in der homo- sowie der bisexuellen Gruppe. Auf die Frage, wann sich die Jugendlichen ihrer sexuellen Orientierung zum ersten Mal bewusst wurden, zeigt sich bei homosexuell orientierten Jungen ein Durchschnittsalter von 12,7 Jahren im Gegensatz zu Mädchen mit 13,1 Jahren. In der bisexuellen Stichprobe ergab sich für die Jungen ein durchschnittliches Alter von 12,9 Jahren, für die Mädchen von 13,4 Jahren.

In verschiedenen Studien wird das Alter, in dem sich die Befragten selbst als eindeutig homosexuell bezeichnen, für homosexuell orientierte Männer mit 16 bis 18 Jahren angegeben, bei Frauen liegt der Zeitpunkt der eindeutigen Selbstdefinition bei durchschnittlich 20 bis 22 Jahren (Fiedler, 2004). Bezogen auf das Durchschnittsalter beim äußeren Coming-out nähern sich beide Gruppen in der Studie von Schupp (1999) an. Mädchen sind sich mit durchschnittlich 16,9 Jahren und Jungen im Alter von 16,5 sicher, homo- bzw. bisexuell orientiert zu sein. Früher als die eindeutige Selbstdefinition liegt der Zeitpunkt, zu dem homosexuell orientierte Jugendliche bereits erste Kontakte zu homosexuellen Vereinigungen herzustellen versuchen. Bei Jungen liegt er um das 17. Lebensjahr, bei Frauen deutlich später. Bemerkenswert ist dabei, dass über die Hälfte der befragten Frauen und Mädchen noch nie Kontakt zu Lesben-Vereinigungen gesucht haben (Barber, 2000, zitiert nach Fiedler, 2004).

Auch die ersten gleichgeschlechtlichen sexuellen Erfahrungen machen Jungen deutlich früher als Mädchen (Schupp, 1999). Mädchen machten ihre erste homosexuelle Erfahrung mit durchschnittlich 18,7 Jahren, Jungen mit 17,1 Jahren. Es zeigte sich ebenso, dass die Jungen etwas häufiger homosexuelle Erfahrungen haben als Mädchen bzw. Frauen, diese wiederum haben weitaus häufiger auch intime heterosexuelle Beziehungen. Eher als die Jungen scheinen die Mädchen zunächst eine »heterosexuelle Laufbahn« einzuschlagen, entweder weil sie sich ihrer homosexuellen Gefühle erst später bewusst werden oder weil sie als Jugendliche stärker auf den gesellschaftlichen Erwartungsdruck, einen Freund zu haben, reagieren. In einer Reihe von Studien wird die Zahl der homosexuellen Frauen mit intimen heterosexuellen Kontakten zwischen 57 und 90 % angegeben, wobei sich über eine Zeitspanne von 30 Jahren keine nennenswerten Veränderungen ergeben haben (Barber, 2000; Bell u. Weinberg, 1978; Hedblom, 1973; Rust, 1992, zitiert nach Fiedler, 2004). Dies könnte dadurch begründet sein, dass lesbische oder bisexuelle Frauen weniger sichtbar sind. Auf die Frage nach Wünschen zur Unterstützung für junge Lesben, Schwule und Bisexuelle werden von den Jugendlichen am häufigsten mehr Informationen über Homosexualität bzw. Bisexualität, mehr Akzeptanz und Ansprechpartner für lesbische, schwule und bisexuelle Themen genannt. Nur 15 % der weiblichen und 17 % der männlichen Befragten erinnern sich daran, dass das Thema »Lesbischsein« ausdrücklich behandelt wurde, aber 81 % aller Befragten an erinnern sich an »schwule« Thematiken.

Ein wichtiger Aspekt bei der Unterscheidung zwischen Jungen und Mädchen ist die unterschiedliche Akzentuierung von Liebe und Sex. Für Mädchen ist häufiger eine Verliebtheit als ein sexueller Kontakt der Auslöser, sich anders zu fühlen und zur Erkenntnis der sexuellen Orientierung zu kommen, ebenso unterscheiden sie sich in Bezug auf das Lernen aus Kontakt- und Beziehungserfahrungen (Straver, 1989). »Jungen beginnen mit einem weitaus mehr genitalen Verständnis von Sexualität, Mädchen viel mehr mit einem kontaktuellen« (Straver, 1989, S. 191). Die befragten Mädchen und Frauen in der Untersuchung von Schupp (1999) erlebten ihre erste Verliebtheit im Durchschnitt früher als die Jungen bzw. Männer, während diese ihre gleichgeschlechtliche sexuelle Erfahrung früher machten.

In der Untersuchung von Watzlawik (2003) zeigten sich Unterschiede im Erleben der eigenen sexuellen Orientierung zwischen den Geschlechtern. Für 7 % der homosexuell orientierten Mädchen, aber nur 1,8 % der homosexuell orientierten Jungen steht das Gefühl der *Verliebtheit im Vordergrund.* Dies ist vergleichbar mit der Feststellung Stravers (1989), dass der Auslöser für Mädchen, sich anders zu fühlen, häufiger Verliebtheit als sexuelle Kontakte darstellen. Die größere Unsicherheit in Bezug auf ihre sexuelle Orientierung findet sich bei homosexuell orientierten Mädchen, sie haben größere Schwierigkeiten als Jungen, ihre Gefühle einzuordnen: 3,5 % der Mädchen, aber nur 0,3 % der Jungen sind *ambivalent* eingestellt, 7 % der Mädchen, aber lediglich 2,1 % der Jungen können ihre *eigenen Gefühle nicht deuten* und 4,7 % der Mädchen, jedoch nur 1,2 % der Jungen haben den Gedanken *nicht normal* zu sein. Jungen (7,6 %) hingegen deuten häufiger als Mädchen (3,5 %) ihre Gefühle als *Phase.*

Besonders bisexuell orientierte Mädchen fühlen sich hilflos im Erleben der eigenen sexuellen Orientierung, bei ihnen überwiegen Gefühle der Angst (»Ich will nicht so sein.« »Wie reagieren andere?«) und große Unsicherheit und Verwirrung (»Ist so etwas normal?«, »Warum bin ich so?«, »Was bin ich eigentlich?«).

Das Internet – Virtuelles Kommunikationsmedium und soziale Nutzungsgruppen

Im Kontext der sexuellen Entwicklungsaufgabe und der (sexuellen) Identitätsfindung stellt das Internet für Jugendliche eine beliebte und alternative Möglichkeit gegenüber konventionellen Informationsquellen (Bücher, Zeitschriften, Fernsehen und Radio, aber auch Eltern, Peers, Schule und Beratungsstellen) dar. Hier können Jugendliche nach grundlegenden Informationen suchen und Antworten auf zum Teil sehr spezifische und intime Fragen finden. Insbesondere viele homo- und bisexuell orientierte Jugendliche nehmen über das Internet zum ersten Mal Kontakt zu »Gleichgesinnten« auf, tauschen Erfahrungen aus und verabreden sich, mitunter auch erfolgreich.

Bei der Auseinandersetzung mit der eigenen Sexualität haben Jugendliche ein Interesse daran, Antworten auf die für sie heiklen Fragen besonders zur Homo- oder Bisexualität zu finden. Sie suchen Kontakt mit anderen homo- oder bisexuell orientierten Gleichaltrigen, um sich über den Austausch von Bewertungen und Meinungen eine eigenes Urteil bilden zu können. Die Kontakt- und Informationsmöglichkeiten für homo- oder bisexuell orientierte Jugendliche sind immer noch unzureichend. An Schulen findet die Sexualpädagogik in der Unterrichtsgestaltung nach wie vor nicht in ausreichendem Maße Platz und Raum für die Thematik. Bei der »sexuellen Orientierung besteht ein [...] Missverhältnis zwischen Bedarf und Realität« (Jugendnetzwerk Lambda Nord e.V., 1999, S. 13). Spezielle Unterrichtshilfen für den Bereich der sexuellen Orientierung sind nur sehr begrenzt bis gar nicht erhältlich. Beratungsstellen und schwul-lesbische Jugendgruppen sind vor allem in größeren Städten zu finden, ländliche Regionen sind in dieser Hinsicht immer noch benachteiligt.

Gerade für Jugendliche in der Phase der Bewusstwerdung ihrer sexuellen Orientierung ist die Hemmschwelle sehr groß, Unterstützungsangebote in Anspruch zu nehmen. Möglichkeiten der anonymen Kontaktaufnahme werden deshalb am häufigsten gesucht, insbesondere über das Internet (Jugendnetzwerk Lambda Nord e.V., 1999). Vermehrt werden deshalb Internetangebote von Informations- und Beratungsstellen für lesbische und schwule Jugendliche zur Verfügung gestellt. Auch Selbsthilfeinitiativen stellen eigene Seiten mit Informationen für Ratsuchende und Interessierte ins Internet. Daneben stellen Internetforen und Chatrooms relevante Möglichkeiten dar, sich auszutauschen und Kontakt aufzunehmen. Für Menschen mit nicht heterosexueller Orientierung und alternativen Lebensweisen ist es wichtig, den (oft verheimlichten) Selbstaspekt zunächst im Netz vor Gleichgesinnten zu präsentieren, so zu einer größeren Selbstakzeptanz zu gelangen und vielleicht auch im Alltag außerhalb des Internets ein Coming-out zu wagen (McKenna u. Bargh, 1998, zitiert nach Döring, 2004). Die Verfügbarkeit und/oder selbstverständliche Nutzung des Internet ist aber immer noch nicht für alle Jugendlichen gleichermaßen gegeben. Repräsentatives Datenmaterial zur Mediennutzung und -verfügbarkeit von Kindern und Jugendlichen bieten seit 1998 die Studien des Medienpädagogischen Forschungsverbundes Südwest mit ihren Basisuntersuchungen JIM – »Jugend, Information, (Multi-)Media« – und KIM –

»Kinder und Medien«. Die repräsentative Stichprobe der JIM-Studie 2004 umfasst 1000 Jugendliche.[3]

Internetausstattung und Nutzungsort

Die JIM-Studie (MPFS, 2004) zeigt, dass 85 % der Haushalte, in denen Jugendliche leben, mit mindestes einem Internetzugang ausgestattet sind. Bezogen auf die Haushalte, die überhaupt über einen Internetzugang verfügen, erhöht sich der Durchschnitt der Zugänge auf 1,7. Über einen persönlichen Internetzugang verfügen 28 % der Jugendlichen, aufgeteilt nach Geschlecht haben 21 % der Mädchen und 35 % der Jungen einen eigenen Internetzugang.

Weitere Aufschlüsse gibt der Ort der Internetnutzung. Laut ARD/ZDF-Online-Studie 2004 hat nahezu jeder Internetnutzer auch zu Hause einen Internetzugang und ist zumindest gelegentlich online. Von den 53 %, die außerhalb ihrer Wohnung das Internet nutzen, entfallen 41 % auf den Arbeitsplatz, 7 % sind in der Schule, 2 % an der Universität und 3 % anderweitig online (z. B. bei Freunden, im Internetcafé etc.).

Nutzungsumfang und Tätigkeiten

Als Internetnutzer gelten in der JIM-Studie Jugendliche, »die zumindest selten von Internet bzw. Online-Diensten Gebrauch machen« (MPFS, 2004, S. 5). Hinsichtlich Geschlecht, Alter und Bildungsstand ergeben sich folgende Verteilungen (Tabelle 15):

Tabelle 15: Internetnutzer – zumindest selten – JIM-Studie (nach MPFS, 2004)

Geschlecht	%	Alter	%	besuchte Schule	%
Jungen	86	12/13 Jahre	75	Hauptschule	75
Mädchen	84	14/15 Jahre	85	Realschule	84
		16/17 Jahre	88	Gymnasium	91
		18/19 Jahre	91		

Sichtbar ist ein Bildungsgefälle, nur drei Viertel der Hauptschüler, aber 91 % der Gymnasiasten gelten als Internetnutzer. Laut ARD/ZDF-Online-Studie (Eimeren

---

3 Soziodemographische Daten: Die Nutzungsgewohnheiten der Altersgruppe ab 20 Jahren sind überwiegend der ARD/ZDF-Online-Studie 2004 (Eimeren, Gerhard u. Frees, 2004) entnommen, Ergänzungen bilden die Daten des (N)Onliner Atlas 2004 (Hrsg. TNS EMNID u. D21, 2004). In die Grundgesamtheit der ARD/ZDF-Online-Studie 2004 und des (N)Onliner Altas gehen alle bundesdeutschen Erwachsenen ab 14 Jahre ein. Die für die Bundesrepublik Deutschland repräsentative Stichprobe der ARD/ZDF-Online-Studie 2004 umfasst 1002 Personen. Die Grundlage für die Ergebnisse des (N)Onliner Atlas 2004 bilden 30.096 Interviews. Die Studien stellen in unterschiedlichem Umfang die Entwicklung der Internetnutzung in Deutschland und den Umgang der Nutzer mit den Angeboten dar.

et al., 2004) nutzen 55,3 % der deutschen Erwachsenen zumindest gelegentlich das Internet. Mitte der 1990er Jahre galten die berufstätigen 20- bis 39-Jährigen mit formal hoher Bildung als Internetpioniere. Die Internetnutzung in diesen Altersgruppen hat sich in den letzten Jahren noch einmal deutlich verstärkt. Eine Ausdehnung der Internetnutzung fand vor allem auf Jugendliche unter 20 Jahren statt. Die höchste Zuwachsrate war in den letzten Jahren bei Frauen festzustellen. Jugendliche von 14 bis 19 Jahren stellen in dieser Studie mit 95 % die Gruppe mit den meisten Internetnutzern. Nach der ARD/ZDF-Online-Studie 2004 ergibt sich für Geschlecht und Alter bezogen auf eine *gelegentliche* Internetnutzung die in Tabelle 16 dargestellte Verteilung.

Tabelle 16: Internetnutzer in Deutschland ARD/ZDF-Online-Studie 2004 (nach Eimeren, Gerhard u. Frees, 2004)

Geschlecht	%	Alter	%	Tätigkeit	%
männlich	64,2	14 – 19 Jahre	94,7	in Ausbildung	94,5
weiblich	47,3	20 – 29 Jahre	82,8	berufstätig	73,4
		30 – 39 Jahre	75,9	Rentner/nicht berufstätig	22,9
		40 – 49 Jahre	69,9		
		50 – 59 Jahre	52,7		
		60 Jahre und älter	14,5		

Ergebnisse des (N)Onliner Atlas 2004 zeigen: Je höher die formale Bildung, desto höher ist auch der Anteil der Internetnutzer. Den höchsten Anteil stellen Personen mit Abitur und Fachhochschulreife (79,2 %), wenn man die Schüler mit 86,1 % nicht berücksichtigt (eine Unterteilung nach Art der besuchten Schule ist nicht gegeben). Der geringste Anteil ergibt sich bei Personen mit Volksschulabschluss ohne Lehre (19,8 %). Dasselbe gilt auch für das Einkommen, der Anteil der Internetnutzer steigt mit dem durchschnittlichen Einkommen pro Haushalt: In Haushalten mit bis zu 1.000 Euro pro Monat liegt der Anteil der Internetnutzer bei nur 29,7 %, bei 1.500 bis 2.000 Euro pro Monat bei 49,2 % und steigt bei über 3.000 Euro pro Monat auf 77,5 %. Eine Unterscheidung der Internetnutzer im (N)Onliner Atlas 2004 nach der Größe der Gemeinden ergibt eher geringfügige Unterschiede und damit ein leichtes Stadt-Land-Gefälle.

Nutzungsfrequenz und Verweildauer

Die JIM-Studie (MPFS, 2004) zeigt, dass die jugendlichen Internetnutzer unterschiedliche Nutzungsmuster aufweisen (siehe Tabelle 17). Mehr als die Hälfte der Jugendlichen sind täglich oder mehrmals pro Woche online, ein Viertel nutzt das Internet nur wöchentlich bzw. mehrmals pro Monat, 18 % verwenden nur sporadisch – einmal im Monat oder seltener – das Internet. Insbesondere Jüngere und Jugendliche mit formal geringer Bildung weisen eine unterdurchschnittliche Nutzungsfrequenz auf. Die tägliche Internetnutzung bzw. mehrmals pro Woche findet

Tabelle 17: Internet Nutzungsfrequenz JIM-Studie, (N = 850) (nach MPFS, 2004)

	täglich/ mehrmals pro pro Woche	einmal pro Woche/ mehrmals pro Monat	einmal pro Monat	seltener
Geschlecht in %				
Jungen	61	20	8	12
Mädchen	56	27	5	12
Altersgruppen in %				
12/13 Jahre	39	31	12	19
14/15 Jahre	63	20	8	9
16/17 Jahre	61	24	5	11
18/19 Jahre	66	21	2	12
Schulform in %				
Hauptschule	46	25	8	21
Realschule	54	24	8	14
Gymnasium	67	22	5	7

am häufigsten von zu Hause aus statt (59 %). Weniger relevante Nutzungsmöglichkeiten stellen die Schule (12 %) und Freunde (9 %) dar.

Auch hier wird ein deutliches Bildungsgefälle sichtbar. Jugendliche, die eine Hauptschule besuchen bzw. besucht haben, geben nur zu 42 % an, regelmäßig von zu Hause aus zu surfen. Bei den Realschülern sind es mit 54 % mehr als die Hälfte und bei den Gymnasiasten 70 %, die von zu Hause das Internet nutzen.

Art der Nutzung

Für Jugendliche ist das Internet vor allem Kommunikationsmedium (siehe Tabelle 18). 44 % der Jugendlichen geben an, mindestens mehrmals pro Woche E-Mails zu senden oder zu empfangen, ein Viertel nutzt mit der gleichen Intensität Instant Messenger[4] und jeder fünfte Jugendliche sucht regelmäßig einen Chatroom auf. Für ein knappes Drittel ist das Internet ein bedeutsames Medium, um nach spezifischen Informationen zu suchen. Mit Ausnahme der E-Mail-Kommunikation nutzen Mädchen das Internet nicht nur generell etwas weniger intensiv als Jungen, sondern auch selektiver (MPFS, 2004).

Bei den Jüngeren steht noch stärker die Kommunikationsmöglichkeit im Vordergrund, während von Älteren das Internet deutlich stärker als Recherche- bzw. Informationsmedium genutzt wird. Gymnasiasten bewegen sich mit einer ausgeprägteren Bandbreite durch das Netz als Hauptschüler und nutzen das Internet

---

4 Instant-Messaging ist ein Dienst, der es erlaubt, mittels eines Klientprogramms, dem Instant Messenger, in Echtzeit zu chatten, kurze Nachrichten an andere Teilnehmer über ein Netzwerk (meist Internet) zu schicken oder Dateien auszutauschen (wikipedia, Herbst 2004).

Tabelle 18: Auswahl Internetaktivitäten täglich mehrmals pro Woche JIM-Studie, (N = 850) (nach MPFS, 2004)

	E-Mail	Informations-suche	Instant-Messaging (z. B. ICQ)	Chat über Webseiten (Browser)
Geschlecht in %				
Jungen	43	39	30	21
Mädchen	46	31	21	18
Schulform in %				
Hauptschule	27	21	13	23
Realschule	40	30	22	22
Gymnasium	54	37	35	17

nicht nur als Kommunikationsmedium, sondern auch als Informationsmedium (MPFS, 2004).

Auch in der ARD/ZDF-Online-Studie 2004 wird deutlich, dass das Internet von vielen vorwiegend zur Kommunikation verwendet wird. Besondere Bedeutung kommt dabei der E-Mail-Kommunikation zu. Für viele Internetnutzer stellt sie nicht nur den Einstieg ins Internet dar, vielmehr ist das Versenden und Empfangen von E-Mails bei den meisten inzwischen fester Bestandteil des Alltags. Das Internet als Informationsquelle ist sekundär. In einem längerfristigen Vergleich zeigt sich, dass die Mehrheit der Anwender ein deutlich eingeschränkteres Nutzungsspektrum als in den vorherigen Jahren aufweist. Dies gilt in besonderem Maße für die interaktiven Möglichkeiten des Internets. Die Teilnahme an Gesprächsforen, Newsgroups und Chats ist, außer bei den Jugendlichen im Alter von 14 bis 19 Jahren, weiter rückläufig.

Die 14- bis 19-Jährigen bilden in der ARD/ZDF-Online-Studie die Gruppe mit der größten Kommunikations- und Experimentierfreude. Von ebenso großer Relevanz wie die E-Mail-Kommunikation (72 %) ist für sie das Surfen im Netz (67 %). Die Hälfte der befragten Jugendlichen gibt an, *zielgerichtet bestimmte Angebote zu suchen*, während 45 % der Jugendlichen Gesprächsforen, News-groups und Chats im Internet aufsuchen. Der routinemäßige Zugriff auf Suchmaschinen stellt für 74 % der Onlinenutzer die zentrale Zugangsquelle dar (Eimeren et al., 2004).

Themeninteressen und Informationsquellen

Die JIM-Studie (MPFS, 2004) untersuchte auch, welchen Stellenwert das Internet bei der Informationssuche neben anderen Medien wie Fernsehen, Radio, Tageszeitung, Zeitschriften und Bücher hat, insbesondere bei Themen, die für Jugendliche von besonderem Interesse sind. Den Jugendlichen wurden dabei insgesamt 20 verschiedene Bereiche vorgegeben. Die wichtigste Informationsquelle, um Neues über für sie interessante Themen zu erfahren, stellt für Jugendliche das Internet dar.

Unter den vorgegebenen Themen nimmt der Bereich *Freundschaft* sowohl bei Jungen (94 %) als auch bei Mädchen (97 %) den ersten Platz ein, gefolgt von *Musik, Ausbildung/Beruf* und *Liebe/Partnerschaft*. Ein Vergleich der 12- bis 13-Jährigen mit den 18- bis 19-Jährigen zeigt, dass sich das Interesse vor allem im Bereich *Liebe und Partnerschaft* für beide Geschlechter zusammen von 51 % auf 80 % erhöht. Während die Bereiche *Musik* und *Ausbildung/Beruf* zu den Themen gehören, über die sich eine große Mehrheit der Jugendlichen (bei der Angabe der Informationsquelle wird nicht nach Geschlechtern differenziert) im Internet informiert, dienen bei den Themen *Freundschaft* (28 %) und *Liebe/Partnerschaft* (32 %) an erster Stelle die Zeitschriften als Ratgeber, dicht gefolgt vom Internet (21 % und 24 %).

Onlinenutzungsdifferenzen und Aneignungsstrukturen von Jugendlichen

Eine differenziertere und tiefer gehende Sicht auf die Internetnutzung bezogen auf die Frage digitaler Ungleichheit im Sinne sozialer Unterschiede und Ungleichheiten liefern Untersuchungen des Kompentenzzentrums Informelle Bildung der Universität Bielefeld (KIB) (Iske, Klein u. Kutscher, 2004; Otto, Kutscher, Klein u. Iske, 2004). Ausgehend von der These, dass soziale Strukturen die Art und Weise beeinflussen, wie junge Internetnutzer in der Lage sind, das Internet zu nutzen, untersuchte das KIB mit Hilfe von qualitativen und quantitativen empirischen Studien die unterschiedlichen Präferenzen, Gewohnheiten, Erfahrungen und Probleme bei der Nutzung des Internets von Jugendlichen im Alter von 14 bis 24 Jahren.

In der Studie von Iske et al. (2004), beruhend auf einer schriftlichen Befragung von 360 Jugendlichen zwischen 14 und 24 Jahren in zwei Wellen, zeigte sich hinsichtlich der Nutzung von E-Mails ein starker Zusammenhang zwischen E-Mail-Nutzung und formalem Bildungshintergrund.[5] Zwar geben knapp 60 % aller Befragten dieser Untersuchung an, im Internet »häufig« bzw. »sehr häufig« E-Mails zu verschicken, was dem gängigen Bild der häufigen Nutzung des Internet als Kommunikationsmedium entspricht. Eine Analyse unter der Perspektive des formalen Bildungshintergrunds zeigt aber deutliche Differenzen zwischen den Jugendlichen. Eine »sehr häufige« Nutzung des Internets zum Versenden von E-Mails geben 22 % der Haupt- und Sonderschülern und 24 % der Gesamt- und Realschülern an. Der Anteil der Gymnasiasten liegt in dieser Gruppe mit 50 % wesentlich höher. Darüber hinaus ist besonders der vergleichsweise sehr hohe Anteil von 30 % der Haupt- und Sonderschülern auffällig, die das Internet »nie« zum Versenden von E-Mails benutzen, bzw. das Versenden von E-Mails »nicht kennen« (9 %). Die Hypothese des Zusammenhangs zwischen der generellen Verfügung über eine E-Mail Adresse und dem formalen Bildungshintergrund, die im

---

5 Das Merkmal »Bildungshintergrund« setzt sich zusammen aus dem »derzeit besuchten Schultyp« bzw. dem höchsten erreichten »Schulabschluss« (Iske et al., 2004).

Rahmen qualitativer Interviews entwickelt wurde (vgl. Otto et al., 2004), wird vor allem durch die Nicht-Nutzung gestützt.

Ein ähnliches Gefälle ergibt sich bei der Analyse der Informationssuche. Einem Anteil von 42 % der Gymnasiasten, die »sehr häufig« nach Informationen suchen, stehen 19 % der Haupt- und Sonderschüler und 29 % der Realschüler gegenüber. »Selten« bzw. »nie« nach Informationen zu suchen, geben 45 % der Sonder- und Hauptschüler bzw. Personen mit niedrigem Bildungsstand an, aber nur 14 % der Gymnasiasten und Personen mit formal höherem Bildungsstand. Speziell bei der Registrierung auf Seiten von Internetforen bestehen Nutzungsdifferenzen im Zusammenhang mit dem Bildungshintergrund: 41 % der Sonder- und Hauptschüler registrieren sich generell »nie« auf Internetseiten, bei den Gymnasiasten sind es nur 17 %. Die jugendlichen Internetnutzer mit formal höherem Bildungsgrad nehmen eher an Abstimmungen teil, stellen schneller Kontakt über Gästebücher her, veröffentlichen häufiger eigene Beiträge oder verfassen Beiträge in Foren und registrieren sich eher auf Seiten als Internetnutzer mit einem formal niedrigeren Bildungsgrad.

Eine Auswertung von rund 50 qualitativen Interviews in öffentlich geförderten Jugendeinrichtungen mit Jugendlichen im Alter zwischen 14 und 23 Jahren[6] weist darauf hin, dass das Aufsuchen von Chatrooms häufig den Ausgangspunkt der Onlinenutzung Jugendlicher bildet (Otto et al., 2004). Auch hier werden weitergehende Unterschiede zwischen den Jugendlichen hinsichtlich des formalen Bildungshintergrundes sichtbar. Jugendliche mit formal höherem Bildungshintergrund haben mit chatten begonnen, finden es aber zunehmend langweilig und erschließen sich weitere Internetseiten und Nutzungsweisen. Jugendliche mit formal niedrigem Hintergrund bleiben beim Chatten als Hauptnutzung. Einige von ihnen kennen trotz einer Nutzungserfahrung von zwei Jahren keine anderen bzw. weitere Internetseiten. Bei manchen Befragten konnte bei dem Versuch der Erschließung einer neuen Chatseite mit scheinbar übersichtlichem Ausbau eine völlige Orientierungslosigkeit beobachtet werden. Iske et al. (2004) sehen dies in Unterstützungsnetzwerken wie Familie und Peers sowie in »Bildungswerten« und »Bildungsgewohnheiten« der sozialen Umgebung begründet. Nutzungsmotivationen, die im Alltag im Vordergrund stehen, spielen auch im Internet (online) eine wichtige Rolle und setzen sich dort fort. Die Berichte der Jugendlichen zu ihrer Nutzungsmotivation unterscheiden sich in Abhängigkeit von ihrem Bildungsgrad. Während die Jugendlichen mit formal niedrigerem Bildungsgrad vorwiegend als Ausgangspunkt für die Internetnutzung »Zeit vertreiben«, »Langeweile vertreiben« und »Spaß haben« angeben, stellen für Jugendlichen mit formal höherem Bildungshintergrund neben der Unterhaltung auch die Informationssuche Gründe für die Internetnutzung dar. Diese Unterschiede in der Motivation beeinflussen den Umgang mit Nutzungsproblemen. Die Bereitschaft, sich mit Problemen beim Verständnis von Inhalten oder Angebotsstrukturen auseinanderzusetzen, ist weniger hoch, wenn eher der Unterhaltungsfaktor als die Informationssuche im Vorder-

---

6 Ein Großteil der Stichprobe waren vor allem Sonder-, Hauptschüler und Realschüler, häufig mit Migrationshintergrund, und wenige Gymnasiasten.

grund steht. Daraus resultiert nicht nur eine Beeinflussung von Information und Wissen, sondern auch eine Auswirkung auf die Beteiligungsweisen der Jugendlichen im Internet.

Besonderheiten der computervermittelte Kommunikation

Die Attraktivität des Internets als Kommunikationsmedium führt zur Frage nach Besonderheiten der überwiegend textbasierten computervermittelten Kommunikation (CvK bzw. CMC: »computer-mediated communication«) insbesondere gegenüber der Face-to-Face-Kommunikation, aber auch Telefon-, Telefax- oder Briefkommunikation. Diese theoretisch erklärbaren und empirisch belegten Besonderheiten laufen keinesfalls darauf hinaus, »[...] dass computervermittelte Kommunikation grundsätzlich unpersönlich, entmenschlicht oder emotionslos ist« (Döring, 2004, S. 771). Nach Döring (2004) ist eher das Gegenteil der Fall: Über die Möglichkeit, zu jeder Zeit mit anderen niedrigschwellig schriftlich Kontakt aufzunehmen, entstehen nicht selten intime und hochemotionale Situationen. Die sozioemotionalen Dimensionen des Internets beschreiben umgangssprachlich die »menschlichen« Aspekte bei der Mediennutzung. Das Spektrum der aus den Kommunikationsbedingungen des Internet resultierenden sozioemotionalen Phänomene ist breit gestreut: Es schließt Cyberliebe ebenso wie virtuelle Normverletzung, Online-Selbsthilfe ebenso wie so genannte Internetsucht ein. Der sozioemotionalen Internetnutzung (»socio-emotional Internet use«) in überwiegend *informellen Kontexten* wird die informations-, sach- und aufgabenbezogene Internetnutzung (»task-oriented/task-related Internet use«) in *formalen Nutzungskontexten* (z. B. erfolgreiches interaktives Lernen oder Wissenskommunikation) gegenübergestellt.

Da nicht nur das Sozioemotionale, sondern auch die Internetnutzung einen weiten Sammelbegriff darstellen, fehlt eine trennscharfe und erschöpfende Klassifikation der Forschungsthemen in diesem Gegenstandsbereich (Döring, 2004). Eine wichtige Differenzierung stellt zunächst die Abgrenzung der *nichtsozialen Internetdienste* (keine zwischenmenschliche computervermittelte Kommunikation, sondern Mensch-Computer-Interaktion) von *sozialen Internetdiensten* dar. Die sozialen Internetdienste können nun wiederum in *zeitgleiche* bzw. synchrone (z. B. Chats, Avatar-Welten) und *zeitversetzte* bzw. asynchrone (z. B. E-Mails, Online-Foren) unterteilt werden.

Die zeitversetzte Netzkommunikation, ein Merkmal der Online-Foren, zeichnet sich dadurch aus, dass die Botschaften gespeichert werden und von anderen Kommunikationspartnern zu einem selbst gewählten Zeitpunkt gelesen und in Ruhe durch eine private E-Mail oder öffentliche Diskussionsbeiträge beantwortet werden können. Komplizierte Sachfragen können so detailliert und zusammenhängend erläutert werden. Gegenüber der zeitgleichen Netzkommunikation entfällt hier die Spontaneität des gleichzeitigen Erlebens und nicht selten erfolgt eine Antwort erst Stunden oder Tage später. Ein quasi-zeitgleicher Dialog ist aber durch unmittelbares Antworten ebenso möglich. Neben dem gewählten Internetdienst nennt Döring (2004) als entscheidende Faktoren dafür, ob und wie persönlich man sich computervermittelt äußert, den thematischen Fokus sowie Größe und Zusammensetzung des Teilnehmerkreises.

Hierbei wird deutlich, dass eine Unterscheidung allein nach Internetdiensten, Kommunikationsthemen und Teilnehmerkreisen Pauschalaussagen über sozioemotionale Aspekte »der« Internetnutzung nicht sinnvoll erscheinen lassen. Kurzfristige Effekte und langfristige Folgen computervermittelter Kommunikation hängen davon ab, aus welchen Beweggründen welche Variante der CvK im Einzelnen zum Einsatz kommt und nach welchen Regeln sie gestaltet wird. Eine intensive und vielfältige Nutzung der Computernetze kann mit entscheidenden Veränderungen der gesamten Lebenssituation einhergehen: Einerseits mit Veränderungen herkömmlicher Identitäten, sozialer Beziehungen und Gruppen und andererseits können sich Menschen erstmals im Netz begegnen und damit auf »[...] *genuin neue* – primär auf digitalem Text basierende – Art und Weise Identitäten darstellen, soziale Beziehungen entwickeln und Gemeinschaften bilden« (Döring, 2000a, S. 380). Von den sozioemotionalen Dimensionen werden insbesondere der Umgang mit Identitäten und die Bildung von Netzgemeinschaften und Teilgruppen der »Netzgemeinde« im Folgenden genauer betrachtet.

Internetnutzung – Die Veränderung bestehender und die Entwicklung neuer Identitäten

Bei der Betrachtung von Identitäten im Internet müssen zwei Phänomene genannt werden: die *Anonymität*, das heißt das Verbergen der wirklichen Identität, und die *Simulation*, das heißt das Annehmen fiktiver Identitäten. Personen bewegen sich im Internet nicht automatisch anonym. Die Netzkommunikation spielt sich vorwiegend zwischen Personen ab, die wechselseitig ihre Identitäten kennen bzw. zu erkennen geben. Anders und besser aber als in Face-to-Face-Situationen können Personen im Internet Anonymität bewusst herstellen, vorausgesetzt, es wird von der Person selbst gewünscht und die konkrete Kommunikationssituation erlaubt es auch. Das zeitweise oder dauerhafte Verbergen der Identität muss nicht gleichbedeutend sein mit Unehrlichkeit, Lüge oder Täuschung. Oft ist Anonymität auch die Voraussetzung dafür, sich anderen Menschen besonders offen und unbefangen zu nähern. Menschen, die in CvK anders agieren und erscheinen als offline, verbergen nicht notwendiger Weise ihr »wahres Ich« hinter einer Maske. Vielleicht nutzen sie die Chance, Selbstaspekte zum Ausdruck zu bringen, die im realen Alltag zu kurz kommen oder gar verheimlich werden müssen, dies trifft insbesondere auf Jugendliche im Prozess des inneren Coming-out zu.

Die Definition von Identitäten (vgl. Döring, 2000a, 2003, 2004) meint hier relevante Selbst- bzw. Teilaspekte der Persönlichkeit, die im Spannungsfeld von Eigen- und Fremdperspektive kontextspezifisch ausgebildet und aktiviert werden und situativen und biographischen Veränderungen unterliegen. Aus dieser aktuellen sozialpsychologischen Sicht umfasst das Selbst kognitive, emotionale und handlungsbezogene Komponenten. Selbstbezogene Inhalte strukturieren sich kontext-bezogen in so genannte Selbstaspekte (z. B. Selbst als Tochter, Selbst als Schwuler, Selbst als Deutscher, Selbst als Schüler), die sich in ihrer subjektiven Bedeutsam-keit unterscheiden (z. B. Selbst als Lesbe versus Selbst als Tochter). Diese sub-jektiv wichtigen Selbstaspekte lassen sich als Teil-Identitäten auffassen, die der Identitätsarbeit unterliegen. Neben der innerpsychischen Dimension spielt auch die interpersonale Dimension eine wichtige Rolle: Ob und wie andere Personen die dargestellten eigenen Selbstaspekte wahrnehmen und bewerten. Aus dieser Perspektive verfügen Menschen nicht nur über eine »wahre Identität«, sondern über eine Vielzahl von gruppen-, rollen- oder tätigkeitsbezogenen Identitäten (z. B. Geschlechtsidentität, Berufsidentität oder sexuelle Identität). Das heißt, Identität ist keine statische Einheit, sondern eine dynamische, multiple Struktur, die sich lebenslang entwickelt. Bestehende Identitäten einer Person können durch Netzak-tivitäten beeinflusst werden. In Abhängigkeit von Motivation und Kompetenz des jeweiligen Internetnutzers kommt es sowohl zu einer selektiven Aktivierung als auch zu einer modifizierten Darstellung bestimmter Identitäten (Döring, 2000a, 2004).

In computervermittelter Kommunikation haben Menschen, die zum ersten Mal im Netz Kontakt aufnehmen, deutlich weniger Informationen als in Face-to-Face-Situationen. Es besteht sogar die Möglichkeit, gänzlich anonym zu bleiben und für sein Verhalten nicht verantwortlich gemacht werden zu können. Bezogen auf die Identitätsarbeit besteht hier eine Situation, die Menschen in einen Zustand der Deindividuation geraten lässt. Der Wahrscheinlichkeit dieses unerwünschten Phänomens widerspricht das Social Identity and Deindividuation Model (SIDE-Modell) von Spears und Lea (1994, zitiert nach Döring, 2000a). Laut diesem Modell sind im Netz vor allem die individuellen Besonderheiten im Verhalten und in der Ausstrahlung von Personen herausgefiltert, weil sie hier nicht wahrnehmbar sind. Demzufolge orientieren sich die Beteiligten im Netzkontext stärker an sozialen Identitäten und folgen der Gruppennorm.

Inwieweit diese stärkere Akzentuierung von Identitäten sich im spezifischen Fall positiv (z. B. besserer Gruppenzusammenhalt) oder negativ (z. B. Stereotypi-sierung) auswirkt und inwieweit es zu Effekte der Deindividuation oder Identitäts-akzentuierung kommt, ist abhängig von Art und Zweck der computervermittelten Kommunikation. Nach dem Modell der sozialen Informationsverarbeitung (Wal-ther, 1992, 1996, zitiert nach Döring, 2000b) ermöglicht eine effektive Kompensa-tion von Informationsdefiziten, die durch die mediale Einschränkung entstehen, und/oder bewusste Herstellung von Imaginationsprozessen auch im Internet die Vorstellung eines differenzierten Bildes der anderen Kommunikationspartner bzw. eine Darstellung der eigenen unterschiedlichen Facetten. Die mediale Kommu-nikation ist laut dieses Modells nur dann verarmt, wenn die Beteiligten nicht über genügend Zeit und Kompetenz verfügen, um die medienspezifischen Aus-drucksmöglichkeiten aktiv im Sinn befriedigender Kommunikation auszuschöp-fen.

Die Realisierung von einer bereits im Offline-Leben etablierten Identität erwei-tert die Möglichkeiten, soziale Bedürfnisse nach Zugehörigkeit, Anerkennung,

Unterstützung und Selbstwerterhöhung zu befriedigen. Als Beispiel mögen hier Internetforen dienen, in denen die Weitergabe von spezifischen Lebenserfahrungen gefragt ist (Erfahrungen mit spezifischen Krankheiten und dem Umgang damit, Drogenkonsum, Kindererziehung, sexuelle Orientierung etc.). In öffentlichen Netzforen mit einem ständigen Zustrom von Neulingen und einem Kern ernsthaft Interessierter bestehen weit mehr Möglichkeiten des Erfahrungsaustausches und der Thematisierung bestimmter Selbstaspekte als im begrenzten lokalen Umfeld. Auch können innerhalb des Internets eher Themen angesprochen werden, »über die man sonst so nicht spricht«. In den klassisch definierten Bereichen (wie Schule, Familie, Peers) gelten bei der Auseinandersetzung mit der eigenen Sexualität, mit sexuellen Fragen, Problemen und Wünschen andere Regeln darüber, was als kommunizierbar und legitim angesehen werden kann und was nicht.

Das Internet kann unter bestimmten Umständen auch die Entwicklung neuer Identitäten fördern. Ob eine Identität ausgebildet wird, hängt nicht nur von der subjektiven *Relevanz* des Sachverhalts ab, sondern auch von der *Valenz* (Döring, 2000a). Insbesondere gesellschaftlich abgelehnte Attribut- oder Merkmalsausprägungen führen bei subjektiver Relevanz zu einer mit Scham- und Schuldgefühlen besetzten Identität, die nicht selten eine Selbstverleugnung bewirken. Bei stigmatisierten Identitäten (Frable, 1993, zitiert nach Döring 2000a) können die ihnen zugrunde liegenden Attribute *unauffällig* (z. B. Identität als Homosexueller, als HIV-Positive) oder *auffällig* sein, und damit für andere ständig salient werden (z. B. als Rollstuhlfahrer, als Taubstumme). Solche stigmatisierten Identitäten gehen *intrapersonal* häufig einher mit aversiven Gefühlen der Isolation, des Andersseins, der Einsamkeit und der Wertlosigkeit. Aus der *interpersonalen* Perspektive werden die Betroffenen anders behandelt, erfahren negative Bewertungen und eine mehr oder minder subtile oder offensichtliche soziale Ausgrenzung. Im Sinne einer defensiven Selbstdarstellung werden stigmatisierte Identitäten gegenüber der gesamten oder Teilen der Umwelt verheimlicht (Doppelleben).

Eine positive Entwicklung können zum Beispiel homosexuell orientierte Jugendliche im Kontakt mit Gleichgesinnten erfahren, die dem gesellschaftlich abgewerteten Selbstaspekt das Stigma nehmen und ihn darüber hinaus mit positiven Gefühlen von Stolz und Unabhängigkeit konnotieren. Neben Büchern, Fernsehreportagen, Interviews und Talkshows, die Identifikationspersonen sichtbar werden lassen, liefern Netzforen die Chance, Gleichgesinnte auf einer medialen Plattform zu beobachten und darüber hinaus selbst am sozialen Austausch mit ihnen zu partizipieren, Stellung zu beziehen, Unsicherheiten und Problem zu diskutieren und Kontakte zu knüpfen. Bezogen auf die homophoben Tendenzen in der Gesellschaft ist das Internet als Hilfestellung beim Erwerb einer neuen sexuellen Identität heute deshalb so wichtig, weil es für viele Menschen die erste (und zunächst einzige) Anlaufstelle darstellt. Netzerfahrungen bieten damit die Chance, Selbstvertrauen zu entwickeln, Selbstwirksamkeit zu erleben, vielleicht von einem Erfahrungstransfer zu profitieren und auch im Alltag außerhalb des Netzes ein Coming-out zu wagen.

Netzgemeinschaften

Im Internet konstituieren sich neben dyadischen Beziehungen auch größere soziale Gruppen, die häufig als »virtuelle Gemeinschaften« bezeichnet werden (Döring, 2004). Durch die überwiegend computervermittelte Kommunikation[7] an einem virtuellen Ort, zum Beispiel in Newsgroups, in Chatrooms oder Mailinglisten, lernen sich die Mitglieder über diese wiederholten Kontakte kennen, entwickeln Gefühle füreinander, unterstützen sich durch diverse Hilfeleistungen, verwickeln sich in Konflikte und Machtkämpfe oder vertreiben sich miteinander die Zeit.

Online-Foren wie Newsgroups, Mailinglisten und Newsboards stellen dabei nur die technische Infrastruktur dar bzw. den virtuellen Ort (Döring, 2004). Die virtuelle Gemeinschaft entsteht durch ihre Zielsetzung, ihre Kommunikationskultur und Rollenverteilung. Sie bleibt als Institution auch dann erhalten, wenn einzelne Mitglieder ausscheiden oder neue hinzukommen. Wie auch offline ist die Netzgemeinschaft gekennzeichnet durch soziale Strukturierungen, in denen Macht, Status, Normen und Regeln eine Rolle spielen. Die virtuellen Gemeinschaften lassen sich unter anderem danach unterscheiden, in welchem Internetdienst sie sich etablieren, mit welchen Themen und Aufgaben sie sich beschäftigen oder welchen Stellenwert sie im Leben ihrer Mitglieder einnehmen. Die Mitglieder können lokal, national oder global verstreut sein. Durch die Verwendung einer Landessprache entstehen meist nationale Begrenzungen.

Es werden räumliche Grenzen überwunden und zumindest potentiell sind häufiger Menschen und Themen verfügbar als im realen Leben. In der Regel basieren diese »Communities of Choice« auf geteilten inhaltlich-thematischen Interessen. Die Beteiligten tauschen sich aus und unterstützen sich emotional. Es eröffnen sich Gelegenheiten zur Selbstoffenbarung, die nicht durch Diskriminierungen des realen Lebens belastet sind.

Typen von Internetnutzern und Nutzungsstile

Die Besonderheiten der Identitäts-, Beziehungs- und Gemeinschaftsbildung im Internet gehen nicht nur auf die des Mediums, sondern auch auf die der Nutzer zurück. Die Gemeinde im Internet unterscheidet sich in soziodemographischer Hinsicht, sie weist aber auch diverse Teilgruppen auf, deren Nutzungsverhalten markant variiert (Döring, 2000a). Die drei folgenden Nutzertypen bzw. Nutzungsstile sind nicht nur für die Forschung von Bedeutung, sondern werden auch in netzinternen und -externen Diskussionen häufig angesprochen: Newbie versus Oldbie, Lurker versus Poster, Light User versus Heavy User.

Die Bezeichnungen *Newbie* versus *Oldbie* stehen für Internetanfänger bzw. Netzneulinge und fortgeschrittene Internetnutzer und werden auf den Dimensionen Netzerfahrung und Netzkenntnisse unterschieden. Personen, die gerade erst ange-

---

7 Unter Umständen wird die Kommunikation zwischen einzelnen Personen im Netz durch Telefonate, Briefe und/oder persönliche Treffen ergänzt.

fangen haben, dass Internet zu erforschen, sind oftmals nicht nur sehr euphorisch, sondern naturgemäß auch ahnungslos. »Sie haben viele Fragen und machen viele Fehler, etwa indem sie die sozialen Regeln im Netz verletzen« (Döring, 2000a, S. 405). Die fortgeschrittenen Internetnutzer zeigen in der Regel ein selektives Nutzungsverhalten, verbringen weniger Zeit im Netz, müssen nicht mehr alles sehen, was angeboten wird, nutzen Suchstrategien und greifen bei der Informationssuche eher auch auf konventionelle Quellen wie Bibliotheken oder Fachleute zurück. Sie haben ein routiniertes Nutzungsverhalten und eine pragmatische Einstellung zum Medium Internet entwickelt. Für die netzbezogenen Aneignungsprozesse, die überwiegend als selbst gesteuerte Lernprozesse ablaufen, ist dieser Phasenverlauf vom Novitätseffekt zur Routine typisch.

Unter *Lurker* versteht man den passiven bzw. rezeptiven Netznutzer von Internetforen, der liest, was andere – die produktiven *Poster* – schreiben, oder er kopiert (Programme und Bilder), was andere bereitstellen. Das Verhältnis von produktiven zu rezeptiven Internetnutzern ist stark kontextabhängig: Schätzungen beziffern den Anteil von Lurkern beispielsweise für Newsgroups auf 25 % (Wetzstein et al., 1996, zitiert nach Döring, 2000a) und für das Web auf 65 % (Barth et al., 1996, zitiert nach Döring, 2000a). Die für die Unterschiede wahrscheinlich verantwortlichen Faktoren sind auf unterschiedlichen Dimensionen zu finden. Döring (2000a) nennt Persönlichkeitsdisposition, Netzerfahrung und auch Geschlecht. Bisher fehlen systematische Informationen zu Determinanten und Konsequenzen des Lurkers, da Lurking nicht öffentlich beobachtbar ist und Nutzungsstile insgesamt wenig erforscht sind. Für Jugendliche, die sich ihrer eigenen sexuellen Orientierung noch unsicher sind, kann aber diese rezipierende, informierende Nutzung den ersten Schritt darstellen. Sie haben die Möglichkeit, anonym zu lesen, was andere Jugendliche fragen und antworten, und können schauen, was andere Jugendliche bewegt und ob das mit ihren eigenen Fragen und Interessen, Problemen und Wünschen zusammenhängt. Vielleicht wagen sie es im zweiten Schritt, selbst zu posten. Die Unterscheidung *Light User* versus *Heavy User* erfolgt auf der zeitlichen Dimension. Die Interpretation zeitintensiver Beschäftigung ist sehr unterschiedlich. Es kann sich um einen vorübergehenden Novitätseffekt handeln, um eine Phase im biographischen Entwicklungsprozess, zum Beispiel die Phase des inneren Coming-out, um eine persönliche Präferenz im Sinne eines Hobbys, um die Kultivierung eines Lebensstils, um eine berufliche Notwendigkeit, um einen Effekt von Flow-Erleben, um eskapistisches Verhalten und um Abhängigkeit und Sucht (Döring, 2000a).

Fragestellung

In der im Folgenden vorgestellten Untersuchung soll die für die Entwicklung der sexuellen Identität wichtige Aufgabe der Integration der eigenen sexuellen Orientierung in das Selbstbild bei homo- oder bisexuell orientierten Jugendlichen und jungen Erwachsenen untersucht werden. Hervorgehoben wurde bereits, mit welchen neuen Entwicklungsaufgaben sich Jugendliche unabhängig von ihrer sexuellen Orientierung im Kontext des Bewusstwerdens der eigenen sexuellen Gefühle und Reaktionen konfrontiert sehen (Trautner, 2002). Es soll herausgearbeitet werden, welche Themen im Prozess des Bewusstwerdens der eigenen Gefühle bezogen auf das gleiche oder andere Geschlecht (inneres Coming-out) und bei der (erneuten) Auseinandersetzung mit der eigenen sexuellen Orientierung für homo- und bisexuellen Jugendlichen und jungen Erwachsenen von zentraler Bedeutung sind und inwieweit sich der Einfluss homophober Einstellungen auf die Identitätsbildung in diesen Themen widerspiegelt. Als Indikator für das Erleben des Bewusstwerdens der eigenen Gefühle werden die Gedanken der Jugendlichen und jungen Erwachsenen verstanden, die diesen Prozess des inneren Coming-out begleiten. Die Grundlage bilden selbstverfasste Beiträge von Jugendlichen und jungen Erwachsenen einer Diskussionsplattform mit dem thematischen Schwerpunkt des Coming-out über ihr Erleben ihrer sexuellen Orientierung und dem damit verbundenen wachsenden Identitätsgefühl. Das qualitative Vorgehen ermöglicht, die unterschiedlichen Entwicklungsverläufe und Themen aus der Sicht der Jugendlichen detailliert darzustellen. Auch lassen sich so Hinweise auf möglicherweise verzögerte oder unter Umständen nicht stattfindende Entwicklungsschritte feststellen und Vergleiche anstellen, inwieweit diese selbst formulierten individuellen Entwicklungsverläufe mit bestehenden Stufen- und Phasenmodellen übereinstimmen (vgl. Cass, 1979, zitiert nach Fiedler, 2004).

Welche Daten wurden wie ausgewertet?

Die Datengrundlage bilden selbstverfasste Beiträge von Jugendlichen und jungen Erwachsenen über ihr Erleben der eigenen sexuellen Orientierung und dem damit verbundenen wachsenden Identitätsgefühl. Die Beiträge sind eine Auswahl von so genannten Postings aus einem von Watzlawik (2003) eingerichteten Diskussionsforum im Internet, das seit Januar 2001 besteht. In diesem Diskussionsforum haben vor allem Jugendliche, die sich ihrer sexuellen Orientierung noch unsicher sind, die Möglichkeit, frei und offen über das sehr intime Thema der sexuellen Orientierung und den damit verbundenen Problemen und Unsicherheiten zu sprechen bzw. zu schreiben. Schwierigkeiten bei der sexuellen Identitätsfindung können hier von den Forumsbesuchern aus ihrer eigenen Sicht dargestellt und vorgebracht werden. Die Jugendlichen und jungen Erwachsenen formulieren selbst, wie sie ihre eigene sexuelle Orientierung und das damit verbundene wachsende Identitätsgefühl erleben. Die Teilnahme ist anonym, das heißt, die Teilnehmer können über ein selbst gewähltes Pseudonym, dem so genannten »nick (name)« (engl. Spitzname), an der Diskussion teilnehmen. Rückschlüsse auf Geschlecht, Alter, Bildungsstand, Herkunft sind somit nicht gegeben. Einzig die Beiträge der Jugendlichen selbst lassen Rückschlüsse auf Alter und Geschlecht zu, wenn diese explizit genannt sind. Die Diskussionsteilnehmer haben die Möglichkeit, einen eigenen Beitrag in das Netz zu stellen oder auf Anfragen anderer Teilnehmer zu antworten. Beiträge, die

Teilnehmer ins Forum stellen, werden von ihnen selbst mit einem eigenen *Titel* versehen, diese Beiträge werden bei Veröffentlichung im Forum mit einem über ein Programm selbst generierten Anhang versehen, der Datum und Uhrzeit des Veröffentlichungszeitpunkts umfasst. Über Titel, »nick name« und Zeitangabe sind die Beiträge im Diskussionsforum gespeichert und können von anderen jederzeit aufgerufen und gelesen und/oder beantwortet werden.

Das Diskussionsforum ist mittlerweile unter www.und-ich-dachte.de/forum mit dem Titel: »Schwul, lesbisch, bi, hetero – Was bin ich?« zu finden. Im erklärenden Vorspanntext des Diskussionsforums werden das Ziel sowie die Zielgruppe dieses Forums genannt. Es können »... schwule, lesbische und bisexuelle Jugendliche über die Freuden und Probleme des Coming-out« diskutieren, ebenso alle anderen Interessierten, die zu diesem Thema etwas beitragen möchten. Diese Einführung gibt einen Diskussionsschwerpunkt vor und legt damit größtenteils die Zielgruppe fest. Forumsbesucher, die über dieses Diskussionsthema hinaus Kontakt zu anderen Teilnehmern wünschen oder den Wunsch nach Kontakt zu Gleichgesinnten haben, werden auf Möglichkeiten der »privaten« Kontaktaufnahme hingewiesen. Damit soll sichergestellt werden, dass das Forum ausschließlich eine Diskussionsplattform mit dem Themenschwerpunkt des Coming-out darstellt. Das Online-Forum stellt insgesamt eine textbasierte thematische Diskussionsplattform mit dem Themenschwerpunkt des Coming-out dar. Es gehört als Newsboard zu den zeitversetzten sozialen Internetdiensten. Für diese Studie wurden die Erstbeiträge von Jugendlichen und jungen Erwachsenen zufällig ausgewählt, die sich ihrer eigenen sexuellen Orientierung bewusst werden oder diese (erneut) in Frage stellen. Es wird nur das erste Posting ausgewertet, weil dieser Beitrag unverfälscht die ursprünglichen und eigenen Empfindungen, Gedanken und Erfahrungen der Jugendlichen und jungen Erwachsenen widerspiegelt, unbeeinflusst von Antwortbeiträgen anderer Diskussionsteilnehmer.

Die qualitative Auswertung

In Übereinstimmung mit der spezifischen Fragestellung der Untersuchung wurde eine qualitative Auswertung der selbstverfassten Beiträge angestrebt, um die Vielseitigkeit der Äußerungen abbilden zu können. Die angewandte Methode des »Voice Centered Listening« (Brown et al., 1988, zitiert nach Kiegelmann, 2000) in der Weiterentwicklung von Kiegelmann (2000) ist ein qualitativ-psychologischer Ansatz, der besonders geeignet ist, um psychologische Umgangsprozesse mit tabuisierten Themen oder psychischen Konflikten zu analysieren und die unterschiedlichen Bedeutungsstränge zu untersuchen, die auftreten, wenn sich Individuen dem Druck von gesellschaftlichen Normen ausgesetzt sehen (vgl. Kiegelmann, 1998, 1999). Die besondere Eignung der Voice-Methode für Untersuchungen im Bereich von sozialen Tabuthemen ermöglicht es, Ambivalenzen und widersprüchliche Aspekte im Erleben zu berücksichtigen.

Die Voice-Methode

Ihre Wurzeln hat die Voice-Methode in der Analyse von moralischen Argumenta-
tionsmustern und ist daher für die Untersuchung von psychologischen Entschei-
dungsprozessen gut geeignet. Die Methode wurde ursprünglich von Carol Gilligan konzipiert, die mit anderen Wissenschaftlerinnen aus der Arbeitsgruppe um
Kohlberg Untersuchungen zur Moralentwicklung durchführte. Sie entwickelte aufgrund ihrer empirischen Befunde eine Theorie der Moralentwicklung, die neben
einer Regelorientierung auch eine Beziehungsorientierung darstellt, die Menschen
zur Lösung von moralischen Konflikten nutzen. Diese beiden Orientierungen
bezeichnete Gilligan (1982) als »voice of justice« und »voice of care«. Gilligan
und andere haben das hier entstandene Konzept von »voice« oder »Stimme« zu
der Methode des »Voice Centered Listening« weiterentwickelt und einen Metho-
denleitfaden verfasst, der die Analyse der »Care«- und »Justice«-Orientierung als
Interpretationsform von Moralentwicklung beschreibt (Brown et al., 1988, zitiert
nach Kiegelmann, 2000). Ein zentrales Konstrukt der »Voice Centered Method« ist
das Konzept der Stimme, das Brown (1998, S. 104) wie folgt erklärt: »The words
of others enter and become part of the inner dialogue that constitutes the psyche
as a result of a difficult and complicated developmental process.«[8]

Die Analyse mit der Methode des Voice Centered Listening nach Brown und Gilligan (1992) beruht auf einem viermaligen Lesen bzw. »Zuhören« des Interview-
transkripts bzw. selbstverfassten Textes des Sprechers. In diesen vier aufeinander
folgenden Lesedurchgängen soll die Stimmen- und Beziehungsvielfalt aus dem Text
herausgearbeitet werden. Beim ersten Lesen wird eine Inhaltsanalyse durchgeführt
und die eigene Reaktion auf das Gelesene protokolliert. Im zweiten Lesedurchgang
wird die Ausdrucksform des »Selbst« erhoben, indem alle Aussagen herausgesucht
und interpretiert werden, in denen der Sprecher auf sich verweist. In einem dritten und vierten Lesendurchgang werden die jeweils zu analysierenden Stimmen
getrennt herausgefiltert und interpretiert. Diese letzten Lesedurchgänge werden in
neueren Arbeiten auch Suche nach »kontrapunktischen« Stimmen genannt (Taylor, Gilligan u. Sullivan, 1995, zitiert nach Kiegelmann, 2000). Kiegelmann (2000)
greift in ihrer Anwendung und Weiterentwicklung dieser qualitativen Methode das
Konzept von »voice« auf, bezieht aber ein breiteres Spektrum an Fragen ein. Sie fügt
zwischen dem Lesen mit der Konzentration auf das Selbst und der Suche nach den
kontrapunktischen Stimmen einen *zusätzlichen Lesedurchgang* ein, um die Bedeu-

---

8 Die Auffassung des Selbst als eine Vielzahl von Stimmen, die in einem fortwährenden grundsätzlichen
   Dialog miteinander stehen, wird auch von Hermans, Kempen und Van Loon (1992) diskutiert (vgl.
   auch Hermans, 1996). Hermans et al. (1992) Sichtweise basiert auf der Vorstellung, dass Menschen
   sich in allen Kulturen zu allen Zeiten Geschichten erzählen und dadurch ein Verständnis und eine
   Ordnung über die Welt und das Selbst erreichen: »[...] that the self, conceived of as a dialogical
   narrator, is (a) spatially organized and *embodied* and (b) social, with the other not outside but
   in the self-structure, resulting in a multiplicity of dialogically interacting selves.« Das Konzept der
   Stimme in der Voice-Methode geht über das Konzept von Hermans et al. hinaus und stellt nicht nur
   die kognitiven Aspekte in den unterschiedlichen Gedanken und Argumentationsketten dar, sondern
   schließt körperliche Erfahrungen und Gefühle ebenso wie soziale »Botschaften« der (Sub-)Kultur
   des Sprechers mit ein (Kiegelmann, 2001).

tung von gesellschaftlichen Bedingungen mit zu erfassen. Mit diesem Schritt sollen die Beziehungen und Einstellungen, die Personen zu gesellschaftlichen Bedingungen einnehmen, gezielt herausgesucht und analysiert werden. Von Bedeutung sind sowohl sozialkritische Aussagen des Sprechers als auch eine kritische Reflexion von sozialen Bedingungen.

Ein weiterer entscheidender und für diese Untersuchung relevanter Unterschied zu der Vorgehensweise nach Brown und Gilligan (1992) liegt in der Beachtung von multiplen Aspekten in den Erfahrungen, Umgangsstrategien und Identitätskonzepten. Während die ursprüngliche Methode ein *deduktives* Vorgehen festlegt, ermöglicht der *induktive Ansatz* von Kiegelmann (2000) in den Daten psychologische Prozesse neu zu bestimmen. Statt des ursprünglichen dritten und vierten Arbeitsschritts erfolgt die Suche nach einer Vielzahl von Stimmen in einem einzigen Lesedurchgang und ermöglicht eine größere Anzahl an Stimmen aus den Daten herauszuarbeiten. In diesem vierten Analyseschritt liegt die Konzentration auf der Vielzahl von Ebenen in der psychischen Erfahrung und den unterschiedlichen subjektiven Ausdrucksweisen des Sprechers. Jede identifizierte Ebene wird als Stimme bezeichnet, die für eine Argumentationskette, eine emotionale Haltung oder eine Sichtweise in Bezug auf die Forschungsfrage steht. Dieser Analyseschritt wird so lange wiederholt, bis keine einzelne Stimme mehr identifiziert werden kann.

Die Anwendung dieser Methode setzt voraus, dass die relevanten Untersuchungsdaten, in diesem Fall die selbstverfassten Beiträge der Jugendlichen und jungen Erwachsenen, Informationen über die Selbstdarstellung des Sprechers in der ersten Person enthalten, das heißt, wie spricht die Person über sich selbst? Die Datengrundlage bilden (»Selbst-«)Berichte von Jugendlichen und jungen Erwachsenen über ihre Erfahrungen und ihr Erleben der eigenen sexuellen Orientierung, die diese Voraussetzung mitbringen. Die Analyse nach dem Ansatz von Kiegelmann (1999, 2000, 2001, 2003), wie sie in dieser Untersuchung erfolgte, beinhaltet vier aufeinander folgende Analyseschritte bzw. Lesedurchgänge: erstens »Handlung/Inhalt und eigene Reaktion«, zweitens »Konstruktion des Selbst und Identität«, drittens »Soziale Bedingungen und Kontext« und viertens »Vielzahl von Stimmen«. Nach der fallbezogenen Analyse der Einzelbeiträge werden die gefundenen Stimmen in Kategorien zusammengefasst, aus denen die Stimmen in Kategorien zusammengefasst werden.

Die einzelnen vier aufeinander folgenden Analyseschritte der Voice-Methode nach dem Ansatz von Kiegelmann werden nach der Vorstellung der ausgewählten Forumsbesucher anhand von zwei Beispielen zum besseren Verständnis vorgestellt und detailliert erläutert.

Auswahl der Forumsbeiträge

Es wurden insgesamt 30 Beiträge von je 15 männlichen und weiblichen Jugendlichen bzw. jungen Erwachsenen aus dem Diskussionsforum ausgewählt. Eine Altersbegrenzung, soweit das Alter aus den Postings hervorging, wurde nicht vorgenommen. Die Jungen und Männer waren im Alter von 14 bis 28 Jahren, von einem Poster ist das Alter nicht bekannt. Von den 15 Jungen bzw. jungen Männern sind zehn nicht geoutet, vier haben sich geoutet und von einer Person gibt es keine Angaben bezüglich eines Coming-out. Die Mädchen und Frauen waren 13 bis 27 Jahre alt, von fünf Posterinnen ist das Alter nicht bekannt. Elf der 15 Mädchen bzw. jungen Frauen sind nicht geoutet, zwei haben sich geoutet, weitere zwei haben ihrer Familie oder Familienmitgliedern von ihrer homosexuellen Orientierung erzählt.

Was kam heraus?

Durch die qualitative Auswertung der ausgewählten Beispiele aus dem Internetdiskussionsforum mit Hilfe der Voice-Methode werden die individuellen Verläufe des inneren Coming-out und die Unterschiede im Erleben deutlich. Um einen Eindruck des im Internet erhobenen Datenmaterials zu vermitteln und die Analyse nach der Voice-Methode zu veranschaulichen, wird zu Beginn der Ergebnisdarstellung jeweils ein vollständiges Analyse-Beispiel eines jungen Mannes und einer jungen Frau, Julian[9] und J., vorgestellt.

Erstes Lesen – Inhalt und Reaktion

Der erste Lesedurchgang umfasst zwei Aspekte, es geht darum, den Inhalt eines Textes zu erfassen, die eigene Reaktion zu dem Material wahrzunehmen und festzuhalten. Dies wird vom Lesenden, wie in der folgenden Tabelle 19 dargestellt, dokumentiert.

Tabelle 19: Erster Lesedurchgang am Beispiel von Julian und J.

1. Handlung/Inhalt und meine Reaktion	
Julian postete am 2. Juli 2004 11:10:10: unter dem Titel »Ich bin ein verliebter Junge«	
Inhalt (Original-Wortlaut)	**Reaktion der Lesenden**
Ich bin ein verliebter Junge.	Julians Titel lässt keine Probleme anklingen, nur dass er verliebt ist. Schön!
Wisst ihr ob es auch so ein Forum gibt wo sich Jungs über die Probleme unterhalten? Hier sind ja meistens Mädchen.	Julian äußert hier seinen Eindruck, dass das Forum vorwiegend von Mädchen genutzt wird. Das Forum ist natürlich für alle da. Zu dem Zeitpunkt von Julians Posting haben aber tatsächlich auffällig viele Mädchen gepostet.

---

9 Bei den Namen handelt es sich in den meisten Fällen um selbst gewählte »nick names«.

Inhalt (Original-Wortlaut)	Reaktion der Lesenden
Ich habe mich in meinen Freund verliebt. Ich weiß das 100 %, bekomme immer Magenkribbeln und möchte ihn küssen.	Julian beschreibt seine Verliebtheit in seinen Freund, so wie fast jeder/jede wohl seine/ihre erste Verliebtheit erlebt hat. Er ist sich ganz sicher, dass er verliebt ist.
Wir haben schon oft zusammen gepennt und ich möchte ihn dann immer streicheln habe das auch mal gemacht als er eingeschlafen war aber hatte schiss das er aufwacht.	Julians Freund weiß aber noch nichts von Julians Verliebtheit. Julians großes Bedürfnis, zärtlich zu seinem Freund zu sein, und seine Angst, der Freund könnte aufwachen, wenn er ihn streichelt, werte ich als Beleg, dass Julians Freund unwissend ist.
wir machen total viel zusammen, Rad fahren und so und auch labern. Wir haben beide nicht so super viele Freunde obwohl wir doch nett aussehen :-)	Er beschreibt jetzt seine Freundschaft. Die beiden unternehmen viel zusammen und tauschen sich auch über vieles aus. Beide scheinen nicht viele andere Freunde zu haben. Julian bedauert dies, weil sie beide doch nett aussehen. Vielleicht ist er deshalb noch sehr vorsichtig mit seiner »Offenbarung«. Wenn er (wie auch sein Freund) nicht viele andere Freunde hat, will er diese Freundschaft eventuell auch nicht gefährden. Ich habe den Eindruck, dass ihm diese Freundschaft viel bedeutet.
Bis jetzt habe ich nur so Schwulenseiten entdeckt wo sich welche suchen die Sex haben wollen.	Jetzt wird er wieder konkreter. Er sucht im Internet nach Informationen über Schwule, hat aber bisher nur viele Seiten entdeckt, wo es vorwiegend um die Kontaktsuche nach Sexpartner geht.
würde ich auch mal aber im Moment brauche ich Infos wegen meiner Verliebtheit.	Julian braucht aber Informationen und Erfahrungsaustausch über seine Verliebtheit, die für ihn zentral und von großer Bedeutung ist. Er scheint sich das erste Mal in einen Jungen verliebt zu haben. Ich glaube, er möchte sich vergewissern, ob dies heißt, dass er schwul ist. Ich höre kaum Zweifel und Angst bei Julian in Bezug auf die Entdeckung seiner Gefühle.
mein Traum wäre es mit ihm einen Spaziergang zu machen wo wir unsere Hände halten und uns ab und zu küssen.	Hier schildert er seine Wünsche und Träume, die er hinsichtlich seines Freundes hegt. Es klingt sehr romantisch.
Danke für Infos. Ich heiße Julian und bin seit drei wichen 14 mein Freund ist auch 14	Julian stellt sich hier mit Namen und Alter vor.

Hauptpunkte

Julian ist 14 Jahre alt und nicht geoutet. Bei Julian steht die Verliebtheit in seinen besten Freund im Vordergrund, mit dem ihn eine innige Freundschaft verbindet. Es ängstigt ihn nicht und er ist auch nicht verzweifelt. Er klingt wie viele Teenager, die sich das erste Mal verlieben und es sehr aufregend und schön finden.

Julian postet, weil er seine Verliebtheit seinem Freund bisher noch nicht gestanden hat. Er sucht nach Gewissheit über die Entdeckung seiner Homosexualität und nach Möglichkeiten, es seinem Freund zu gestehen, ohne die Freundschaft zu gefährden.

J.: postete am 22. Mai 2005 18:08:34: unter dem Titel »leicht verwirrt . . . «

Inhalt (Original-Wortlaut)	Reaktion
leicht verwirrt . . .	J. ist nur »leicht« verwirrt.
Tja, wie soll ich die Situation jetzt mal ganz kurz erklären.	Sie versucht, die Situation, die sie verwirrte, zu erklären. Sie scheint beim Schreiben noch zu überlegen.
Ich bin vor kurzem in eine neue Mannschaft, Fußball, gewechselt, dort ist eine, von der ich weiß, dass sie lesbisch ist.	In J.'s neuer Fußballmannschaft ist eine lesbische Frau. Und sie wusste davon. Hat sie das neugierig gemacht?
Für mich war das ganz noch nie ein Thema, war 7 Jahre mit meinem Ex-Freund zusammen.	Für J. selbst tauchte die Frage nach ihrer sexuellen Orientierung bisher nicht auf. Sie war sieben Jahre mit einem Mann zusammen. Ob zufrieden und glücklich oder nicht, erwähnt sie allerdings nicht. Und sie sagt auch nicht, warum sie nicht mehr mit ihrem Freund zusammen ist.
Aber seit kurzem bin ich heftig am flirten mit dem Mädchen. Sie ist 18, ich 24.	J. flirtet, wie sie sagt, »heftig« mit der lesbischen Frau aus ihrer Fußballmannschaft.
Jedenfalls erkenne ich mich gar nicht wieder, ich verhalte mich so, als würde ich mit einem Typen flirten.	Sie erkennt sich nicht wieder, weil sie sich bei diesem Flirt genauso verhält, als würde sie mit einem Mann flirten. Für sie gibt es dabei anscheinend keinen gefühlsmäßigen Unterschied und das verunsichert sie.
Ich bin jedes Mal total nervös, wenn ich in ihrer Nähe bin.	Das 18-jährige Mädchen macht J. nervös. Hat sie »Schmetterlinge im Bauch« und verspürt auch alle anderen Anzeichen, wenn Mann/Frau sich verliebt? Oder ist sie nervös, weil sie der Umstand verunsichert, dass es sich um eine Frau handelt, die Interesse an ihr zeigt?

Inhalt (Original-Wortlaut)	Reaktion der Lesenden
Aber mir macht es verdammt viel Spaß sie zu necken.	J. sagt, dass sie sehr viel Spaß hat, sich mit der jungen Frau zu necken. Das Wort necken verwenden häufig Verliebte. Erinnert mich auch an das Sprichwort: Was sich neckt, das liebt sich. J. gibt ihrer »Verliebtheit« nach und genießt den Flirt.
Muss ich die Situation jetzt überbewerten oder was ist das plötzlich für eine Seite an mir???	J. überlegt jetzt, wie sie diese neue Seite an sich bewerten soll. Sie sagt nicht von sich, dass sie verliebt ist, sie sagt nicht, dass sie lesbisch ist. Sie ist, wie der Titel sagt, leicht verwirrt.

Hauptpunkte

J. ist 24 Jahre alt und nicht geoutet. J. flirtet zum ersten Mal in ihrem Leben mit einer Frau, von der sie weiß, dass sie lesbisch ist, und genießt es. Sie kommt zwar darüber ins Nachdenken, ist aber bereit, sich auf diesen Flirt einzulassen. Bisher spricht sie nicht davon, dass sie selbst lesbisch ist, als möchte sie nur ausprobieren und sich noch alles offen lassen.

Zweites Lesen – Selbst

Im zweiten Lesedurchgang wird die Selbstbenennung der sprechenden Person genauer analysiert. Der Fokus liegt auf der Konstruktion des Selbst sowie der Identität. Hier werden die Pronomen untersucht, die der Poster verwendet, wenn von ihm selbst die Rede ist. Von Interesse für den Leser bzw. Analysierenden ist außerdem der Grad der Sicherheit und Stimmigkeit der Aussagen (Kiegelmann, 2001), mit der eine Person ihre eigenen Erfahrungen darstellt. Es wird auf Hinweise geachtet, wie sich der Poster auf andere Personen und Gruppen bezieht, einschließlich der Beziehung innerhalb seiner Peergruppe (siehe Tabelle 20 und 21).

Tabelle 20: Zweiter Lesedurchgang am Beispiel von Julian

2. Konstruktion des Selbst und der Identität

Julian

Julian schreibt durchgängig in der Ich-Form. Er steht zu seiner Verliebtheit und will mehr über die Homosexualität erfahren. In Zusammenhang mit seinem Freund schreibt er in der Wir-Form. Die Freundschaft ist für ihn wichtig und er beschreibt den vertrauten Umgang mit seinem Freund: »Wir haben schon oft zusammen gepennt [...],« »wir machen total viel zusammen, Rad fahren und so und auch labern«, »Wir haben beide nicht so super viele Freunde obwohl wir doch nett aussehen :-)«, »wo wir unsere Hände halten und uns ab und zu küssen«. Ich kann keinen Kontrast oder sich widersprechende Aspekte seines Selbst entdecken.

Tabelle 21: Zweiter Lesedurchgang am Beispiel von J.

2. Konstruktion des Selbst und der Identität
J.
J. schreibt im ganzen Posting in der Ich-Form. Sie wirkt auf mich sehr authentisch. J. genießt den Flirt mit dem Mädchen und fragt relativ sachlich (abgesehen von den drei Fragezeichen): »Muss ich die Situation jetzt überbewerten oder was ist das plötzlich für eine Seite an mir???« Sie gerät nicht in eine Abwehrhaltung und auch nicht in Panik. Ihr Selbstbild gerät durch diese neue Seite an ihr nicht ins Wanken. Die Situation und ihre Gefühle zu dem Mädchen sind noch sehr neu und frisch für sie.

Drittes Lesen – soziale Bedingungen

Im dritten Arbeitsschritt liegt der Fokus ausschließlich auf der Analyse der sozialen Bedingungen. Im Mittelpunkt steht hier nicht das Individuum selbst, sondern seine Beziehungen und die Positionierung im unmittelbaren, allgemeinen sozialen Umfeld. Für diesen Arbeitsschritt können sowohl Informationen aus dem ersten Posting als auch aus weiteren Postings verwendet werden (siehe Tabelle 22).

Tabelle 22: Dritter Lesedurchgang am Beispiel von Julian und J.

3. Soziale Bedingungen und Kontext
Julian
Ich erfahre nichts über Eltern oder die Familie. Wiederum fällt mir die intensive Freundschaft zu seinem Freund auf. Sie unternehmen viel zusammen und tauschen sich intensiv aus: »wir machen total viel zusammen, Rad fahren und so und auch labern«. Julian schreibt auch, dass er und sein Freund nicht so viele andere Freunde haben, obwohl sie doch beide nett aussehen: »Wir haben beide nicht so super viele Freunde obwohl wir doch nett aussehen :-)«. Daraus schließe ich, dass sie beide keine große Peergruppe haben, in der sie sich bewegen. Eher wird eine enge Beziehung zwischen den Freunden deutlich. Die Mädchen tauchen nur in seiner Bemerkung zum Forum auf: »Wisst ihr ob es auch so ein Forum gibt wo sich Jungs über die Probleme unterhalten? Hier sind ja meistens Mädchen.« Mit seinen Problemen wendet er sich ausschließlich an die männlichen Poster.
J.
Außer das J. in einer Fußballmannschaft spielt und sieben Jahre eine festen Beziehung zu einem Mann hatte, erfahre ich nichts über ihren sozialen Hintergrund. Auch das zweite Posting gibt darüber keinen Aufschluss.

Viertes Lesen – eine Vielzahl von Stimmen

Im vierten Schritt werden die Vielzahl der Ebenen von Meinungen und Äußerungen in den Daten untersucht. Die Analyse konzentriert sich auf die Ausdifferenzierung verschiedener Nuancen der schreibenden Person. Jede Nuance oder Ebene wird als Stimme (»voice«) bezeichnet, die einen Code für eine Argumentationskette, eine emotionale Haltung, eine Sichtweise oder eine andere Nuance der Konflikterfahrung darstellt. Es lassen sich mitunter eine Vielzahl von Stimmen identifizieren, die miteinander konkurrieren oder sich auch ergänzen können. Dieser Analyseschritt wird so oft wiederholt, bis keine einzelne Stimme mehr identifiziert werden kann (siehe Tabelle 23 und 24).

Tabelle 23: Vierter Lesedurchgang am Beispiel von Julian

4. Vielzahl von Stimmen

Julian

Ich erkenne vor allem zwei Stimmen bei Julian. Die erste spiegelt seine enge Freundschaft zu seinem Freund wider:
Wir haben schon oft zusammen gepennt [. . .]
wir machen total viel zusammen, Rad fahren und so und auch labern.
Wir haben beide nicht so super viele Freunde obwohl wir doch nett aussehen :-)

Diese Stimme bezeichne ich als die Stimme »innige/vertraute Freundschaft«.

Die zweite Stimme kommt in seiner Verliebtheit zu seinem Freund und in seinen romantischen Wünschen und Träumen zum Ausdruck.
Ich bin ein verliebter Junge
Ich habe mich in meinen Freund verliebt.
und ich möchte ihn dann immer streicheln, habe das auch mal gemacht, als er eingeschlafen war, aber hatte schiss dass er aufwacht.
mein Traum wäre es, mit ihm einen Spaziergang zu machen, wo wir unsere Hände halten und uns ab und zu küssen.

Diese Stimme nenne ich die Stimme »große Verliebtheit in den besten Freund«.

Die dritte Stimme kann auch zu der zweiten gezählt werden, sie stehen nicht im Kontrast zueinander. Die dritte Stimme bildet eigentlich nur den kognitiven Aspekt zur sehr emotionalen zweiten Stimme.
Wisst ihr ob es auch so ein Forum gibt wo sich Jungs über die Probleme unterhalten?
Bis jetzt habe ich nur so schwule Seiten entdeckt wo sich welche suchen die Sex haben wollen.
würde ich auch mal aber im Moment brauche ich Infos wegen meiner Verliebtheit.

Diese Stimme/Aspekt bezeichne ich als Stimme »Informieren und Vergewissern über die eigene Homosexualität«.

Also drei Stimmen:
Stimme »innige/vertraute Freundschaft«
Stimme »große Verliebtheit in den besten Freund«
Stimme »Informieren und Vergewissern über die eigene Homosexualität«

Fazit
Julian ist mit 14 Jahren zum ersten Mal verliebt, und zwar in seinen besten Freund. Diese Entdeckung erschüttert ihn aber in keiner Weise. Er steht dazu, will aber noch mehr über die Homosexualität wissen und sucht nach Möglichkeiten, es seinem Freund zu gestehen, ohne die Freundschaft zu ihm zu gefährden.

Tabelle 24: Vierter Lesedurchgang am Beispiel von J.

4. Vielzahl von Stimmen

J.

Ich erkenne bei J. zwei Facetten. Die erste Stimme spricht davon, dass sie neugierig auf diese Frau ist und den Flirt mit der jungen Frau (von der sie weiß, dass sie lesbisch ist) genießt und Spaß daran hat:
Ich bin vor kurzem in eine neue Mannschaft, Fußball, gewechselt und dort ist eine, von der ich weiß, dass sie lesbisch ist.
Aber seit kurzem bin ich heftig am flirten mit dem Mädchen. Sie ist 18 und ich 24.
Jedenfalls erkenne ich mich gar nicht wieder, ich verhalte mich so, als würde ich mit einem Typen flirten.
Ich bin jedes Mal total nervös, wenn ich in ihrer Nähe bin.
Aber mir macht es verdammt viel Spaß sie zu necken.

Diese Stimme bezeichne ich als Stimme »Flirten mit einer Frau«.

Die zweite Stimme ist der Aspekt, der J.s leichte Irritation über diese neue Seite an ihr zum Ausdruck bringt, diese Stimme wirkt aber sehr ruhig und überlegt:
leicht verwirrt . . . .
Tja, wie soll ich die Situation jetzt mal ganz kurz erklären.
Für mich war das ganz noch nie ein Thema, war 7 Jahre mit meinem Ex-Freund zusammen.
Muss ich die Situation jetzt überbewerten oder was ist das plötzlich für eine Seite an mir???

Dieser Stimme nenne ich die Stimme »leichte Irritation«.

Also zwei Stimmen:
Stimme »Flirten mit einer Frau«
Stimme »der leichten Irritation«

Fazit
J. lässt sich auf einen Flirt mit einer jungen Frau aus ihrer Fußballmannschaft ein und genießt diesen Flirt, gleichzeitig ist sie irritiert über sich selbst und kommt ins Nachdenken, ohne ihre Person und ihr Verhalten dabei vollständig in Frage zu stellen. Sie entdeckt plötzlich eine neue »Seite« an sich.

Nach dem gleichen Vorgehen wurden alle 30 Forumsbeiträge (siehe Anhang, Tabelle 27) analysiert. Die entsprechenden Stimmen, die sich aus dieser Analyse ergaben, wurden zu Kategorien (übergeordneten Themen) und später zu Voice-Clustern (erneute Ordnung nach inhaltlichen Gemeinsamkeiten) zusammengefasst.

Kategorien der Jungen und Männer

Aus einer Anzahl von insgesamt 45 Einzelstimmen der Einzelanalysen von Jungen und Männern ergaben sich wie (siehe Tabelle 25) dargestellt neun Kategorien.

Tabelle 25: Kategorien der Jungen und Männer

Nr.	Kategorie	Anzahl
1	*(Selbst-)Zweifel und Unsicherheit hinsichtlich der eigenen sexuellen Orientierung*: Im Vordergrund stehen Zweifel, Unsicherheit und Verwirrung hinsichtlich der eigenen Gefühlen und Gedanken und der eigenen sexuellen Orientierung. Zugeordnete Stimmen (Beispiele): Stimme »Zweifel und Unsicherheit hinsichtlich der sexuellen Orientierung«, Stimme »bin ich wirklich nur schwul oder vielleicht bisexuell«	8
2	*homoerotische bzw. bisexuelle Phantasien, Gedanken, Vorstellungen und Wünsche*: Im Vordergrund stehen Wünsche, Phantasien und Gedanken von sexuellen Handlungen und körperlicher Nähe zu einer anderen Person. Zugeordnete Stimmen (Beispiele): Stimme »homoerotische Gedanken und Phantasien«, Stimme »ich finde Männer körperlich und sexuell interessant und attraktiv«	8
3	*Angst und Unsicherheit hinsichtlich der Reaktion anderer, allein gelassen fühlen, mangelnde Unterstützung, Belastung*: Im Vordergrund stehen Angst und Unsicherheit hinsichtlich der Reaktionen des näheren und weiteren sozialen Umfelds. Mangelnde Unterstützung und fehlendes Verständnis führen zu einem Gefühl des Alleingelassenseins und der Belastung. Zugeordnete Stimmen (Beispiele): Stimme »Abwehr und Angst vor Reaktion anderer«, Stimme »Resignation in Bezug auf mangelndes Verständnis der Umwelt«	7
4	*Abwehr, Verleugnen, Angst, Panik, Verzweiflung, depressive Stimmung, mangelndes Selbstvertrauen, Unglücklichsein*: Im Vordergrund stehen Abwehr und Verdrängung der eigenen Gefühle ebenso wie Angst, Panik, depressive Stimmungen, Unglücklichsein und Verzweiflung. Zugeordnete Stimmen (Beispiele): Stimme »Panik, Angst und Identitätskrise«, Stimme »Leiden und der Verzweiflung«	6
5	*reden wollen, aktiv Unterstützung bei Gleichgesinnten suchen*: Im Vordergrund stehen der Wunsch nach Austausch mit anderen und Gleichgesinnten und der Auseinandersetzung mit der sexuellen Orientierung. Zugeordnete Stimmen (Beispiele): Stimme »ich bin verzweifelt, brauche Rat und Unterstützung«, Stimme »Informieren und Vergewissern über die eigene Homosexualität«	5

Nr.	Kategorie	Anzahl
6	*Verliebtheit*: Im Vordergrund stehen Verliebtheit und starke Emotionalität zu einer anderen Person, sowohl glücklich als auch unglücklich verliebt. Zugeordnete Stimmen (Beispiele): Stimme »große Verliebtheit in den Freund«, Stimme »totale Verliebtheit«	3
7	*positive Einstellung zur homo- bzw. bisexuellen Orientierung, Identifikation*: Im Vordergrund stehen die positive Einstellung zur homo- bzw. bisexuellen Orientierung und die Identifikation damit. Zugeordnete Stimmen (Beispiele): Stimme »homosexuelle Identität«, Stimme »Identifikation mit der Homosexualität«	3
8	*Freundschaft und Beziehung*: Im Vordergrund stehen vertraute und innige Freundschaften oder Beziehungen zu einer anderen Person. Zugeordnete Stimmen (Beispiele): Stimme »innigen/vertraute Freundschaft«, Stimme »meine Beziehung ist mir auch wichtig«	3
9	*erneute (Selbst-)Zweifel und Unsicherheit hinsichtlich der sexuellen Orientierung*: Im Vordergrund stehen erneuter Zweifel, Unsicherheit und Verwirrung hinsichtlich der eigenen Gefühlen und Gedanken und der eigenen sexuellen Orientierung nach dem äußeren Coming-out. Zugeordnete Stimmen: Stimme »bin ich wirklich nur schwul oder vielleicht bisexuell«, Stimme »erneute Selbstzweifel und ambivalente Gefühle«	2

Kategorien der Mädchen und Frauen

Aus den insgesamt 49 Einzelstimmen der Mädchen und Frauen ergaben sich acht Kategorien (siehe Tabelle 26).

Tabelle 26: Kategorien der Mädchen und Frauen

Nr.	Kategorie	Anzahl
1	*(Selbst-)Zweifel und Unsicherheit hinsichtlich der eigenen sexuellen Orientierung*: Im Vordergrund stehen Zweifel, Unsicherheit und Verwirrung hinsichtlich der eigenen Gefühlen und Gedanken und der eigenen sexuellen Orientierung. Zugeordnete Stimmen (Beispiele): Stimme »Unsicherheit und Zweifel hinsichtlich der sexuellen Orientierung«, Stimme »ich will mich nicht festlegen«	9
2	*Verliebtheit*: Im Vordergrund stehen Verliebtheit und starke Emotionalität zu einer anderen Person, sowohl glücklich als auch unglücklich verliebt. Zugeordnete Stimmen (Beispiele): Stimme »große (unerfüllte) Verliebtheit«, Stimme »intuitive erste homosexuelle Gefühle und Verliebtheit«	9
3	*reden wollen, aktiv Unterstützung bei Gleichgesinnten suchen*: Im Vordergrund stehen der Wunsch nach Austausch mit anderen und Gleichgesinnten und der Auseinandersetzung mit der sexuellen Orientierung. Zugeordnete Stimmen (Beispiele): Stimme »ich suche Gleichgesinnte«, Stimme »ich möchte Rat und Austausch«	8

Nr.	Kategorie	Anzahl
4	*Angst und Unsicherheit hinsichtlich der Reaktionen anderer, allein gelassen fühlen, mangelnde Unterstützung, Belastung*: Im Vordergrund stehen Angst und Unsicherheit hinsichtlich der Reaktionen des näheren und weiteren sozialen Umfelds. Mangelnde Unterstützung und fehlendes Verständnis führen zu einem Gefühl des Alleingelassenseins und der Belastung. Zugeordnete Stimmen (Beispiele): Stimme »Angst vor der Reaktion anderer, Isolation«, Stimme »Unsicherheit und Unerfahrenheit, eine Frau kennen zu lernen«	7
5	*homoerotische bzw. bisexuelle Phantasien, Gedanken, Vorstellungen und Wünsche*: Im Vordergrund stehen Wünsche, Phantasien und Gedanken von sexuellen Handlungen und körperlicher Nähe zu einer anderen Person. Zugeordnete Stimmen (Beispiele): Stimme »Flirten mit einer Frau«, Stimme »ich interessiere mich nur für Mädchen«	6
6	*positive Einstellung zur homo- bzw. bisexuellen Orientierung, Identifikation*: Im Vordergrund stehen die positive Einstellung zur homo- bzw. bisexuellen Orientierung und die Identifikation damit. Zugeordnete Stimmen (Beispiele): Stimme »ich glaube, ich bin lesbisch«, Stimme »überwundene Angst und Verdrängung der homosexuellen Gefühle«	5
7	*Abwehr, Verleugnen, Angst, Panik und Scham*: Im Vordergrund stehen Abwehr und Verdrängung der eigenen Gefühle ebenso wie Angst, Panik, depressive Stimmungen, Unglücklichsein, Ekel und Scham. Zugeordnete Stimmen (Beispiele): Stimme »das Tabu, Sex mit Frauen«, Stimme »Flucht in die Krankheit«	4
8	*Freundschaft und Beziehung*: Im Vordergrund stehen vertraute und innige Freundschaften oder Beziehungen zu einer anderen Person. Zugeordnete Stimme: Stimme »der innigen Freundschaft«	1

Der Prozess des inneren Coming-out: Voice-Cluster

Aus diesen neun bzw. acht Kategorien kristallisierten sich fünf *Voice-Cluster* für beide Geschlechter heraus. Die Kategorien eins und neun der Jungen und Männer und die Kategorien eins und vier der Mädchen und Frauen ergeben das Voice-Cluster *(1) Stimmen der Unsicherheit und Selbstzweifel*. Das Gewahrwerden der »normabweichenden« sexuellen Orientierung führte bei vielen zu Unsicherheit und Zweifeln hinsichtlich der eigenen Gefühle und Gedanken. Sie konnten ihre homo- bzw. bisexuellen Gefühle und Phantasien nicht einordnen und »trauten« ihrer eigenen Wahrnehmung nicht mehr. Diese Stimmen wurden ebenso häufig von den Jungen und Männer wie auch von den Mädchen und Frauen verwendet.

Die Kategorie vier der Jungen und Männer und die Oberkategorie sieben der Mädchen und Frauen bilden das Voice-Cluster *(2) Stimmen der Abwehr und des krisenhaften Erlebens der Bewusstwerdung*. Diese Stimmen stehen für die Ausdrucksformen, in denen die eigenen Gefühle und Gedanken verleugnet und abgewehrt wurden. Die Jugendlichen vermieden eine Auseinandersetzung und sahen dieses neuartige und fremde Erleben als Bedrohung ihrer bisherigen Identität an. Trotz immer wiederkehrender homosexueller Phantasien oder Verliebtheit in eine gleichgeschlechtliche Person hielten sie an ihrer vermeintlichen Heterosexualität fest, um die bis dahin gelebte Identität zu bewahren. Neben Reaktionen wie Angst, Hilflosigkeit, Scham und Schuldgefühlen traten mitunter Panikstörungen, depressive Verstimmungen und psychosomatische Störungen auf. Diese Stimmen kamen bei den Jungen und Männern häufiger zum Ausdruck als bei Mädchen und Frauen.

Die Kategorie drei der Jungen und Männer und vier der Mädchen und Frauen bilden das Voice-Cluster *(3) Stimmen der Angst hinsichtlich der Reaktion des sozialen Umfelds.* Diese Stimmen wendeten die Jugendlichen und jungen Erwachsenen an, wenn sie Angst davor hatten, dass ihre gleichgeschlechtlichen Neigungen in der Familie, der Nachbarschaft, im Freundeskreis, der Schule oder im Beruf öffentlich werden und sie die Unterstützung oder Verbundenheit in der Familie oder im Freundeskreis verlieren könnten. Sie befürchteten oder erlebten negative und homophobe Reaktionen ihres sozialen Umfeldes, fühlten sich ausgegrenzt und isoliert. Diese Stimmen verwendeten die Mädchen und Frauen häufig im Zusammenhang mit bestimmten Personen, weil sie Angst hatten, durch das Geständnis der homosexuellen Neigungen die Freundschaft zu der Person zu gefährden. Jungen und Männern äußerten dagegen eher die Angst vor Ausgrenzung und Diskriminierung sowie die Erfahrung von Ablehnung seitens ihres sozialen Umfelds.

Das Voice-Cluster *(4) Stimmen der Entdeckung der homo- bzw. bisexuellen Gefühle und Gedanken* setzt sich aus den Kategorien zwei und sechs der Jungen und Männer und zwei und fünf der Mädchen und Frauen zusammen. Diese Stimmen äußerten sich im Bewusstwerden bzw. Entdecken der homo- bzw. bisexuellen Gefühle, Gedanken und Phantasien oder über die Verliebtheit in eine gleichgeschlechtliche Person. Sexuelle Phantasien, Gedanken und Vorstellungen stehen im Gegensatz zur Verliebtheit bei vielen Jungen und Männern deutlich im Vordergrund, bei den Mädchen und Frauen spielte dagegen die Verliebtheit eine viel größere Rolle bei der Entdeckung der homo- bzw. bisexuellen Orientierung.

Die Kategorie fünf, sieben und acht der Jungen und Männer und drei, sechs und acht der Mädchen und Frauen stehen für das Voice-Cluster *(5) Stimmen der Identitätstoleranz.* Diese Stimmen benutzten die Jugendlichen, wenn sie anfingen, ihre sexuelle Orientierung zu bejahen und sich konstruktiv damit auseinandersetzten. Sie bezeichneten sich selbst als schwul bzw. lesbisch und suchten den Kontakt zu Gleichgesinnten, um sich zu informieren, um von den Erfahrungen anderer zu lernen und sich oft das erste Mal mit anderen über ihre Probleme auszutauschen. Sie hatten mit Freunden, Familienmitgliedern oder anderen Personen ihres sozialen Umfelds über ihre nicht heterosexuelle Orientierung gesprochen oder sich bereits geoutet. Diese Stimmen zeigten sich bei den Mädchen und Frauen etwas häufiger, insbesondere äußerten sie den Wunsch nach Austausch über Erfahrungen mit anderen Forumsteilnehmern konkreter und sprachen die anderen Teilnehmer direkt an, während die Jungen und Männer ihren Wunsch nach Hilfe und Rat oft indirekt formulierten oder überhaupt nicht.

Diskussion

Die fünf Voice-Cluster »Stimmen der Unsicherheit und Selbstzweifel«, »Stimmen der Abwehr und des krisenhaften Erlebens der Bewusstwerdung«, »Stimmen der Angst hinsichtlich der Reaktion des sozialen Umfelds«, »Stimmen der Entdeckung der homo- bzw. bisexuellen Gefühle und Gedanken« und »Stimmen der Identitätstoleranz« kristallisierten sich gleichermaßen bei Jungen und Mädchen bzw. bei Männern und Frauen heraus und bilden die Elemente im Entwicklungsprozess der Bewusstwerdung der homo- bzw. bisexuellen Orientierung. Das Gewahrwerden der sexuellen Neigungen als Ausgangspunkt des Prozesses des inneren Coming-out, das in Form der »Stimmen der Entdeckung der homo- bzw. bisexuellen Gefühle und Gedanken« zum Ausdruck gebracht wird, führt bei den Jugendlichen und jungen Erwachsenen zu unterschiedlichen Reaktionsmustern, die sich in den jeweils neben diesen Stimmen verwendeten Voice-Clustern widerspiegeln. Eine Betrachtung der individuellen Verläufe zeigt, dass bei den meisten Jugendlichen und jungen Erwachsenen die belastenden Stimmen wie die Voice-Cluster »Stimmen der Unsicherheit und Selbstzweifel«, »Stimmen der Abwehr und des krisenhaften Erlebens der Bewusstwerdung« und »Stimmen der Angst hinsichtlich der Reaktion des sozialen Umfelds« gegenüber den akzeptierenden Stimmen wie dem Voice-Cluster »Identitätstoleranz« überwiegen.

Sich selbst seiner sexuellen Orientierung bewusst werden

Das Bewusstwerden der homosexuellen Neigung äußert sich bei Jungen bzw. Männer häufig in Form von »plötzlich« auftauchenden homosexuellen Phantasien und Gedanken beim Anblick von körperlich attraktiven Männern oder Jungen. Sie hatten homoerotische Phantasien beim Masturbieren, fühlen sich sexuell zu Männern hingezogen oder entdecken, dass sie für einen Freund mehr als nur freundschaftliche Gefühle entwickeln. Im Gegensatz zu Mädchen und Frauen steht Verliebtsein bei vielen der Jungen und Männer deutlich weniger im Vordergrund als sexuelle Phantasien. Bei Mädchen und Frauen spielte hingegen die Verliebtheit eine entscheidende Rolle, es ist oft die (beste) Freundin, in die sie sich verlieben, oder der »harmlose« Flirt mit einer Frau, das ihnen ihre homosexuelle Neigung bewusst werden lässt. Homosexuellen Phantasien äußerten Mädchen und Frauen meist im Zusammenhang mit dem Verliebtsein in eine bestimmte Person.

Betrachtet man diese Stimmen getrennt von den anderen Voice-Clustern, unterscheiden sie sich nicht von denen heterosexueller Jugendlicher, die ihre Sexualität entdecken, es wird die gleiche Erregung, Verliebtheit und Neugier geäußert. Während aber heterosexuell orientierte Jugendliche in den meisten Fällen keine Probleme damit haben, ihre eigenen Gefühle auszuleben, indem sie schon bald ihre ersten sexuellen Erfahrungen machen und ihre ersten Beziehungen haben, verläuft die Entwicklung bei Jugendlichen, die sich vom gleichen oder beiden Geschlechtern sexuell angezogen fühlen, sehr oft problematischer (vgl. Watzlawik, 2003).

Viele der Jugendlichen und jungen Erwachsenen reagieren auf das Bewusstwerden der homo- bzw. bisexuellen Neigung mit Unsicherheit und Selbstzweifel. Sie können die eigenen Gefühle nicht einordnen, fühlen sich verwirrt und überrollt von »plötzlich« auftauchenden homosexuellen Gefühlen und stehen diesen hilflos gegenüber. Bei Mädchen und Frauen kann diese Phase der Unsicherheit mitunter sehr lange anhalten, weil sie Schwierigkeiten haben, diese Gefühle einzuordnen. Häufiger als Jungen und Männer stellen sie (sich) die Frage, ob sie wirklich lesbisch sind, weil sie für ihre Freundin schwärmen, sich in sie verliebt haben oder Frauen attraktiver finden. Jungen und Männer deuten ihre homoerotischen Gefühle und Gedanken hingegen eher als vorübergehende sexuelle Phantasien und/oder reagieren sofort mit Panik und Verzweiflung, insbesondere wenn sie sich verliebt haben und diese Verliebtheit nicht als Phase interpretieren können (vgl. Watzlawik, 2003).

Häufig mangelt es den Jugendlichen und jungen Erwachsenen, die nicht in größeren Städten leben, an geeigneten Modellen, wie und auf welche Weise sie ihre homo- bzw. bisexuelle Neigung leben und gestalten sollen, sowohl nach innen als auch nach außen (vgl. Fiedler, 2004). »Stimmen der Unsicherheit und Zweifel« verwenden die Jugendlichen und jungen Erwachsenen in verschiedenen Variationen. Die Verunsicherung kann im günstigen Fall dazu führen, dass sie sich unmittelbar gezielt über die nicht heterosexuelle Orientierung informieren und Austausch mit Gleichgesinnten suchen, um so positive Rollen- und Identifikationsmodelle zu erfahren. Oder sie verfügen über unterstützende Ressourcen und haben eine Person in ihrem sozialem Umfeld, der sie sich anvertrauen können. Die zunehmende Gewissheit, lesbisch, schwul oder bisexuell zu sein, kann dazu führen, dass die Jugendlichen und jungen Erwachsenen gezielt den Personen Aufmerksamkeit schenken, die zulassen, als schwul oder lesbisch identifiziert zu werden (vgl. Fiedler, 2004). Die »Stimmen der Entdeckung der homo- bzw. bisexuellen Gefühle und Gedanken« verbinden sich in diesem Fall mit den »Stimmen der Identitätstoleranz« und lassen eine günstige Prognose auf den Entwicklungsprozess annehmen.

Andererseits kann sich aber auch eine reaktive Abwehr gegenüber dem eigenen Erleben aufbauen. Jugendliche und junge Erwachsenen verleugnen und verdrängen ihre Gefühle und ziehen sich unter Umständen immer weiter aus ihrem sozialen Kontext zurück. Reaktionen wie Panik, Angst, depressive Verstimmungen und psychosomatische Beschwerden bei anhaltender Hilflosigkeit, aber auch Ekel und Scham bei der Vorstellung von Sex mit einem gleichgeschlechtlichen Partner werden von den Jugendlichen und jungen Erwachsenen geäußert. Auf die Zukunft gerichtete Wünsche, Vorstellungen und Lebensziele von einer eigenen Familie und Kindern stehen meistens in Zusammenhang mit einem Festhalten an der vermeintlichen Heterosexualität, sind aber gleichzeitig auch ein Ausdruck dafür, dass bestimmte Hoffnungen und Lebensziele unvereinbar mit einer homosexuellen Orientierung sind und damit nicht mehr realisierbar. Erregung, Verliebtsein und Neugierde wechseln sich ab mit Panik, Angstgefühlen und Ekel vor sich selbst. Die Versuche der Abwehr des neuartigen und fremden Erlebens bis hin zum Vermeiden von sozialen Kontakten werden ihrerseits zum Auslöser für homosexuelle Phantasien und verstärken mitunter ihre vermeintliche Bedrohlichkeit. Die »Stimmen der Abwehr und des krisenhaften Erlebens« zeigen sich etwas häufiger und oft auch extremer bei Jungen und Männern als bei Mädchen und Frauen. Sie reagieren mit deutlich mehr Angst und Ablehnung auf das Bewusstwerden der homosexuellen Neigung. Stehen die Stimmen der Abwehr und des krisenhaften Erlebens in Verbindung mit der Angst vor Ausgrenzung und Diskriminierung seitens ihres sozialen Umfelds (»Stimmen der Angst vor den Reaktionen des sozialen Umfelds«), deutet dies sowohl auf intrapsychische als auch interpsychische Konflikte hin.

Das soziale Umfeld spielt eine entscheidende Rolle im Entwicklungsprozess. Die Angst vor Reaktionen von Personen des sozialen Umfelds erschwert oftmals eine beginnende Identitätsakzeptanz. Unverständnis, mangelnde Sensibilität und Unterstützung wie auch homophobe Einstellungen (vgl. Biechele et al. 2001; Schupp, 1999) seitens des soziokulturellen Lebensraums und mangelnde Kontaktmöglichkeiten zu anderen nicht heterosexuell orientierten Menschen behindern und verlangsamen den Prozess der sexuellen Identitätsentwicklung. Viele versuchen nach außen das Bild heterosexueller Geschlechtsorientierung zu wahren, um sich vor negativen und homophoben Ausgrenzungserfahrungen zu schützen. Die nicht heterosexuelle Orientierung über längere Zeit erfolgreich zu tarnen, bringt jedoch vielfältige Probleme mit sich und endet nicht selten in einem Rückzug aus dem sozialen Kontext, um unangenehmen Fragen aus dem Weg zu gehen und die Tarnung nicht zu gefährden (vgl. Fiedler, 2004). Wichtige und notwendige Beziehungserfahrungen und sexuelle Kontakte, die heterosexuell orientierte Jugendliche viel früher machen, werden erschwert oder sogar verhindert (vgl. Biechele et al., 2001). Die Erfahrungen finden viel später statt, oft erst, wenn die mittlerweile jungen Erwachsenen bereits im Ausbildungsverhältnis oder im Berufsleben stehen und ihnen weniger soziale Interaktionspartner als in der Schule zur Verfügung stehen. Die Kontaktaufnahme zu anderen Schwulen und Lesben gestaltet sich unter Umständen aus Mangel an schwulen und lesbischen Gemeinschaften sehr schwierig. Auch Schüchternheit, verminderte soziale Fertigkeiten oder ein geringes Selbstwertgefühl stellen Faktoren dar, die einer Kontaktaufnahme zu Gleichgesinnten erschwerend gegenüberstehen. Die »Stimmen der Angst vor Reaktionen des sozialen Umfelds« benutzen Mädchen und Frauen häufig im Zusammenhang mit einer bestimmten Person, weil sie Angst davor hatten, die Freundschaft zu gefährden, wenn sie der Person ihre homosexuelle Neigung gestehen. Bei Jungen und Männern stehen hingegen die Angst vor Ausgrenzung und Diskriminierung oder die Erfahrung von Ablehnung seitens ihres sozialen Umfelds im Vordergrund. Dies kann auf eine größere Homophobie unter Männern zurückzuführen sein, die von den Jugendlichen wahrgenommen wird und sich durch Forschungsergebnisse bestätigen lässt (vgl. Fiedler, 2004; Wellings, Field u. Whitaker, 1994, zitiert nach Watzlawik, 2003).

Angst und Unsicherheit hinsichtlich der Reaktion anderer zeigt sich bei beiden Geschlechtern auch in der Kontaktaufnahme zu Personen, die sie attraktiv finden oder in die sie sich verliebt haben und von der sie glauben oder gehört haben, dass sie sich auch für das gleiche Geschlecht interessiert. Sie sehen sich unvermittelt mit unbekannten Ansprüchen, Normen und Erwartungen konfrontiert und wissen nicht, wie sie sich verhalten sollen. »Stimmen der Abwehr und des krisenhaften Erlebens«, der Bewusstwerdung und Angst hinsichtlich der Reaktion des sozialen Umfelds resultierten sowohl aus Diskriminierungserfahrungen, mangelnder Unterstützung und fehlender Aufklärung als auch aus internalisierten homophoben Einstellungen.

Zwischenstufen und Konstanz der sexuellen Orientierung

Nicht selten haben Jugendlichen trotz homosexueller Phantasien heterosexuelle Beziehungen und versuchen lange Zeit an ihrer (vermeintlichen) Heterosexualität festzuhalten. Bestehen oder bestanden heterosexuelle Beziehungen, verstärken diese häufig die Unsicherheit hinsichtlich der eigenen sexuellen Orientierung. Die voreilige Vermutung eines noch nicht abgeschlossenen Integrationsprozesses auf dem Weg zur Homosexualität könnte aber in vielen Fällen den Blick auf eine eigenständige bisexuelle Differenzierung verstellen (vgl. Fiedler, 2004). Längere heterosexuelle Beziehungen können zum einen ein Hinweis auf eine bisher noch nicht entdeckte bisexuelle Orientierung sein, insbesondere wenn junge Erwachsene die heterosexuellen Beziehungen als authentisch und wahrhaft erlebt haben. Die plötzliche Entdeckung der sexuellen Zuneigung zum gleichen Geschlecht bei Männern und Frauen kann aber andererseits auch bedeuten, dass sich die sexuelle Orientierung bei ein und derselben Person über eine Zeitspanne hinweg in die eine oder andere Richtung verschieben kann (vgl. Fiedler, 2004). Die von Jugendlichen und besonders jungen Erwachsenen geäußerte Unsicherheit in Bezug auf die eigene sexuelle Orientierung steht meist in engem Zusammenhang mit der Einordnung der sexuellen Gefühle und Gedanken in die Kategorien ausschließlich heterosexuell oder ausschließlich homosexuell. Diese Kategorien vermitteln nach außen den Eindruck, dass Menschen nach klar unterscheidbaren Merkmalen der einen oder anderen sexuellen Orientierung zugeordnet werden können und dass diese sexuelle Orientierung lebenslang gilt. Zunehmende Akzeptanz und Toleranz insbesondere der jüngeren Generation gegenüber gleich- und beidgeschlechtlichen sexuellen Varianten deuten auf einen neuen Trend in der Konstanz der sexuellen Orientierung hin (Deutsch, 2000). Wenn Männer oder Frauen nach jahrzehntelangem sexuellem Kontakt zum anderen Geschlecht plötzlich ihre sexuelle Neigung zum gleichen Geschlecht entdecken, könnte dies ein Hinweis darauf sein, dass sich Personen nicht mehr lebenslänglich für eine bestimmte sexuelle Orientierung entscheiden. Es scheint der Wechsel in der sexuellen Orientierung nicht auf den Lebensabschnitt der sexuellen Identitätsentwicklung beschränkt zu sein (Deutsch, 2000). Zur Konstanz der sexuellen Orientierung im Erwachsenenalter stehen umfassende Untersuchungen noch aus.

Der implizite Druck, sich festlegen zu müssen, lässt Zwischenstufen und interindividuelle Unterschiede nicht zu. Fiedler (2004) weist auf Befragungen hin, bei denen immer wieder Personen zu finden sind, die sich selbst als lesbisch oder schwul bezeichnen, obwohl sie noch nie sexuelle Kontakte mit gleichgeschlechtlichen Partnern hatten. Auf der anderen Seite gibt es Menschen, die sich subjektiv als heterosexuell einstufen und gleichzeitig homosexuell aktiv sind (z. B. Savin-Williams, 1990, zitiert nach Fiedler, 2004).

Coming-out – Ein geradliniger Prozess?

Auch Jugendliche und junge Erwachsene, die sich bereits geoutet haben und/oder in einer homosexuellen Partnerschaft leben, äußern Selbstzweifel und Unsicherheit an ihrer homosexuellen Orientierung und stellen diese erneut in Frage. In einem Fall (der Poster ist 26 Jahre alt, geoutet und lebt in einer festen Beziehung mit einem gleichgeschlechtlichen Partner) sind heterosexuelle Phantasien und Gedanken der Auslöser für erneute und ernsthafte Selbstzweifel an der homosexuellen Orientierung. Die Unsicherheit und Verzweiflung steht auch hier in engem Zusammenhang mit dem Glauben, dass eine einmal gewählte sexuelle Orientierung unumstößlich ist und lebenslang gilt. Der junge Mann äußert die Befürchtung, seine Integrität zu verlieren, wenn er diesen heterosexuellen Gefühlen nachgibt und sich als bisexuell zu erkennen gibt.

In einem anderen Fall (der Poster ist 26 Jahre und geoutet) tauchen erneut Zweifel und Unsicherheit auf, weil zum einen die Eltern der Homosexualität ihres Sohnes unverändert negativ und ablehnend gegenüberstehen und diese als »Reifeprozess« und »schwule Phase« abwerten. Zum anderen fehlen positive Beziehungserfahrungen, da jede Verliebtheit mit Ablehnung seitens des Gegenübers endete. Die Annahme von einigen Autoren, »dass noch bestehende Widerstände und Abwehrhaltungen gegenüber der eigenen sexuellen Orientierung erst dann endgültig überwunden werden, wenn sich Schwule, Lesben oder bisexuelle Menschen ein erstes Mal so richtig verlieben«, bestätigen die Selbstberichte der Jugendlichen und jungen Erwachsenen nicht (Davies, 1996; Isay, 1998, zitiert nach Fiedler, 2004, S. 121). Die Verliebtheit wird in gleichem Maße wie homo- oder bisexuelle Phantasien von den Jugendlichen und jungen Erwachsenen in Zusammenhang mit Stimmen der Unsicherheit und Zweifel wie auch mit Stimmen der Abwehr und des krisenhaften Erlebens verwendet.

Die Ergebnisse weisen daraufhin, dass die Bewusstwerdung der eigenen sexuellen Orientierung ein hoch komplexer Prozess ist, der sich zeitlich auf verschiedenen emotionalen, kognitiven und verhaltensnahen Dimensionen sehr unterschiedlich entwickeln kann und über die zeitlich oder hierarchisch aufgebauten Stufenmodelle nur unzureichend abgebildet werden kann. Das Stufenmodell von Cass (1979, zitiert nach Fiedler, 2004) sieht erneute Unsicherheit und Selbstzweifel sowie eine erneute Auseinandersetzung mit der eigenen sexuellen Orientierung nach einem Coming-out nicht vor. Es beschreibt den Prozess des Coming-out als kontinuierlichen bzw. sequenziellen Prozess der Toleranz und Akzeptanz gegenüber der homo- bzw. bisexuellen Orientierung, der insbesondere über den zunehmenden Kontakt zu anderen homo- oder bisexuell orientierten Personen zu einer Stabilisierung des homo- oder bisexuellen Selbstbilds führt. Auch Fiedler (2004) weist darauf hin, dass das Coming-out nicht als linearer Entwicklungsprozess angesehen werden darf. Es ist keine Seltenheit, dass Schwule, Lesben und Bisexuelle im Unterschied zu gleichaltrigen Heterosexuellen schlichtweg keinen Partner finden, um ihre sexuelle Neigung zu erproben und auszuleben. Kommen Erfahrungen von familiärer Zurückweisung und sozialer Ausgrenzung hinzu, sind soziale Isolation, zunehmende Einsamkeit bis hin zu Depressivität und Anpassungsstörungen nicht selten die Folge. Kulturelle Normen und soziale Erwartungen beeinflussen entscheidend die Möglichkeiten der Bewusstwerdung oder Interpretationen subjektiver Erregung und haben damit auch einen großen Einfluss auf die Möglichkeiten eines eher entlastenden oder eher belastenden Coming-out (Fiedler, 2004).

Besonderheiten der Untersuchung

Da bei dieser Untersuchung Internetdaten in Form von Selbstberichten aus einem Diskussionsforum ausgewertet wurden, sind einige Besonderheiten zu beachten. Das Internet ist nicht allen Bevölkerungsgruppen gleichermaßen zugänglich. Wie die soziodemographischen Studien zur Internetnutzung zeigen, stellen Jugendliche und jungen Erwachsene mit formal höherem Bildungshintergrund immer noch den größten Anteil der Internetnutzer, das heißt, es muss davon ausgegangen werden, dass diese Gruppe auch in der vorliegenden Stichprobe überrepräsentiert ist. Möglicherweise würden sich bei einer repräsentativen Stichprobe weitere Voice-Cluster herausbilden. Da die Ergebnisse aber sowohl auf überwiegend krisenhaften als auch auf überwiegend unproblematischen Entwicklungsprozessen basieren, kann davon ausgegangen werden, dass die Aspekte des Entwicklungsprozess in Form von Voice-Clustern relativ vollständig erfasst wurden.

Das Diskussionsforum selbst stellt eine wichtige Möglichkeit für homo-, bi- und heterosexuell orientierte Heranwachsende und junge Erwachsene dar, im geschützten, das heißt anonymen Rahmen vielleicht zum ersten Mal über ihre Probleme und Unsicherheiten zu »sprechen« und im Kontakt zu Gleichgesinnten Selbstaspekte zum Ausdruck zu bringen, die im realen Alltag verheimlicht werden müssen. Oft ist Anonymität auch Voraussetzung dafür, sich anderen Menschen besonders offen und unbefangen zu nähern. Für Jugendliche und junge Erwachsene mit nicht heterosexueller Orientierung ist es wichtig, den oft verheimlichten Selbstaspekt zunächst im Netz vor Gleichgesinnten zu präsentieren, um so zu einer größeren Selbstakzeptanz zu gelangen und vielleicht auch im realen Alltag außerhalb des Internets ein Coming-out zu wagen (vgl. McKenna u. Bargh, 1998, zitiert nach Döring, 2004).

Eine weitere Besonderheit der Untersuchung besteht darin, dass die Selbstberichte der Jugendlichen eine Identifizierung von (problematischen) Entwicklungsbedingungen ermöglichen, wie sie aus Sicht der Jugendlichen erlebt werden. Damit wird die Entwicklung nicht von außen dargestellt, sondern aus Sicht der Heranwachsenden und jungen Erwachsenen selbst. Gesellschaftlich gesehen heißt dies, dass durch wissenschaftliche Untersuchungen eine Gegenposition zu bestehenden Normen erkennbar wird.

Literatur

Biechele, U., Reisbeck, G., Keupp, H. (Niedersächsisches Ministerium für Frauen, Arbeit und Soziales) (2001). Schwule Jugendliche: Ergebnisse zur Lebenssituation, sozialen und sexuellen Identität. Elektronische Ressource. Verfügbar über: http://www.sozialnetz-hessen.de/homosexualitaet/anderonline.html. Zugriffsdatum: 23.02.2005.

Brown, L. (1998). Raising their voices. The politics of girl's anger. Cambridge, MA: Harvard University Press.

Brown, L., Gilligan, C. (1994). Die verlorene Stimme. Wendepunkte in der Entwicklung von Mädchen und Frauen. Frankfurt a.m.: Campus.

Deutsch, W. (2000). Die Fichte und der Palmenbaum: Über die Entwicklung des Geschlechts und der Sexualität beim Menschen. In W. Deutsch, H. Schneider (Hrsg.), Sexualität/ Sexuelle Identität (S. 19–33). 56. Psychotherapie-Seminar Freudenstadt. Heidelberg: Mattes.

Döring, N. (2000a). Identitäten, soziale Beziehungen und Gemeinschaften im Internet. In B. Batinic (Hrsg.), Internet für Psychologen (S. 379–415). Göttingen: Hogrefe.

Döring, N. (2000b). Kommunikation im Internet: Neun theoretische Ansätze. In B. Batininc (Hrsg.), Internet für Psychologen (S. 345–377). Göttingen: Hogrefe.

Döring, N. (2003). Sozialpsychologie des Internet. Die Bedeutung des Internet für Kommunikationsprozesse, Identitäten, soziale Beziehungen und Gruppen. Göttingen: Hogrefe.

Döring, N. (2004). Sozio-emotionale Dimensionen des Internet. In R. Mangold, P. Vorderer, G. Bente (Hrsg.), Lehrbuch der Medienpsychologie (S. 769–791). Göttingen: Hogrefe.

Fiedler, P. (2004). Sexuelle Orientierung und sexuelle Abweichungen: Heterosexualität, Homosexualität, Transgenderismus und Paraphilie, sexueller Missbrauch. Weinheim: Psychologie Verlags Union.

Gilligan, C. (1982). In a different voice. Cambridge, MA: Harvard University Press.

Hermans, H. J. M. (1996). Voicing the self: From information processing to dialogical interchange. Psychological Bulletin, 119, 31–50.

Hermans, H. J. M., Kempen, H. J. G., Van Loon, R. J. P. (1992). The dialogical self: Beyond individualism and rationalism. American Psychologist, 47, 23–33.

Hoffsäss, T. (1999). Jugendhilfe und gleichgeschlechtliche Orientierung. Berlin: Verlag für Wissenschaft und Bildung.

Iske, S., Klein, A., Kutscher, N. (2004). Nutzungsdifferenzen als Indikator für soziale Ungleichheit im Internet. Elektronische Ressource. Verfügbar über: http://www.kib-bielefeld/ externelinks2005/B322004IskeKleinKutscher.pdf. Zugriffsdatum: 24.06.2005.

Jugendnetzwerk Lambda Nord e.V. (Hrsg.) (1999). Evaluation zur Arbeit des Projekts Na Sowas. Elektronische Ressource. Verfügbar über: http://www.lesben-schwule-sh.de/pdf/ evaluation_na_sowas.pdf. Zugriffsdatum: 05.03.2005.

Kiegelmann, M. (1998). Sexueller Missbrauch von Mädchen durch ihre Brüder. Eine entwicklungspsychologische Studie mit erwachsenen Schwestern. In W. Hacker und M. Rinck (Hrsg.), Zukunft gestalten: Bericht über den 41. Kongress der Deutschen Gesellschaft für Psychologie in Dresden 1998. Lengerich: Pabst.

Kiegelmann, M. (1999). Verdecktes Erinnern an NS-Geschichte in deutschen Unternehmen. Anmerkungen zur Selbstdarstellung einer Nervenklinik. In A. Henninger (Hrsg.), Ins Netz geholt: Zeit, Geld, Informationen – alles, was die Wissenschaftlerin braucht!? (S. 125–133). Düsseldorf: edition Hans Böckler.

Kiegelmann, M. (2000). Qualitativ-psychologische Forschung mit dem Voice-Ansatz. Forum Qualitative Sozialforschung / Forum: Qualitative Social Research (Online Journal), 1(2).

Verfügbar über: http://qualitative-research.net/fqs-d/2-00inhalt-d.htm. Zugriffsdatum: 18.01.2005.

Kiegelmann, M. (2001). Qualitative research with a genuine psychological approach: The method of voice analysis. In M. Kiegelmann (Hrsg.), Qualitative research in psychology (S. 117–134). Schwangau: Ingeborg Huber.

Kiegelmann, M. (2003). Illustrating the voice-method using the example of Cervantes' Don Quixote. In M. Kiegelmann, L. Gürtler (Hrsg.), Research questions and matching methods of analysis (S. 49–60). Tübingen: Ingeborg Huber.

Maccoby, E. E. (2000). Psychologie der Geschlechter. Sexuelle Identität in den verschiedenen Lebensphasen. Stuttgart: Klett-Cotta.

Medienpädagogischer Forschungsverbund Südwest (MFPS) (Hrsg.) (2001). JIM 2004 Jugend, Information, (Multi-)Media: Basisuntersuchung zum Medienumgang 12- bis 19-Jähriger in Deutschland. Stuttgart: Herausgeber.

TNS Emnid und Initiative D21 (Hrsg.) (2004). (N)Onliner Atlas 2004: Nutzung und Nichtnutzung des Internets, Strukturen und regionale Verteilung. Inklusive Sonderteil „Innovation – Mobiles Internet". Elektronische Ressource. Abrufbar über: http://www.nonliner-atlas.de/archiv.asp. Zugriffsdatum: 04.02.2008.

Oerter, R., Dreher, E. (2002). Jugendalter. In R. Oerter, L. Montada (Hrsg.), Entwicklungspsychologie. Weinheim: Psychologie Verlags Union.

Otto, U., Kutscher, N., Klein, A., Iske, S. (2004) Soziale Ungleichheit im virtuellen Raum: Wie nutzen Jugendliche das Internet? Erste Ergebnisse einer empirischen Untersuchung zu Online-Nutzungsdifferenzen und Aneignungsstrukturen von Jugendlichen. Elektronische Ressource. Verfügbar über: http://www.uni-bielefeld.de/paedagogik/agn/ag8/kib.html. Zugriffsdatum: 17.02.2005.

Schupp, K. (1999). Sie liebt sie. Er liebt ihn: Eine Studie zur psychosozialen Situation junger Lesben, Schwuler und Bisexueller in Berlin. Berlin: Kästner Druck.

Straver, C. J. (1989) Perspektiven der homosexuellen Identität: Die soziosexuelle Entwicklung im Vergleich zwischen homo- und heterosexuellen Jungen und Mädchen. In R. Gindorf, E. J. Haeberle (Hrsg.), Sexualität in unserer Gesellschaft. Beiträge zur Geschichte, Theorie und Empirie (S. 169–195). Berlin: Walter de Gruyter.

Trautner, H. M. (2002). Entwicklung der Geschlechtsidentität. In R. Oerter, L. Montada (Hrsg.), Entwicklungspsychologie (S. 648–674). Weinheim: Psychologie Verlags Union.

Watzlawik, Meike (2003). Jugendliche erleben sexuelle Orientierungen. Eine Internetbefragung zur sexuellen Identitätsentwicklung bei amerikanischen und deutschsprachigen Jugendlichen im Alter von 12 bis 16 Jahren. Dissertation, Technische Universität Braunschweig.

van Eimeren, B., Gerhard, H., Frees, B. (2004) ARD/ZDF-Online-Studie 2004: Internetverbreitung in Deutschland: Potential vorerst ausgeschöpft?. Elektronische Ressource. Verfügbar über: http://www.daserste.de/service/studie.asp. Zugriffsdatum: 19.06.2005.

Zimbardo, P. G. (1992). Psychologie (5. Auf). Berlin: Springer.

Anhang

Tabelle 27: Übersicht über die ausgewählten Forumsbeiträge (Jungen und Männer)

Nickname/ Datum/Titel	Geschrieben von *Axel* am 4. November 2003, 21:31:11: *Was bin ich? Bi?*
Zusammen- fassung des Inhalts	Axel ist 19 Jahre alt und noch nicht geoutet. Axel quält seit langem die Frage in Bezug auf seine sexuelle Orientierung. Er hat die Vermutung, dass er bisexuell ist, kann sich aber überhaupt nicht vorstellen, sich als bisexuell zu outen. Er distanziert sich auch ausdrücklich von der Vorstellung, schwul zu sein. Axel versucht die Frage überwiegend kognitiv nur in seiner Vorstellung zu beantworten. Er lässt auf seinen Wunsch nach Ausprobieren (sexuelle Kontakte sowohl zu Männern als auch zu Frauen) keine Taten folgen. Vor jedem Schritt, der ihm Gewissheit verschaffen könnte, schreckt er zurück. Damit verharrt er in einem Zustand, der quälend und unbefriedigend ist und ihn in seiner Entwicklung nicht weiter bringt.
Stimmen	»Zweifel und Unsicherheit hinsichtlich der sexuellen Orientierung« »Abwehr und Angst vor Reaktion anderer« »homoerotische Phantasien und Verliebtheit, die ich ausleben möchte«
Nickname/ Datum/Titel	Geschrieben von *Clemens* am 4. April 2005, 09:41:07: *Ständig wechselnde Phasen …*
Zusammen- fassung des Inhalts	Clemens ist 26 Jahre alt und stellt sich die Frage nach seiner sexuellen Orientierung erneut. Er hat sich mit 23 Jahren geoutet und lebt mit einem festen Partner zusammen. Clemens erlebt, dass sich die sexuelle Orientierung immer wieder ändern kann. Nach seinem langen Coming-out und der damit gewonnenen Sicherheit, verstärkt durch eine feste Partnerschaft, erfährt er eine erneute Verunsicherung. Diese Verunsicherung stellt aber nicht die Homosexualität an sich in Frage, sondern führt ihn zu der Frage, ob er nicht nur homosexuell, sondern vielleicht bisexuell ist, worüber er aber nicht glücklich ist.
Stimmen	»bin ich wirklich nur schwul oder vielleicht bisexuell« oder »erneute Unsi- cherheit hinsichtlich der sexuellen Orientierung« »homosexuellen Identität«
Nickname/ Datum/Titel	Geschrieben von *Cowboy83* am 28. Dezember 2004, 21:19:49: *Wo gehöre ich hin?*
Zusammen- fassung des Inhalts	Cowboy83 ist 21 Jahre alt und nicht geoutet. In erster Linie äußert er Unsi- cherheit und Verwirrung darüber, ob er vielleicht homosexuell sein könnte, obwohl er das Wort schwul oder homosexuell nicht verwendet. Entstanden ist diese Unsicherheit, weil er Männer sexuell und körperlich interessant fin- det und weil andere ihn immer häufiger fragen, ob er schwul sei. Er macht auf mich den Eindruck, als sei ihm diese Erkenntnis erst allmählich gekommen. Sie ängstigt ihn nicht, sie verunsichert ihn zunächst nur. Nur in dem letzten Satz spricht er von Problemen.

Stimmen	»ich liebe Frauen, das war schon immer so« »sexuelles Interesse an Männern« »Verwirrung und Unsicherheit über seine sexuelle Orientierung«
Nickname/ Datum/Titel	Geschrieben von *Jan* am 31. August 2004, 21:07:12: *Bin ich oder nicht?*
Zusammen- fassung des Inhalts	Jan ist 16 Jahre alt und nicht geoutet. Jan hat erst vor kurzem entdeckt, dass ihn homoerotische Gedanken und Wünsche, in denen auch sein Freund vorkommt, erregen. Seine Reaktionen sind totale Angst und Panik. Er hat aber relativ schnell, nur ein bis zwei Monaten später, gepostet.
Stimmen	»homoerotische Gedanken und Wünsche« »Panik, Angst und Identitätskrise«
Nickname/ Datum/Titel	Geschrieben von *dfk* am 1. August 2003, 00:20:07: *Schwul, bi oder doch hetero?*
Zusammen- fassung des Inhalts	dfk bzw. Flo ist 20 Jahre alt (Information aus dem zweiten Posting) und er ist nicht geoutet. Flo hat gerade angefangen, sich bewusst Gedanken über seine sexuelle Orientierung zu machen. Er scheint, trotz bisheriger Beziehungen zu Mädchen, wiederholt homoerotische Phantasien zu haben. Er träumte immer wieder davon, mit einem bestimmten Freund Sex zu haben. Flo ist sich aber trotzdem sehr unsicher, ob er schwul ist. Er wäre es gern, er findet diesen Gedanken befreiend, aber er möchte Gewissheit über seine Homosexualität. Er wünscht sich Klarheit und Orientierungshilfen, um sich sicher sein zu können.
Stimmen	»innige/vertraute Freundschaft« »homosexuelle Gedanken, Gefühle und Vorstellungen« »positive Einstellung zur Homosexualität« »Unsicherheit hinsichtlich der sexuellen Orientierung«
Nickname/ Datum/Titel	Geschrieben von *ich* am 13. Oktober 2003 16:24:05: *Ich will nicht schwul sein*
Zusammen- fassung des Inhalts	»Ich« ist 16 Jahre alt und nicht geoutet. »Ich« will nicht schwul sein, Glück bedeutet für ihn Frau und Kinder, und dem widersprechen seine homoerotischen Gedanken und Gefühle. Er verdrängt die eigenen homoerotischen Gedanken und Gefühle, indem er versucht, sich einzureden, dass ein Willensakt ausreiche, um die »drohende« Homosexualität abzuwenden. Sein Selbstbetrug wirkt auf mich sehr konstruiert, naiv und kindlich.
Stimmen	»homoerotische Gedanken und Phantasien« »Flucht und Abwehr durch naive Vorstellungen«
Nickname/ Datum/Titel	Geschrieben von *Marco* am 28. Januar 2001, 10:46:45: *Was soll ich machen?*
Zusammen- fassung des Inhalts	Marco ist 16 Jahre alt und über sein äußeres Coming-out sagt er nichts. Marco sagt von sich, dass er bisexuell ist. Hat aber noch nie mit einem Mädchen geschlafen, dafür hat er eine feste Beziehung zu seinem Freund, den er wirklich liebt, wie er sagt. Sein Konflikt ist, dass sein Wunsch nach einer Beziehung und Sex mit einem Mädchen mit seiner festen Beziehung zu seinem Freund nicht vereinbar ist, den er nicht verlieren und auch nicht verletzen möchte. Unklar bleibt dabei, warum er diesen Wunsch verspürt.

Stimmen	»Wille/Wunsch nach gleichzeitiger Beziehung zu Mädchen« »moralische Bedenken«
Nickname/ Datum/Titel	Geschrieben von *Stefan* (1) am 26. Februar 2005, 14:18:00: *Plötzlich bi?*
Zusammen- fassung des Inhalts	Stefan ist 19 Jahre alt und nicht geoutet. Stefan ist in seinen neuen Freund verliebt und diese Gefühle sind sehr stark. Er ist sehr verstört darüber, weil er bisher nie homoerotische Gefühle und Gedanken an sich erlebt hat. Sein bisheriges Selbstbild ist völlig ins Wanken geraten und er hat Angst, dass sein neuer Freund ihm seine Gefühle ansieht. Er kann sich überhaupt nicht vorstellen, sich ihm zu offenbaren.
Stimmen	»totale Verliebtheit« »Selbstzweifel, weil ich immer normal war« »Unsicherheit und Verwirrung«
Nickname/ Datum/Titel	Geschrieben von *Jens* am 22. April 2005, 21:59:21: *Hab ich mich wirklich in allem geirrt?*
Zusammen- fassung des Inhalts	Jens ist 26 Jahre alt, hat sich mit 25 Jahren geoutet. Er betont wiederholt, dass er sich immer nur in Jungen/Männer verlieben konnte und auch nur die Nähe zu ihnen zulassen kann. Die Versuche mit Mädchen in seiner Puber- tät möchte er eigentlich nicht wiederholen, weil der Sex und die Beziehung zu ihnen nicht erfüllend waren und sich sein Innerstes dagegen wehrt. Das verstärkte Wahrnehmen weiblicher Attribute steht im Widerspruch zu seiner Aussage, sich bisher nur in Männer verliebt zu haben. Die Verzweiflung bzw. (Selbst-)Zweifel treten vor allem in Zusammenhang mit seinen unglückli- chen Beziehungen zu Männern auf, die seine Gefühle bisher (»leider«) nicht erwidert haben, das Coming-out als Fehler steht in dem gleichen Zusam- menhang. Eine wirkliche Unterstützung von anderen erfährt er anscheinend nicht, die Eltern lehnen seine Homosexualität ab und andere Menschen in seinem Umfeld fallen eher durch Nichterwähnen auf.
Stimmen	»Verliebtheit und der Emotionalität zu Männern« oder »erneute Selbstzweifel und ambivalente Gefühle« »tief enttäuschte Gefühle und Unglücklichsein« »Resignation in Bezug auf mangelndes Verständnis der Umwelt«
Nickname/ Datum/Titel	Geschrieben von *Mark* am 4. Januar 2005, 13:35:41: *Schwul, was nun?*
Zusammen- fassung des Inhalts	Mark ist 28 Jahre alt und ist nicht geoutet. Das zentrale Thema von Mark ist seine große Angst, anderen mitzuteilen, dass er homosexuell ist. Die Angst davor isoliert ihn, behindert ihn, lässt ihn verzweifeln und leiden. Er unter- drückt massiv seine Gefühle und (sexuellen) Bedürfnisse. Er möchte sich mitteilen und fragt um Rat und wehrt gleichzeitig von vornherein bestimmte Antworten ab, so als wollte er damit zum Ausdruck bringen, dass es für sein (subjektiv empfundenes) gravierendes Problem keine Lösung gibt. Die Lösung, sich zur Homosexualität zu bekennen, sowohl das Eingeständnis vor sich selbst und vor seinem sozialen Umfeld, scheint für ihn gleichbedeutend mit einem Verlust seines bisherigen Lebens zu sein.

Stimmen	»großes Leiden, Verzweifelung und depressive Stimmung« »mich ziehen Männer an und ich sehne mich nach ihnen« »Abwehr und Angst vor dem Eingestehen der Homosexualität und »Outen, große Ambivalenz« »vorsichtiges Fragen nach der Meinung und dem Rat anderer«
Nickname/ Datum/Titel	Geschrieben von *Markus* am 26. Mai 2001, 12:05:13: *Kein Titel weil ich das nicht in Worte fassen kann.*
Zusammen-fassung des Inhalts	Markus ist 22 Jahre alt und geoutet (lebt in Hamburg und befindet sich in der Ausbildung). Markus hat bisher so gelebt wie seine Eltern und bis vor einem Jahr dieses sehr sach- und leistungsbezogene Leben nicht in Frage gestellt. Jetzt stürzen alle Empfindungen auf einmal auf ihn ein. Er entdeckt seine homosexuellen Gefühle und stellt gleichzeitig fest, dass er bisher überhaupt sehr emotionsarm gelebt hat. Er will sich ändern und reflektiert viel stärker als bisher seine Gefühlswelt, findet dafür aber keine Unterstützung bei Eltern und Freundin.
Stimmen	»intensive Selbstfindung und Erkenntnis« »Schweigen brechen in der Familie mit negativen Folgen« »Entdeckung der Homosexualität« »Bitte um Hilfe und Unterstützung«
Nickname/ Datum/Titel	Geschrieben von *Stefan* (2) am 9. April 2005, 11:40:50: *Wer passt dazu?*
Zusammen-fassung des Inhalts	Stefan ist 21 Jahre alt und nicht geoutet. Zentral ist die starke Verdrängung und Verleugnung, sich in seinen besten Freund verliebt zu haben und homosexuell zu sein. Damit einher geht eine große Angst, aus der Gesellschaft ausgestoßen zu werden, weil schwul sein in seinen Augen krank und unnormal ist. Andererseits rühren seine Verzweiflung und sein Schrei nach Hilfe daher, dass er große und intensive Gefühle (Liebe) für seinen Freund hat.
Stimmen	»totale Verdrängung, Verleugnung, Angst, Panik und Homophobie« »Verliebtheit« »Selbstzweifel an seiner angeblichen Normalität, vorsichtiges »Sicheinge-stehen der Homosexualität« »Ruf und Bitte um Hilfe bzw. Rat«
Nickname/ Datum/Titel	Geschrieben von *Tim* am 8. Oktober 2004, 20:22:30: *Sehr verwirrt*
Zusammen-fassung des Inhalts	Tim ist 24 und nicht geoutet. Tim hat seit zwei Jahren das Problem der Unsi-cherheit und Ungewissheit über seine sexuelle Orientierung. Seine Gefühle, Gedanken und Vorstellung wechseln ständig von Männer zu Frauen und umgekehrt. Er bewegt dieses Problem nur in seinem Gedanken, sucht nach Hin- und Beweisen für das eine oder das andere und wird nicht aktiv in dem Sinne, den Gedanken und Gefühlen Taten folgen zu lassen. Er weicht konkre-ten Erfahrungen in sexueller Hinsicht aus, sowohl zu Männern als auch zu Frauen. Tim hat seine nicht heterosexuelle Orientierung noch nicht für sich akzeptiert und angenommen.

Stimmen	»Angst bzw. große Unsicherheit vor sexuellen Begegnungen/Erfahrungen« »Zweifel, Unsicherheit und Ambivalenz hinsichtlich der sexuellen »Orientierung« »starke depressive Verstimmung«
Nickname/ Datum/Titel	Geschrieben von *Verzweifelt* am 21. Februar 2005 11:54:48: *Outen soll so einfach sein … Problem durch Scheintoleranz*
Zusammen- fassung des Inhalts	Das Alter von »Verzweifelt« ist nicht bekannt, er hat sich geoutet. Das zentrale Problem von »Verzweifelt« scheint seine Mutter bzw. die schwierige Mutter-Sohn-Beziehung zu sein. Sie kann nicht akzeptieren, dass ihr Sohn homosexuell ist und ein eigenständiges Leben führt und führen will. Er schafft es nicht, ihr konsequent die Grenzen aufzuzeigen und ihr Widerstand zu leisten. Der Prozess der (sexuellen) Identitätsfindung wurde und wird durch diese Konstellation behindert und erschwert. »Verzweifelt« kann seiner Homosexualität immer noch nicht vollständig akzeptieren und fühlt sich auch von anderen abgelehnt, wobei diese Ablehnung eine subjektiv empfundene ist, die er nicht zu beschreiben vermag.
Stimmen	»problematische Mutter-Sohn-Beziehung« »Probleme mit der Homosexualität aufgrund von mangelndem Selbst- »vertrauen«

Tabelle 28: Übersicht über die ausgewählten Forumsbeiträge (Mädchen und Frauen)

Nickname/ Datum/Titel	Geschrieben von *Chiquita* am 18. Februar 2005, 17:51:03: *Verwirrt?!*
Zusammen- fassung des Inhalts	Chiquita ist 23 Jahre alt und nicht geoutet. Chiquita hat sich lange Zeit ihre homosexuellen Gefühle nicht eingestehen können und sie verdrängt und abgewehrt. Sie hatte bisher nur Beziehungen zu Männern und hatte sich auch immer nur in Männer verliebt. Ihre längere Beziehung hat sie als glücklich empfunden und ihre Verliebtheit in Männer war sehr intensiv. Erst in der letzten Zeit hat sie diese als zunehmend unbefriedigend empfunden, sie endeten immer mit starken Panikgefühlen ihrerseits. Neben ihren intensiven Gefühlen zu Männern verspürt Chiquita gleichzeitig eine starke Neigung zu Frauen. Chiquita konnte bislang nicht zu diesen lesbischen Gefühlen und Neigungen stehen, weil sie große Angst vor dem gesellschaftlichen Druck und dem Unverständnis ihres sozialen Umfelds hat. Sie hat immer noch große Schwierigkeiten, ihre homosexuellen Neigungen zuzulassen, versucht jetzt aber einen (Neu-)Anfang und sucht Kontakt zu Gleichgesinnten, weil sie so wie bisher nicht weitermachen kann und möchte.
Stimmen	»große Panik und Abwehr aus Angst vor den Reaktionen anderer« »Unsicherheit und Zweifel hinsichtlich der sexuellen Orientierung« »ich stehe auf Frauen« »ich suche Gleichgesinnte«

Nickname/ **Datum/Titel**	Geschrieben von *Elisabeth* am 27. April 2005, 18:55:10: *Bin ich oder nicht*
Zusammen- fassung des Inhalts	Elisabeth macht keine Angaben zu ihrem Alter und ist nicht geoutet. Aus dem zweiten Posting geht hervor, dass sie noch nicht so alt ist und sich in der Pubertät befindet. Elisabeth ist sehr an Frauen und lesbischen Frauenbeziehungen interessiert und findet Frauen auch sehr viel anziehender als Männer. Sie nimmt ihr »homosexuelles« Interesse wahr und beschäftigt sich mit der Frage, ob sie vielleicht homo- oder bisexuell ist. Noch scheinen es nur reine Vorstellungen und Phantasien zu sein. Die Vorstellung, irgendwann mit einer Frau zusammen zu sein bzw. zu leben, fällt ihr zu diesem Zeitpunkt noch sehr schwer. Sie könnte bzw. möchte ihre Eltern nicht enttäuschen und ist sich sicher, Kinder haben zu wollen. Dies alles spricht für sie zunächst gegen eine Beziehung zu einer Frau.
Stimmen	»lesbische Neigungen und Phantasien« »Unsicherheit und Zweifel hinsichtlich der sexuellen Orientierung« »Verantwortung gegenüber den Eltern«
Nickname/ **Datum/Titel**	Geschrieben von *Eyla* am 05. Mai 2005, 13:06:44: *Weiß nimmer was ich machen soll . . .*
Zusammen- fassung des Inhalts	Eyla ist 18 Jahre alt und nicht geoutet. Eyla hat sich in ihre beste Freundin verliebt. Bis jetzt war für sie Homosexualität kein notwendiges Thema, sie hatte bis vor kurzem einen Freund und nie darüber nachgedacht, ob sie lesbisch sein könnte. Eyla ist sich sehr unsicher, wie sie es ihrer Freundin sagen soll, ohne damit ihre innige und für sie sehr wichtige Freundschaft zu gefährden.
Stimmen	»Unsicherheit hinsichtlich der sexuellen Orientierung« »innige Freundschaft« »Verliebtheit« »Angst und Unsicherheit, der Freundin die Gefühle zu gestehen« »ich möchte Rat und Austausch«
Nickname/ **Datum/Titel**	Geschrieben von *Entdeckung* am 06. Mai 2005, 07:53:24: *Problem mit Gedanken*
Zusammen- fassung des Inhalts	»Entdeckung« ist 23 Jahre alt und hat ihrer Familie von ihrer homosexuellen Neigung erzählt. »Entdeckung« hat seit längerem die Vermutung, dass sie lesbisch ist. Sie hatte bisher nur heterosexuelle Beziehungen und ist schon lange mit ihrem Freund zusammen. Sie hat sich jetzt in ihre Freundin verliebt und weiß nicht, wie sie damit umgehen soll. Besonders problematisch ist für »Entdeckung« die Vorstellung, mit einer Frau Sex zu haben. Diese Vorstellung ist für »Entdeckung« einerseits sehr aufregend und andererseits so schambehaftet und tabu, so dass sie die Vorstellung abwehrt, lesbisch zu sein.
Stimmen	»Zweifel und Unsicherheit hinsichtlich der sexuellen Orientierung« »das Tabu, Sex mit Frauen« »(unglückliche) Verliebtheit« »Suche nach Rat und Hilfe«

Nickname/ Datum/Titel	Geschrieben von *Eva* am 06. Mai 2005, 10:36:58: *Ein Anfang*
Zusammen- fassung des Inhalts	Eva ist 19 Jahre alt und nicht geoutet. Eva weiß seit ihrem 14. Lebensjahr, dass sie lesbisch ist. Sie hat bis vor kurzem ihre homosexuellen Gefühle unterdrückt und verdrängt und lebte sehr zurückgezogen. Sie hat sich jetzt erneut verliebt und diese Verliebtheit war für sie der Auslöser, sich (erneut) mit ihrer homosexuellen Orientierung auseinanderzusetzen und sie anzu- nehmen. Diese erneute (aber unerfüllte) Liebe zu einer Frau ist für Eva ein (symbolischer) Anfang hinsichtlich ihrer sexuellen Orientierung und sie hat das Gefühl endlich »aufzuwachen«.
Stimmen	»überwundene Angst und Zweifel« »ich bin lesbisch« »Verliebtheit«
Nickname/ Datum/Titel	Geschrieben von *Eveline* am 08. April 2005, 08:51:55: *Mann oder Frau?*
Zusammen- fassung des Inhalts	Eveline ist 19 Jahre alt und geoutet. Eveline ist schon sehr lange in eine Frau verliebt, um die sie sich bisher vergeblich bemüht hat. Die meisten ihrer Kolleginnen wissen um ihre Liebe zu dieser Frau. Eveline hat plötzlich Zweifel an ihrer homosexuellen Orientierung, die aller Wahrscheinlichkeit nach in ihrem bisher vergeblichen Bemühen um ihre (erste) Frau begründet sind. Ihr fehlen konkrete gelebte Beziehungen und sexuelle Erfahrungen, um sich ihrer homosexuellen Orientierung sicher sein zu können.
Stimmen	»große (unerfüllte) Verliebtheit« »Unsicherheit hinsichtlich der sexuellen Orientierung« »ich möchte Rat und Austausch«
Nickname/ Datum/Titel	Geschrieben von *Kirsten* am 22. April 2005, 12:26:53: *Schlimme Schmerzen*
Zusammen- fassung des Inhalts	Das Alter von Kirsten ist nicht bekannt und sie ist nicht geoutet. Da sie noch zur Schule geht, kann sie nicht älter als 19 Jahre sein. Kirsten wehrt sich mit aller Kraft gegen ihre homosexuellen Gefühle und ihre Verliebtheit in eine Freundin, weil sie sich schämt und Angst hat, lesbisch zu sein. Ihre starke Verdrängung und Abwehr dieser Gefühle und Gedanken führten zu lang anhaltenden Magenproblemen, für die keine körperlichen Ursachen gefunden werden konnten. Sie hat sich in die Krankheit geflüchtet, weil sie sich nicht mit ihrer (homo-)sexuellen Orientierung auseinandersetzen konnte und wollte. Nachdem ihr geraten wurde, einen Psychologen aufzusuchen, hat sie die Zusammenhänge zwischen ihren Magen-»Problemen« und den »Problemen« mit der sexuellen Orientierung erkannt und sich entschlossen, hier im Forum »endlich« über ihre Ängste und Probleme zu reden.
Stimmen	»Flucht in die Krankheit« »Verliebtheit« »starke Verdrängung, Abwehr und Angst« »Angst vor den Reaktionen anderer, Isolation« »Konfliktwahrnehmung«

Nickname/ Datum/Titel	Geschrieben von *Karina* am 01. Februar 2005, 21:09:49: *Lesbisch??*
Zusammen- fassung des Inhalts	Karina ist 15 Jahre alt und nicht geoutet. Karina findet Frauen attraktiver und anziehender und möchte ihre Sexualität auch mit Frauen ausprobieren. Sie will sich hinsichtlich ihrer sexuellen Orientierung noch nicht festlegen (lassen) und möchte wissen, ob ihre Vorliebe für Frauen gleichbedeutend damit ist, lesbisch zu sein. Vielleicht verbirgt sich auch die Befürchtung dahinter, durch diese Festlegung für immer ein Stigma zu erfahren und dies zu einem Zeitpunkt, zu dem sie erst noch (Selbst-)Erfahrungen sammeln möchte. Ihrer aufkommenden Unsicherheit will sie im Austausch mit anderen homo- und bisexuell orientierten Jugendlichen entgegenwirken.
Stimmen	»ich will mich nicht festlegen« »Wunsch/Bedürfnis nach (Selbst-)Erfahrung«

Nickname/ Datum/Titel	Geschrieben von *Mel* am 19. Mai 2005, 21:24:12: *Ich weiß nicht mehr weiter!*
Zusammen- fassung des Inhalts	Das Alter von Mel ist nicht bekannt und sie ist nicht geoutet. Mel hat bisher als Single gelebt und hatte nur kurze sexuelle Begegnungen mit einem »Kumpel«. Dies war für sie bis jetzt auch relativ unproblematisch, aber seit einiger Zeit fehlt ihr etwas. Seit kurzem verspürt sie intensive Gefühle zu Frauen, die sie latent immer schon hatte und die sie jetzt so beunruhigen und verunsichern, dass sie sich »auf nicht anderes mehr konzentrieren kann«.
Stimmen	»homoerotische Gefühle und Gedanken« »Unsicherheit und Zweifel hinsichtlich der sexuellen Orientierung«

Nickname/ Datum/Titel	Geschrieben von *Meli* am 07. Februar 2005, 10:17:02: *Steh' ich wirklich auf Frauen?*
Zusammen- fassung des Inhalts	Meli ist 16 Jahre alt und nicht geoutet. Meli hat seit einem Jahr die Vermutung, dass sie lesbisch ist, und ist sehr verunsichert und verzweifelt. Sie hat sich vor kurzem in eine Schulfreundin verliebt und weiß nun nicht, wie sie damit umgehen soll. Sie hat ihre Verliebtheit ihrer Freundin noch nicht gestanden. Meli beschreibt eigentlich relativ sachlich, warum sie glaubt, lesbisch zu sein. Auch wenn sie verunsichert und verzweifelt ist, wie sie sagt, geht sie sehr konstruktiv mit ihrer Unsicherheit hinsichtlich ihrer sexuellen Orientierung um.
Stimmen	»ich interessiere mich nur für Mädchen«/»Verliebtheit« »Unsicherheit und Zweifel hinsichtlich der sexuellen Orientierung«

Nickname/ Datum/Titel	Geschrieben von *L.* am 19. März 2005, 21:31:17: *Ich trau mir nicht*
Zusammen- fassung des Inhalts	L.'s Alter ist unbekannt und sie ist nicht geoutet. L.'s Posting spiegelt ihre momentane Krise wider, sowohl vom Inhalt als auch vom Schreibstil her. Sie erwähnt mit keinem Wort, dass sie vielleicht lesbisch oder bisexuell ist. Das Wort Sexualität taucht ein einziges Mal im Posting auf. Sie benennt an keiner Stelle konkret ihr Problem. Mit aller Wahrscheinlichkeit hat L. große Probleme mit ihrer (homo-)sexuellen Orientierung, sonst würde sie nicht in diesem Forum posten. Sie spricht immer wieder davon, dass sie »es« herausfinden muss, aber ihren Gedanken und Gefühlen misstraut und deshalb zu keinem Entscheidung kommen kann. Ihre Gedanken kreisen immer wieder um die gleichen Dinge. L. wirkt sehr depressiv, ängstlich, hilflos und verwirrt.

Stimmen	»schwere Krise hinsichtlich der sexuellen Orientierung« »Bitte um Hilfe«
Nickname/ Datum/Titel	Geschrieben von *Lara78* am 11. April 2005, 14:14:23: *Soll ich oder nicht? Und wie?*
Zusammen- fassung des Inhalts	Lara ist 27 Jahre alt (geht aus einem der anderen Posting hervor) und weitestgehend nicht geoutet. Lara78 hat sich nach einer langjährigen Beziehung von ihrem Freund getrennt und nach der Trennung in eine Frau verliebt. Lara78 kam nach langem Nachdenken zu der Feststellung, dass sie sich schon immer zu Frauen hingezogen gefühlt hat, sich dies aber nie eingestehen konnte und deshalb ihre Homosexualität verdrängt hat. Sie hat ihre homosexuelle Orientierung weitestgehend akzeptiert und ihren Bruder ins Vertrauen gezogen. Lara78 will die Frau näher kennen lernen, ist sich aber noch sehr unsicher, wie sie vorgehen soll.
Stimmen	»ich bin lesbisch« »Verliebtheit« »Unsicherheit und Unerfahrenheit, eine Frau kennen zu lernen« »Unsicherheit hinsichtlich der Reaktionen des sozialen Umfelds«
Nickname/ Datum/Titel	Geschrieben von *miri* am 28. März 2005, 21:51:23: *Verliebt in die beste Freundin*
Zusammen- fassung des Inhalts	Das Alter von Miri ist nicht bekannt (ich vermute, Miri ist unter 18 Jahren). Miri hat sich geoutet und ihre homosexuelle Orientierung angenommen. Miri wird auch von ihrer Peergruppe akzeptiert und hat überwiegend positive Reaktionen erfahren. Ihr Problem ist, dass sie (schon länger) in ihre beste Freundin verliebt ist. Sie weiß, dass ihre Freundin heterosexuell ist, und weiß auch, dass ihre (homosexuellen) Gefühle unerwidert bleiben. Sie kann ihre Gefühle für ihre Freundin nicht einfach abstellen und sucht nach »einer Lösung«, wie sie damit umgehen soll bzw. fragt andere lesbischen Mädchen/Frauen nach ihren Erfahrungen mit diesem Problem.
Stimmen	»ich bin lesbisch« »Verliebtheit« »emotionale Belastung, weil ich meiner Freundin nicht erzählen kann, »dass ich sie liebe« »aktive Konfliktlösung«
Nickname/ Datum/Titel	Geschrieben von *Patricia* am 22. Juni 2004 19:53:26: *Bin erst 13, aber macht euch bitte nicht lustig über mich wegen meines Alters*
Zusammen- fassung des Inhalts	Patricia ist 13 Jahre alt und nicht geoutet. Patricia hat relativ schnell für sich entdeckt, dass sie mehr für Mädchen als für Jungen empfindet. Sie hat sich ernsthaft in ihre Freundin verliebt, mit der sie auch ihren ersten Zungenkuss austauschte. Sie hat ihr schon zu einem früheren Zeitpunkt gestanden, sie vielleicht zu lieben, und ihre Freundin hat nicht ablehnend reagiert. Sie möchte wissen, ob sie tatsächlich lesbisch ist. Sie fände dies nicht problematisch, sondern wäre eher glücklich, weil sie Mädchen viel attraktiver findet.
Stimmen	»Selbstbewusstsein« »intuitive erste homosexuelle Gefühle und Verliebtheit« »ich glaube, ich bin lesbisch«

Julia Kobs

»Ich muss euch etwas sagen … !«
Das Coming-out gegenüber den Eltern

> »Alle Menschen sind immer gleichzeitig Individuen und Kinder von Eltern.
> Beide Rollen ändern sich aber im Laufe des Lebens mehrmals.
> Das ist mitunter schmerzhaft.«
> (Flammer u. Alsaker, 2002, S.107)

Obwohl es ursprünglich von Flammer (2002) in einem ganz anderen Zusammenhang geäußert wurde, ließe sich wohl nur schwer ein zweites Zitat finden, das ähnlich gut geeignet wäre, um das Anliegen dieses Kapitels gleichermaßen treffend zusammenzufassen.

Die Entwicklung der eigenen Identität ist ein lebenslanger, zumeist unbewusst ablaufender Prozess, der nach Erikson (1995) immer durch eine Innen- und Außenperspektive gekennzeichnet ist. Die Innenperspektive wird dabei als das Gefühl beschrieben, eine eigene Identität zu besitzen, gleichzeitig steht eine Person jedoch immer auch in einer Beziehung zur Außenwelt. Identität beruht somit auf zwei gleichzeitigen Beobachtungen: Der eigenen Wahrnehmung, auch über die Zeit hinweg die gleiche Person zu sein, und der Wahrnehmung, dass auch andere diese Gleichheit der Person erleben (Erikson, 1995).

Obwohl die Identitätsentwicklung die gesamte Lebensspanne umfasst, kommt ihr während der Adoleszenz eine besondere Bedeutung zu. In dieser Übergangszeit zwischen Jugend und Erwachsenenalter versuchen Heranwachsende ihren Platz in der Gesellschaft zu finden und entwickeln gleichzeitig Erwartungen und Vorstellungen, wie ihr weiteres Leben verlaufen wird bzw. verlaufen soll. Bei Erikson (1995), der in seinem Modell der acht Entwicklungsstufen von spezifischen Konflikten, die auf den einzelnen Stufen zu lösen sind, ausgeht, trägt diese Zeitspanne die Überschrift *Identität versus Rollendiffusion*. Sie ist dadurch gekennzeichnet, dass der Heranwachsende in dieser Phase verschiedene Facetten seiner Identität aufbauen bzw. *ausbauen* muss. Damit wird bereits deutlich, dass es nicht *die* Identität eines Menschen gibt, vielmehr wird davon ausgegangen, dass sich die Identität aus verschiedenen Teilidentitäten zusammensetzt, wie beispielsweise der sozialen oder sexuellen Identität (Watzlawik, 2004). Diese Teilidentitäten werden vor allem durch eigene Erfahrungen, Wahrnehmungen und Auseinandersetzungen mit der Umwelt herausgebildet. Dazu zählen der Freundeskreis und beispielsweise das schulische Umfeld genauso wie die Familie. Der Familie kommt in zweierlei Hinsicht eine wichtige Rolle bei der Identitätsentwicklung zu, auch wenn gerade während der Adoleszenz der Einfluss der Eltern schrittweise abnimmt und der der

Peergruppe stetig zunimmt (Fend, 2000). Zum einen wird der Weg zur eigenen Identität immer auch mitbestimmt durch die Erwartungen, Einstellungen, Moral- und Wertvorstellungen, die dem Heranwachsenden von seinen Eltern, bzw. seiner Familie vorgelebt und mit auf den Weg gegeben werden. Zum anderen wird die eigene Persönlichkeit zumindest bis zu einem gewissen Grad auch durch Vererbung mit beeinflusst (Montada, 2002). Trotzdem man es vielleicht während des Heranwachsens aus den verschiedensten Gründen manchmal gern verleugnen würde (und vieles tut, um das Gegenteil zu beweisen!), bleibt jeder doch immer ein Stück das Kind seiner Eltern.

Vor dem Eintritt ins Jugendalter steht lange Zeit die Rolle als Kind klar im Vordergrund, während das Wissen um die eigene Individualität eine eher untergeordnete Rolle spielt. Ein Verhältnis, das sich schrittweise nahezu ins Gegenteil verkehrt, wenn in der Adoleszenz das Bewusstsein, eine eigene Identität zu besitzen immer deutlicher hervortritt. Dieser Wechsel kann nicht nur für das Kind, sondern auch für die Eltern schmerzhaft sein. Vielfach wurde inzwischen untersucht, wie Kinder diesen Prozess des Loslösens erleben und wie Eltern dabei unterstützend oder auch hinderlich Einfluss nehmen können (Montada, 2002). Weniger häufig ist hingegen das Erleben der Eltern im Mittelpunkt der Betrachtung. Dabei ist nicht nur die Erkenntnis, dass das eigene Kind nicht ausschließlich das eigene Kind ist, sondern auch eine eigenständige Persönlichkeit, die langsam »flügge« wird und sich dem elterlichen Einfluss Stück für Stück entzieht, für die Eltern neben allem Stolz auf den heranwachsenden Nachwuchs oft auch durchaus schmerzhaft. Ganz besonders großen Kummer kann es für Eltern mit sich bringen, wenn das Kind eigene Wege beschreitet, die den eigenen Vorstellungen und Erwartungen nicht entsprechen – oder sogar genau entgegengesetzt verlaufen. Nicht selten sind beispielsweise sehr sportliche Eltern enttäuscht, wenn der Sohn statt Fußball lieber Klavier spielt oder die Tochter musikbegeisterter Eltern trotz aller Versuche keinerlei musische Ambitionen entwickelt. Diese Enttäuschung wird vielleicht noch größer, wenn das Kind keine Anstalten macht, beruflich in die elterlichen Fußstapfen zu treten, beispielsweise den elterlichen Hof oder Betrieb zu übernehmen. Jedoch sind diese Entscheidungen häufig noch besser zu »verkraften«, als wenn der Sohn eine aus Sicht der Eltern völlig unpassende Freundin oder die Tochter den vermeintlich völlig falschen Freund nach Hause bringt. Können die meisten Eltern dem Kind in vielerlei Hinsicht den eigenen Kopf in der Regel doch irgendwann nachsehen, kann die falsche Schwiegertochter oder der falsche Schwiegersohn durchaus zum jahrelangen Dauerthema werden!

Doch was ist, wenn die Tochter nun statt Michael eine Michaela nach Hause bringt? Oder der Sohn seinen Eltern nicht Stefanie, sondern Stefan vorstellt? Die sexuelle Orientierung des Kindes ist eines der Themen, an das viele Eltern auch heute noch überhaupt keinen weiteren Gedanken verschwenden, gehen sie doch wie selbstverständlich davon aus, dass ihr Kind heterosexuell orientiert ist. Doch für immerhin 4 bis 6 % der Eltern wird dieser Glaube früher oder später erschüttert werden, wenn sich ihr Kind als schwul, lesbisch oder bisexuell outet (SLVD – Lesben- und Schwulenverband Deutschland, http://typo3.lsvd.de). Stellt sich heraus, dass das eigene Kind nicht heterosexuell orientiert ist, kann diese Erkenntnis für beide Seiten ebenfalls mit Kummer und Schmerz verbunden sein: Für Eltern, die ihr Kind Vorurteilen ausgesetzt und gesellschaftlich ausgegrenzt sehen, bringt diese Vorstellung gewiss Sorgen mit sich, die sich häufig mit ihrem eigenen Kummer, von ihrem Kind nicht zu Großeltern gemacht zu werden, vermischen. Auf der anderen Seite erleidet das Kind, das weiß, dass es in diesem Punkt nicht den (unausgesprochenen) Erwartungen seiner Eltern entsprechen kann und ihnen aufgrund der Homo- bzw. Bisexualität Kummer bereitet, eigenen Schmerz, der umso größer wird, wenn die Eltern tatsächlich negativ und ablehnend auf diese Neuigkeit reagieren. Besonders für das Kind kann so ein Konflikt entstehen, wenn es versuchen muss, sowohl seinem inneren Empfinden, schwul, lesbisch oder bisexuell zu sein, gerecht zu werden und gleichzeitig als Kind von Eltern, die eine von Heterosexualität abweichende Orientierung ablehnen, aufgewachsen ist und so zwischen beiden Polen hin- und hergerissen ist. Wie im nächsten Teil dieses Kapitels noch deutlich werden wird, gehört eine zumindest vorübergehende Unsicherheit, oft verbunden mit eigener Ablehnung der Homo- oder Bisexualität, zum Prozess des Coming-out dazu – auch unabhängig davon, ob mit ablehnenden Reaktionen durch die Eltern gerechnet werden muss.

Die Akzeptanz der eigenen sexuellen Orientierung und ihre Integration in das Selbst ist jedoch ein notwendiger Schritt zu einer ausgereiften eigenen Identität. Die Bewältigung desselben ist häufig daran erkennbar, dass diejenigen, die sich einer nicht heterosexuellen Orientierung bewusst werden, entscheiden, diese auch nach außen zu leben. Damit ist früher oder später auch das Coming-out gegenüber den Eltern verbunden. Ein Schritt, vor dem sich auch heute noch viele Heranwachsende zu fürchten scheinen (Watzlawik u. Kobs, in diesem Buch). Aber ist diese Furcht begründet? Wie gehen Eltern heutzutage damit um, wenn sich ihr Kind als homo- oder bisexuell outet? Kann diese Offenbarung das Verhältnis nachhaltig verändern oder gilt hier das Sprichwort, dass nicht alles so heiß gegessen, wie es gekocht wird und sich die Gemüter nach einigen Schreckminuten, -tagen oder vielleicht auch erst -monaten wieder beruhigen? Wenig ist bisher bekannt darüber, wie Kinder die Reaktionen ihrer Eltern erlebt haben und welche Auswirkungen das Coming-out auf ihr Verhältnis zu den Eltern hatte. Zwar gibt es von einigen Beratungsstellen Informationsbroschüren, in denen Eltern berichten, wie sie mit der Homosexualität ihres Kindes umgegangen sind, jedoch ist davon auszugehen, dass sich dort fast ausschließlich Eltern äußern, die entweder gar keine Schwierigkeiten hatten, die Homosexualität ihres Kindes zu akzeptieren, oder inzwischen einen Weg gefunden haben, damit umzugehen. Da es sich bei diesen Informationsheften um Beratungsliteratur handelt, ist nicht anzunehmen, dass sich hier Eltern zu Wort melden, die das Schwul- oder Lesbischsein ihres Kindes ablehnen. Zur Beantwortung der genannten Fragen scheint diese Literatur daher wenig hilfreich.

Mit solchen Informationsmaterialien werden zwar erste Schritte unternommen, das Erleben der Eltern zu erfassen, doch fehlen bisher weiterreichende Studien, welche die elterlichen Reaktionen über einen längeren Zeitraum untersuchen. Ziel der Arbeit in diesem Kapitel ist es nicht nur, mehr über das Coming-out gegenüber den Eltern zu erfahren, sondern auch denjenigen konkrete Informationen geben zu können, die dieses Coming-out noch vor sich haben und sich vor deren Reaktionen und den daraus möglicherweise resultierenden Konsequenzen fürchten.

Die sexuelle Orientierung eines Menschen bildet dabei nicht nur den Ausgangspunkt dieser Arbeit, sondern auch einen ihrer Hauptschwerpunkte. Da eine detaillierte Erläuterung dieses Konstruktes, seiner verschiedenen Dimensionen und der in der psychologischen Forschung gängigen Methoden zu seiner Erfassung jedoch bereits an anderer Stelle in diesem Buch erfolgte (vgl. Watzlawik u. Kobs sowie Kolanowski in diesem Band), wird an dieser Stelle darauf verzichtet. Im Folgenden wird zunächst der Begriff des Coming-out noch einmal genau unter die Lupe genommen und anschließend der Frage nachgegangen, welche Rolle die Eltern bei der Entwicklung eines Kindes eigentlich genau spielen.

Das Coming-out als Prozess

Der Begriff Coming-out, der vor allem von Morin und Miller (1974, zitiert nach Watzlawik, 2003) geprägt wurde, ist heute die geläufigste Bezeichnung für die Entwicklungsphase zwischen der Bewusstwerdung einer homosexuellen (inzwischen auch für die bisexuelle Orientierung gebraucht) Orientierung und der Entscheidung für einen entsprechenden Lebensstil mit gleichgeschlechtlicher Partnerwahl (DeMonteflores u. Schultz, 1978, zitiert nach Schneider, 2001). So schlicht und einfach formuliert hört sich der Schritt, das Coming-out vor anderen zu wagen, recht simpel an: Eine Person wird sich ihrer homo- oder auch bisexuellen Neigung bewusst, integriert dieses neue Wissen über sich in ihr Selbstbild und fängt an, ihr Leben entsprechend zu führen – fertig. Die zunehmende Anzahl an Künstlern, Politikern und Schauspielern, die sich öffentlich zu ihrer homosexuellen Neigung bekennen, lässt zusätzlich vermuten, dass es heutzutage nicht mehr so schwierig ist, offen zu seinem Schwul- oder Lesbischsein zu stehen. Doch bereits die Ausführungen zu den Unterschieden in der Entwicklung der sexuellen Identität in den verschiedenen Kapiteln dieses Buches haben gezeigt, dass die Entwicklung einer nicht heterosexuellen Orientierung oft noch immer mit zahlreichen Widerständen und Problemen für die Betroffenen verbunden ist. Studien und Forschungsarbeiten in diesem Bereich beschreiben das Coming-out als einen sehr komplexen Prozess, der sich selten so gradlinig und einfach darstellt, wie es obige Definition vermuten lässt. Vielmehr lassen sich eine Reihe von Faktoren aufzeigen, die dazu beitragen, dass der Verlauf dieses Prozesses sehr unterschiedliche Formen annehmen kann und oftmals auch heute noch eine ganze Reihe von Problemen für die Betroffenen in sich birgt, von denen die wichtigsten im Folgenden kurz genannt werden: Die Angst, wie das Umfeld, vor allem die eigene Familie und Freunde, auf das Coming-out reagieren werden, gesellschaftliche Vorurteile, die sich hartnäckig zu halten scheinen, und Furcht vor Nachteilen, die eine homosexuelle Lebensweise mit sich bringen könnten, sind nur einige wichtige Beispiele für mögliche Belastungen, die den Coming-out-Prozess maßgeblich beeinflussen können.

Rosario und Kollegen (2001, zitiert nach Fiedler, 2004) weisen darüber hinaus darauf hin, dass auf der einen Seite bei einer Vielzahl von Betroffenen in dieser Lebensphase eine deutliche Abnahme im Selbstwertgefühl sowie auf der anderen Seite eine starke Zunahme an innerer Spannung und Stresserleben zu verzeichnen ist. Ein weiterer, häufig leider nur am Rande erwähnter Aspekt ist die besondere Suizidgefährdung homo- und bisexueller Jugendlicher im Vergleich zu heterosexuellen Jugendlichen. Zwar gilt für Heranwachsende aller sexueller Orientierungen generell ein erhöhtes Suizidrisiko im Vergleich zu anderen Lebensphasen, jedoch finden beispielsweise D'Augelli und Hershberger (1993), dass nicht heterosexuell orientierte Jugendliche eine mehr als doppelt so hohe Rate an Suizidversuchen aufweisen wie ihre heterosexuellen Altersgenossen. Plöderl (2004) findet in seiner Untersuchung sogar Unterschiede von 14 % zu 1 %, wenn man homo- bzw. bisexuell Orientierte den heterosexuell Orientierten mit mindestens einem bisherigen Selbstmordversuch gegenüberstellt. Gründe für die erhöhte Gefährdung werden von Fiedler (2004) vor allem in der Tatsache gesehen, dass homo- oder bisexuelle Jugendliche häufig keinen Partner finden, um ihre sexuelle Orientierung zu erproben und/oder auszuleben. So kann es zu sozialer Isolation bis gar hin zu Depressivität bei dieser Gruppe von Jugendlichen kommen, die nicht selten dann in Selbstmordgedanken oder auch -versuchen resultieren. Aber auch familiäre Zurückweisung und soziale Ausgrenzungen *nach* erfolgtem Coming-out werden als mögliche Ursachen für die höheren Raten an Suizidversuchen diskutiert.

Neben diesen Faktoren, die das Coming-out erschweren und manchmal auch den Beginn dieser Entwicklungsphase (stark) verzögern können, gibt es auch gute Nachrichten: Neuere Studien geben Hinweise darauf, dass bei Unterstützung, Verständnis und Akzeptanz durch die Umgebung der Jugendlichen das Coming-out positiv zur Identitätsfindung beitragen kann. Sind diese Voraussetzungen gegeben, findet das Coming-out nach Untersuchungen von Beaty (1999, zitiert nach Fiedler, 2004) deutlich früher statt als bei Jugendlichen, die soziale Ausgrenzung, geringere Selbstwertschätzungen und weitere psychische Probleme aufweisen. Diese als positiv beschriebene Entwicklung erfolgt in zwei Phasen: Erstens der Identitäts*findung* und zweitens der Identitäts*integration*. Die Phase der Identitätsfindung ist charakterisiert durch das Bewusstwerden der nicht heterosexuellen Orientierung und wird von dem Bemühen der Betroffenen begleitet, die Widersprüche, die sich für die Person aus bisher gelernten Geschlechtsrollen und bestehenden Vorbehalten gegenüber gleichgeschlechtliche Partnerschaft ergeben, zu überwinden. Die Akzeptanz der eigenen homo- bzw. bisexuellen Orientierung und das Bemühen, die Orientierung mit anderen zu teilen, ist hingegen Inhalt der Identitätsintegrationsphase (Rosario et al. 2001, zitiert nach Fiedler, 2004).

Der Verlauf des Coming-out

Die beschriebenen Phasen der Identitätsfindung bzw. -integration machen bereits deutlich, dass sich der Prozess des Coming-out auf zwei Ebenen abspielt: einer inneren und einer äußeren Ebene, die vor allem in der Informations- und Aufklärungsliteratur für Jugendliche, aber auch in der Fachliteratur häufig als *inneres* und *äußeres* Coming-out beschrieben werden. Beim inneren Coming-out handelt es sich um einen innerpsychischen Vorgang, bei dem der Betroffene sich seiner sexuellen Orientierung bewusst wird und sie akzeptiert. Die zweite Ebene, das äußere Coming-out, stellt einen sozialen Akt dar, der durch die Offenbarung der homo- oder bisexuellen Orientierung vor der Familie, den Freunden und Außenstehenden sowie durch das Finden einer der sexuellen Orientierung entsprechenden Lebensweise charakterisiert wird. Beide Ebenen hängen dabei sehr eng miteinander zusammen, das innere Coming-out ist die Voraussetzung für das äußere und liegt zeitlich damit vor dem äußeren. Das äußere Coming-out als soziale Interaktion mit anderen hat seinerseits jedoch auch wieder Auswirkungen auf den innerpsychischen Prozess (Fiedler, 2004).

Bei den Erläuterungen zur sexuellen Orientierung (siehe Kolanowski in diesem Band) wurde bereits kurz darauf hingewiesen, dass eine einmal als »passend« oder »zutreffend« akzeptierte sexuelle Orientierung nicht zwangsläufig lebenslang gültig sein muss. Auch nach erfolgtem Coming-out können sich erneute Phasen von Verunsicherung über die Richtigkeit der eigenen sexuellen Orientierung anschließen. Gründe für diese erneute Unsicherheit können laut Davies (1996, zitiert nach Fiedler, 2004) zum Beispiel darin liegen, dass die betroffene Person die eigene sexuelle Orientierung zumindest noch teilweise abwehrt. Dieses Verhalten verschwindet seiner Ansicht nach erst, wenn diese Person sich zum ersten Mal richtig verliebt. Kolanowski (in diesem Buch) findet dies in ihrer Arbeit nicht bestätigt, nennt aber weitere mögliche Faktoren, die zu den beschriebenen Selbstzweifeln führen können: Fehlende positive Beziehungserfahrungen, auftretende heterosexuelle Gedanken trotz der Entscheidung für eine homosexuelle Beziehung und Reaktionen von Eltern, die das Bekennen ihres Kindes zu seiner Homosexualität lediglich als »schwule Phase« abtun, werden hier von betroffenen Jugendlichen als Auslöser für erneute Unsicherheit an ihrer sexuellen Orientierung genannt.

Trotz der Hinweise, dass der Prozess des Coming-out selten wirklich gradlinig verläuft, wurde und wird immer wieder der Versuch unternommen, diesen Prozess in so genannten Stufen- oder Phasenmodellen darzustellen (beispielsweise Cass, 1979; Coleman, 1982; Davies, 1996 oder Rauchfleisch, 2001). Auch wenn diese Modelle sich teilweise beträchtlich unterscheiden, haben sie doch gemein, dass sie in den meisten Fällen aus dem Wunsch entstanden sind, durch die Entwicklung von »typischen« Abfolgemodellen des Coming-out-Prozesses Hilfestellung, zum Beispiel in der psychotherapeutischen Beratung von Homosexuellen, leisten zu können. Schneider (2001) hält diesen Modellen zugute, dass sie insofern Licht in den Prozess des Coming-out gebracht haben, indem sie wichtige emotionale Komponenten aufzeigen konnten, die in ähnlicher Weise immer wieder in den verschiedenen Modellen zu finden sind. Genannt werden hier Verwirrung, Verzweiflung und letztendlich Erleichterung und Freude darüber, eine positive homosexuelle Identität erlangt zu haben (D'Augelli u. Hershberger, 2001).

Eine weitere Gemeinsamkeit der Modelle sieht Schneider (2001) in den allgemeinen Annahmen, auf denen diese beruhen. Von diesen werden hier nur die beiden wichtigsten genannt:

– Zum einen gehen die Vertreter dieser Stufenmodelle davon aus, dass es auf dem kurvenreichen Weg des Coming-out so etwas wie Meilensteine gibt, die zwar in den einzelnen Modellen unterschiedlich formuliert werden, deren Erreichen jedoch in der Regel jeweils eine bestimmte Stufe markiert. Diese Meilensteine können beispielsweise der erste gleichgeschlechtliche sexuelle Kontakt, erste längere partnerschaftliche Beziehungen oder auch der erste Kontakt zu anderen Homo- oder Bisexuellen sein.

– Zum anderen sind diese Modelle so formuliert, dass eine (relativ) feste Reihenfolge, nach der die Meilensteine erreicht werden, postuliert wird. Abweichungen von der Reihenfolge oder das Auslassen bestimmter Stufen ist dabei in vielen Modellen nicht vorgesehen.

Hier enden aber auch schon die Gemeinsamkeiten, denn generell sind die Stufen- bzw. Phasenmodelle schlecht miteinander zu vergleichen, da sie ganz unterschiedliche Aspekte des komplexen Entwicklungsprozesses »Coming-out« fokussieren. So beschränkt sich beispielsweise Coleman (1982) in seinem Modell lediglich auf die Komponenten »Bewusstwerden der eigenen Gefühle« und »Informieren der anderen«. Bei Lee (1977) dagegen werden vor allem das Verhalten im Sinne der »sexuellen Aktivität« und besonders die »Selbstenthüllung« betrachtet. Troiden (1989) wählt mit einem soziologischen Ansatz den Weg über die eigene Zuordnung zu bestimmten sozialen Kategorien aufgrund der sexuellen Orientierung, um die verschiedenen Stufen des Coming-out zu beschreiben. Allein diese wenigen Beispiele machen bereits deutlich, unter welch verschiedenen Blickwinkeln man sich dem Verlauf des Coming-out-Prozesses nähern kann. Das bekannteste Stufenmodell ist wohl das Sechs-Stufen-Modell der Entwicklung des Coming-out von Cass (1979), das sowohl bei den Homo- und Bisexuellen selbst als auch bei Professionellen (z. B. Therapeuten, Sozialarbeitern aber auch Wissenschaftlern) weite Verbreitung und Akzeptanz erfahren hat (Fiedler, 2004, vgl. Kolanowski in diesem Band).

Allgemeine Kritik an Stufenmodellen und Alternativen

In den letzten Jahren wurde von den erwähnten Stufenmodellen immer mehr Abstand genommen, da sie inzwischen als unvollständig und unzureichend betrachtet werden (Schneider, 2001). Zum einen werden sie kaum der individuellen Entwicklung des Einzelnen gerecht, sondern können nur versuchen, verallgemeinernd – und dadurch zwangsläufig reduzierend – »typische« Phasen im Entwicklungsprozess aufzuzeigen, die jeder so oder zumindest so ähnlich durchlebt, zum anderen verdeutlicht die zunehmende Anzahl an Untersuchungen rund um den Coming-out-Prozess immer mehr, dass die Vorstellung eines stetig linear voranscheitenden Weges des Coming-out, wie ihn beispielsweise Coleman (1982) noch postulierte, nicht haltbar ist. D'Augelli (1994, zitiert nach D'Augelli u. Hershberger, 2001) beispielsweise belegt diese Vermutung durch eigene Daten, die an lesbischen Frauen erhoben wurden. In ihrer Untersuchung fanden sich beispielsweise sowohl Frauen, die sich bereits *vor* ihrem ersten gleichgeschlechtlichen sexuellen Kontakt ihrer Homosexualität sicher waren, andere erst *danach*; manche Frauen entschieden sich für einen homosexuellen Lebensstil, *bevor* sie überhaupt Kontakt zu anderen homosexuellen Frauen aufgenommen hatten, andere erst, *nachdem* sie solche Kontakte knüpfen konnten usw. Andere Studien bestätigen diese Variationen in der Reihenfolge des Auftretens der als für den Coming-out-Prozess charakteristisch angesehenen Ereignisse (z. B. Savin-Williams u. Rodriguez, 1993). Schneider (2001) schlägt deswegen vor, statt den bisher nur teilweise realisierbaren Gedanken, ein einziges Modell, das die verschiedenen Phasen und Komponenten des Coming-out enthält, weiter zu verfolgen, gedanklich eine neue Richtung einzuschlagen und statt dessen ein Set von Bedingungen bereitzustellen, unter denen sich ein homosexuelles Selbst optimal entwickeln kann. Sie begründet diese Herangehensweise an den Coming-out-Prozess damit, dass es so am ehesten möglich sei, sowohl die Variabilität des Prozesses als auch seine Gemeinsamkeiten zu erfassen. Nach D'Augelli (1994, zitiert nach Schneider, 2001) muss ein solches Set von Bedingungen drei Faktoren beinhalten: a) Psychologische Faktoren und internale Prozesse (*Welche Gedanken und Gefühle begleiten den Prozess?*), b) Beziehungsfaktoren (*Welche Bedingungen stellen enge Bezugspersonen bereit?*) und c) Kontextfaktoren (*Welche Bedingungen stellt das soziale, gesellschaftliche und kulturelle Umfeld bereit?*). Diese drei Faktoren stellen verschiedene Ebenen des Coming-out-Prozesses dar und müssten gleichermaßen betrachtet werden, um die Bedingungen für ein gelungenes Coming-out zu formulieren. Um dies zu leisten, reicht – in Anbetracht der Vielfältigkeit der möglichen Einflüsse – ein einziges Modell kaum aus.

Unterschiede im Coming-out

Nachdem erläutert wurde, dass das Coming-out ein komplexer, individueller Prozess ist, der mit den bisherigen Modellen nur unvollständig beschrieben werden kann, soll in den nächsten Abschnitten genauer dargelegt werden, in welchen Bereichen sich das Coming-out einzelner Personen vor allem unterscheiden kann. Besonders das Alter, in dem eine Person ihr Coming-out erlebt, hat einen starken Einfluss auf dessen Gestaltung und Verlauf. Deutliche Unterschiede lassen sich sowohl im Coming-out männlicher und weiblicher Personen feststellen sowie zwischen verschiedenen Kulturen. Aber auch die Dauer des Prozesses des Coming-out wird bei verschiedenen Autoren unterschiedlich betrachtet und scheint auch nach Ansicht der Betroffenen eine große Spannweite zu umfassen.

Die zeitliche Dauer des Coming-out

Das Coming-out kann sich über Zeiträume ganz unterschiedlicher Länge erstrecken. Rotheram-Borus und Langabeer (2001, S. 102) gehen sogar davon aus, dass dieser Prozess generell die gesamte Lebensspanne umfasst: »The coming-out process is not a discrete event or stage-defined trajectory, but a process that occurs and envolves throughout the life-span.«

Die Annahme, das Coming-out sei niemals wirklich abgeschlossen, scheint das Erleben vieler homo- und bisexueller Menschen tatsächlich widerzuspiegeln. Das folgende Zitat verdeutlicht dies eindrucksvoll. Es stammt aus dem Bericht einer jungen Frau, die ihr eigenes Coming-out auch Jahre nach den ersten Vermutungen und Gesprächen über ihre homosexuelle Orientierung als noch nicht beendet erlebt (vgl. Watzlawik u. Wenner, 2002, S. 161):

> »Mit einem Seufzen drehe ich mich um und verlasse den Marktplatz, kicke fast wütend eine leere Dose über den Asphalt. Ist's denn immer noch nicht vorbei, mein Coming-out? Muss ich wieder und wieder erklären, warum ich ›anders‹ bin? Die Erinnerung an einen Satz meiner Mutter flackert auf: ›Freddy, nun stell' Dich nicht so an, als wärst Du etwas Besonderes, nur weil Du eine Freundin hast. Daran liegt das nicht.‹ Die Musik wird leiser, es beginnt zu regnen und ich lächle. Sie hat recht, das verstehe ich jetzt. Aber mein Coming-out, jenes Wechselspiel zwischen Innen und Außen, wird wohl nie abgeschlossen sein.«

Vor allem der gesellschaftliche Umgang mit dem Thema Homo- und Bisexualität scheint dazu beizutragen, dass homo- und bisexuell orientierte Personen berichten, immer wieder Situationen zu erleben, in denen sie sich erneut outen müssen. Ob bei beruflichen Veränderungen, neuen Nachbarn oder einfach im alltäglichen Leben in einer gleichgeschlechtlichen Partnerschaft ergeben sich immer wieder Situationen, in denen andere Personen von der eigenen nicht heterosexuellen Orientierung erfahren, und immer wieder stellt sich für den Betroffenen die Frage, wie die Reaktionen wohl ausfallen werden. Auch wenn das innere Coming-out, das Bewusstwerden der eigenen sexuellen Orientierung und die damit zusammenhängenden Konsequenzen, in das Selbstbild einer Person integriert sind, ist das äußere Coming-out in einer heterosexuell orientierten Gesellschaft wohl nie wirklich abgeschlossen.

Die Rolle des Alters beim Coming-out

Schneider (2001) betont, dass das Alter, in dem das Coming-out stattfindet, auf den Verlauf dieses Prozesses einen großen Einfluss haben kann. Auch wenn weitgehende Einigkeit darüber besteht, den Beginn des Coming-out-Prozesses im Allgemeinen im Jugendalter zu sehen, ist das Coming-out im Gegensatz zu anderen Entwicklungsprozessen nicht (nur) an eine bestimmte, klar abgrenzbare Altersstufe gebunden, sondern kann relativ unabhängig vom Lebensalter erfolgen.

Je nachdem, auf welcher Entwicklungsstufe sich eine Person zum Zeitpunkt der Bewusstwerdung ihrer homo- oder bisexuellen Orientierung befindet, kann die Integration dieses Wissens in das Selbstbild und die sich anschließende Offenbarung gegenüber anderen ganz unterschiedliche Wege gehen und verschiedene Anforderungen an die betroffene Person stellen. Ein 12-jähriges Mädchen beispielsweise, das seine homosexuelle Orientierung entdeckt, aber bisher weder gleichgeschlechtliche noch gegengeschlechtliche partnerschaftliche Beziehungen erlebt hat, wird sicherlich anders damit umgehen als eine beziehungserfahrene 20-jährige Frau – oder gar als vielleicht eine 40-jährige Frau, die ihre Familie und ihr bisheriges Lebensumfeld verlässt, weil sie sich in eine andere Frau verliebt hat. Alle drei durchlaufen einen Coming-out-Prozess, der aber sicherlich unterschiedliche Formen haben wird.

D'Augelli und Patterson (2001) weisen in diesem Zusammenhang darauf hin, dass der Ansatz, in Untersuchungen das Durchschnittsalter der Befragten heranzuziehen, zwangsläufig ein verzerrtes Bild des Coming-out-Prozesses liefern muss, wenn dabei Personen unterschiedlicher altersbedingter Entwicklungsstufen zu einer Untersuchungsgruppe zusammengefasst werden. Auf diese Weise gelangt man zu einer fälschlicherweise angenommenen Uniformität des Coming-out-Prozesses, besonders was die Ereignisse, die für diesen typisch sind, betrifft. Diese Gleichförmigkeit löst sich jedoch auf, wenn man Personen unterschiedlicher Altersstufen getrennt voneinander betrachtet. Dann wird nämlich besonders deutlich, dass in Abhängigkeit vom Alter das Coming-out in ganz unterschiedlicher Reihenfolge der im vorangegangenen Kapitel beschriebenen Phasen verlaufen kann oder manche der Phasen gar ganz ausgelassen werden (Rus, 1996, zitiert nach D'Augelli u. Petterson, 2001). Somit wäre also eine Betrachtung getrennt nach Altersgruppen geeigneter, um den Coming-out-Prozess angemessen untersuchen zu können.

Kulturelle Unterschiede beim Coming-out

Ganz vereinfacht kann man sagen: Je intoleranter eine Gesellschaft in Bezug auf Sexualität ist, desto weiter verschiebt sich die Entwicklung der sexuellen Identität und damit zwangsläufig auch das Coming-out nach hinten. Reagiert eine Kultur, wie beispielsweise die asiatische, in der Homosexualität als Schande für die Familie gesehen wird, ablehnend auf eine nicht heterosexuelle Orientierung, stellt sich die Phase der sexuellen Identitätsfindung als überaus problematisch für die betroffenen Heranwachsenden dar. Die Integration des neuen Wissens über sich selbst wird erschwert und dauert um so länger, je mehr Unterdrückung in einer Gesellschaft vorherrscht, vor allem, wenn es ihnen nicht möglich ist, sich auszuprobieren, erste Erfahrungen zu sammeln und so ihre eigenen Gefühle zu akzeptieren. Für Jugendliche in einer Gesellschaft, die homo- oder bisexuelle Neigungen nicht akzeptiert, kann das bedeuten, dass sie erst viel später als ihre heterosexuellen Altersgenossen den Mut aufbringen, zu ihren Gefühlen zu stehen. Die für die Entwicklung wichtigen Erfahrungen unter Gleichaltrigen können mitunter auch völlig ausbleiben.

Nachdem in diesem Abschnitt der Prozess des Coming-out mit seinen Besonderheiten und möglichen Problemen im Mittelpunkt stand, widmet sich der nachfolgende Abschnitt einem ganz besonderen Meilenstein dieses Prozesses: Dem Coming-out gegenüber den Eltern und den ganz praktischen Auswirkungen, die die Mitteilung, nicht heterosexuell zu sein, im familiären Umfeld einer homo- oder bisexuellen Person auslösen kann.

Coming-out gegenüber den Eltern

Wie in der Einleitung bereits erwähnt wurde, beschäftigt sich diese Arbeit nur mit dem Coming-out gegenüber den *Eltern*. Warum gerade dieser Aspekt des Coming-out-Prozesses betrachtet wird und abgegrenzt werden muss vom Coming-out beispielsweise bei Freunden oder im Bekanntenkreis, wird deutlich, wenn man sich einmal die besonderen Eigenschaften und Funktionen von Familie und Eltern genauer ansieht. Hier wird zunächst das System Familie erläutert, bevor dargelegt wird, welche Aufgaben den Eltern bzw. der Familie im Entwicklungsprozess eines Kindes zukommen und warum das Coming-out gegenüber den Eltern immer von zwei Seiten betrachtet werden muss.

Die Familie als System

Bevor auf die vielfältigen Rollen der Eltern während der Entwicklung ihres Kindes eingegangen wird, soll zunächst das Gesamtgefüge Familie betrachtet werden, um dessen besondere Position innerhalb der sozialen Beziehungen von Menschen zu betonen. Die Familienforschung sieht es als ihre zentrale Aufgabe an, persönliche Beziehungen zwischen Individuen einer Familie zu erfassen, beschreiben und zu erklären. Die Bedeutsamkeit familiärer Beziehungen liegt nach Hartup (1986, zitiert nach Hofer, Wild u. Noack, 2002) in drei wesentlichen Funktionen:

– *Beratung*: Für das heranwachsende Kind ist die Familie eine nahezu unerschöpfliche Quelle an Informationen, nicht nur in problematischen Situationen. Dabei kommen die Bezugspersonen (Eltern, Geschwister, Freunde) für Beratungen und Austausch in unterschiedlicher Weise in Frage.
– *Entwicklung der Persönlichkeit*: So geht beispielsweise Wertsch (1985, zitiert nach Hofer et al., 2002) davon aus, dass die interaktive Auseinandersetzung mit der nahen sozialen Umwelt die Entwicklung der eigenen Persönlichkeit vorantreiben kann.
– *Unterstützung des Bedürfnisses nach Geselligkeit*: Dieses Bedürfnis kann sich ganz unterschiedlich zeigen, als Bedürfnis nach Geborgenheit oder Intimität aber auch nach Akzeptanz, und wird von der Familie im Idealfall je nach Bedarfslage erkannt und erfüllt.

Die einzelnen Komponenten lassen sich auch in anderen sozialen Beziehungen finden, doch sind alle drei zusammen in der Regel charakteristisch für familiäre Beziehungen (Hofer et al., 2002). Soziale Beziehungen sind ganz allgemein durch Kontinuität und Wandel gekennzeichnet. Die Eltern-Kind-Beziehung ist dabei keine Ausnahme. Diese Herangehensweise macht bereits einen wesentlichen Wandel in der Betrachtung von Familien deutlich: Bis vor einigen Jahrzehnten stand die Ansicht im Vordergrund, dass Beziehungen zwischen Eltern und Kindern hauptsächlich durch ein Gefälle gekennzeichnet sind. Dies zeige sich darin, dass Eltern ihren Kindern als Modelle dienen und so einen wesentlichen Einfluss auf ihre persönliche Entwicklung nehmen, indem die Kinder zum Beispiel ihre Einstellungen, Moral- und Rollenvorstellungen übernehmen. Gegenseitiger Einfluss und Veränderungen wurden hierbei nicht berücksichtigt. Inzwischen hat sich diese starre Sichtweise in der Sozialforschung aber auch in der Familientherapie grundlegend dahingehend geändert, Familie als ein offenes und dynamisches System zu betrachten (Hofer et al., 2002).

Die folgende Grafik (Abbildung 15) nach Bronfenbrenner (1988, zitiert nach Hofer et al., 2002) verdeutlicht die Vernetzung und Überlappung verschiedener Systeme, zu denen die Mitglieder einer Familie gehören können.

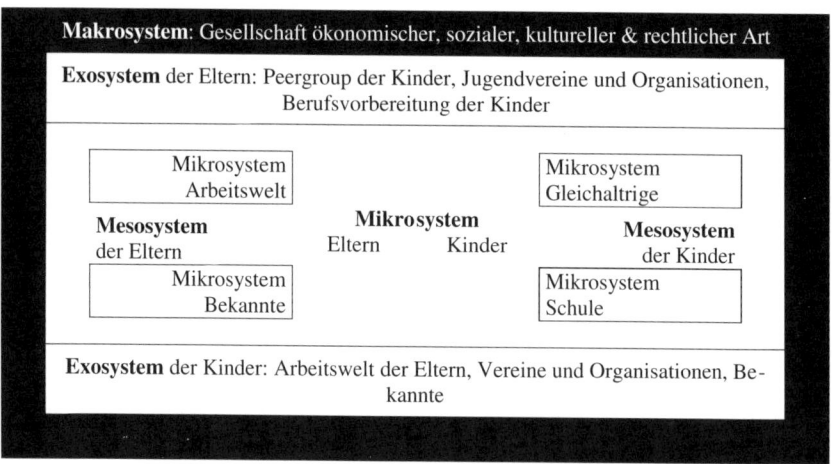

Abbildung 15: Ökopsychologisches Strukturmodell der Familienmitglieder (aus Watzlawik, 2008)

Um den Systemansatz vollständig nachvollziehen zu können, ist es nötig, die verschiedenen Systeme, die darin enthalten sind, zu unterscheiden:
– *Mikrosysteme*: Damit werden die Umwelten eines Individuums bezeichnet, mit denen es in engem und dauerhaftem Austausch steht – die Familie als Gemeinschaft aus Eltern und Kindern ist solch ein Mikrosystem. Die einzelnen Familienmitglieder gehören gleichzeitig aber auch zu weiteren Mikrosystemen, beispielsweise sind die Schulklasse, die Arbeitskollegen der Eltern und der Freundeskreis Mikrosysteme.

- *Subsysteme*: Die Familie selbst besteht aus Subsystemen. Dazu zählen beispielsweise die Vater-Mutter-Beziehung, die Beziehung eines Elternteils zu einem Kind sowie die Geschwisterbeziehung untereinander.
- *Mesosystem*: Bezeichnet die Überlappung zweier oder mehrerer Mikrosysteme und stellt somit eine Schnittmenge dar. Als Beispiel sei ein berufstätiges Elternteil genannt, für den Familie und Beruf ein Mesosystem bilden, in dessen Mitte sich das Elternteil befindet.
- *Exosysteme*: Sind die Systeme, mit denen das Individuum nicht in direktem Kontakt steht, von dem es jedoch indirekt beeinflusst wird. Bronfenbrenner (1988) nennt hier beispielsweise den Freundeskreis eines Kindes, mit dem die Eltern in der Regel nicht interagieren, aber indirekt durch die Erzählungen ihres Kindes Kontakt haben. Besteht dagegen direkter Kontakt, handelt es sich um ein Mesosystem der Eltern.
- *Makrosystem*: Dieses umfasst die sozialen, gesellschaftlichen, geographischen und politischen Gegebenheiten, von denen alle anderen genannten Systeme abhängig sind. Es stellt damit die Rahmenbedingungen für die restlichen Systeme dar und prägt so die Ausprägung von Beziehungen mit. Beispielsweise bestimmen die in Deutschland üblichen Halbtagsschulen mit ihren Anfangs- und Endzeiten maßgeblich den Tagesablauf der Familie sowie die Berufstätigkeit der Eltern teilweise mit.

Der systemische Ansatz von Familie geht zum einen davon aus, dass Familien durch *Dynamik* gekennzeichnet sind, das heißt, die Mitglieder gehen mit alltäglichen Konflikten um und sind in der Lage, sich auf Veränderungen einzustellen, die der Alltag mit sich bringt. Zum anderen wird in diesem Ansatz postuliert, dass die Einflüsse zwischen den Familienmitgliedern keinesfalls einseitig, sondern vielmehr von *Wechselseitigkeit* geprägt sind (Hofer, 2000), auch wenn die Funktionen und Rollen, die von Eltern und Kindern übernommen werden, sich deutlich unterscheiden lassen. Die Rollen von Kindern bleiben hier weitgehend unberücksichtigt, die unterstützenden Funktionen der Eltern sind Gegenstand des nächsten Abschnitts.

Die Rolle der Eltern in der eigenen Entwicklung

Die Anzahl der Rollen und Funktionen, die Eltern während des Heranwachsens ihres Kindes übernehmen können, ist so vielschichtig und individuell verschieden, dass jeder Versuch, sie zu erfassen, nur unvollständig bleiben kann. Hier werden daher nur kurz Rollen und Funktionen von Eltern umrissen, die von zentraler Bedeutung für das Thema dieser Arbeit sind.

Eltern als Vermittler von Moral- und Wertvorstellungen: Als Erstes ist in diesem Zusammenhang die Rolle der Eltern bei der (primären) Sozialisation des Kindes zu nennen. Mit Sozialisation wird ein die gesamte Lebensspanne umfassender Prozess bezeichnet, in dessen Zentrum die Entwicklung einer eigenen Persönlichkeit, sowie der sozialen Beziehungen einer Person und ihre Einbettung in ihre soziale Umwelt stehen (Schmidt-Denter, 1996). Unterschieden werden je nach Autor bis zu fünf verschiedene Phasen der Sozialisation, wobei besonders den ersten beiden Phasen, der primären und der sekundären Sozialisation, zentrale Bedeutung zukommt. Die primäre Sozialisation (Soziabilisierung) findet vor allem während der ersten Lebensjahre in der Familie statt. In dieser Phase werden Normen, Werte und Verhaltensweisen erworben und verinnerlicht, die zwar generell als stabil gelten, sich aber während der Phase der sekundären Sozialisation noch ändern können, zum Beispiel bei Kontakt mit anderen Wertegemeinschaften oder anderen prägenden Personenkreisen wie Peergruppen oder dem Arbeitsumfeld. Den Eltern kommt hierbei als den in der Regel ersten Interaktionspartnern ihres Kindes (neben Geschwistern oder anderen nahestehenden Verwandten) die zentrale Rolle als Vermittler von Moral- und Wertvorstellungen zu. Die Internalisierung von Normen und Moral kann dabei auf verschiedene Weise erfolgen: zum einen passiv durch Identifikation und Beobachtung positiver wie negativer Beispiele, zum anderen aber auch aktiv durch Argumentation und Erklärung sowie durch den Erziehungsstil der Eltern (Bandura, 1971, zitiert nach Montada, 2002). Ist eine Norm oder Moralvorstellung verinnerlicht, wird sie Teil der Person bzw. ihrer Identität. Ihre Einhaltung ist daher eine Bestätigung des Selbst, ungerechtfertigte Abweichungen hingegen können zu Schuld- und Schamgefühlen führen, verbunden mit Versuchen, das beschädigte Selbstbild wieder gerade zu rücken (Montada, 2002).

Damit wird noch einmal deutlich, wie es zu der von Cass (1979, vgl. Kolanowski in diesem Band) beschriebenen Selbstablehnung während des inneren Coming-out kommen kann: Das Bewusstwerden einer eigenen homo- oder bisexuellen Orientierung stellt für ein heranwachsendes Kind besonders dann einen Konflikt dar, wenn dieses a) im Widerspruch zu den eigenen verinnerlichten Moralvorstellungen steht und der Betroffene b) weiß, dass die eigene sexuelle Orientierung den Moralvorstellungen seiner Eltern zuwiderläuft. So kann die Akzeptanz der eigenen Homo- bzw. Bisexualität und ihre Integration in die eigene Identität be- oder verhindert werden.

Eltern als Interaktionspartner und Erzieher: Die zweite Funktion der Eltern liegt im Aufbau und in der Qualität sozialer Bindungen des Kindes. Schneewind (2002) betont, dass Eltern für ihre Kinder in erster Linie Interaktionspartner sind, die durch ihre Art des Umgangs und ihre Fähigkeit des Eingehens auf ihr Kind schon früh Einfluss auf die Qualität kindlicher Bindungserfahrungen nehmen. Für die Etablierung einer sicheren Bindung des Kindes an die Eltern sind eine Reihe von Verhaltensweisen und Eigenschaften ermittelt worden (De Wolff u. van Ijzendoorn, 1997, zitiert nach Schneewind, 2002), zu denen vor allem die Unterstützung und Stimulation durch häufige Interaktionsaufnahme mit dem Kind und eine positive Haltung dem Kind gegenüber zählen. Vor allem in den ersten eineinhalb Jahren kann durch bindungsförderliches Elternverhalten eine positive emotionale Beziehungsgrundlage für die weitere kindliche Entwicklung gelegt werden. Diese ist überaus wichtig, da inzwischen vielfach bestätigt ist, dass die Qualität des Bindungsstils bis zu einem gewissen Grad auch die Art der späteren Sozial-beziehungen (beispielsweise während der Schulzeit) vorhersagen kann (Schnee-wind, 2002). Eine gute Eltern-Kind-Beziehung garantiert jedoch nicht in jedem Fall lebenslanges sicheres Bindungsverhalten, auch wenn so eine gute Basis dafür gelegt wird, oder umgekehrt, dass eine unsichere Bindung stets zu missglücktem späteren Bindungsverhalten führen wird (Asendorpf, 1999). Moderierende Ein-flüsse wie beispielsweise soziale Schichtzugehörigkeit, Temperament des Kindes, aber auch weitere Kompetenzen der Eltern, zum Beispiel in ihrer Funktion als Erzieher, können hierauf positiv wie negativ einwirken. Trotzdem darf der Einfluss der frühkindlichen Bindungserfahrungen nicht unterschätzt werden, da mittler-weile nachgewiesen wurde, dass die Qualität des Bindungsstils die Entwicklung verschiedener Persönlichkeitsmerkmale wie Selbstvertrauen, soziale Kompetenz und emotionales Wohlbefinden vorhersagen kann (Shulman et al., 1994, zitiert nach Schneewind, 2002). Gerade für Jugendliche, die für sich akzeptieren müs-sen, aufgrund ihrer sexuellen Orientierung (immer noch) zu einer Randgruppe zu gehören, ist dieser Aspekt dadurch von besonderer Bedeutung.

Eltern als Unterstützer bei den Entwicklungsaufgaben: Eine weitere zentrale Rolle kommt Eltern bei der Unterstützung ihrer Kinder im Hinblick auf die Bewälti-gung der Entwicklungsaufgaben zu. In jeder Lebensphase stellen sich dem Her-anwachsenden besondere Entwicklungsaufgaben, die von Havighurst (1972) zum ersten Mal formuliert wurden und seitdem vielfach Gegenstand wissenschaftlicher Untersuchungen waren. Da für diese Arbeit vor allem die Phase der Adoleszenz von Interesse ist, werden hier nur die in dieser Entwicklungsphase zu bewältigenden Aufgaben vorgestellt. Im deutschsprachigen Raum sind in diesem Zusammen-hang besonders die Arbeiten von Dreher und Dreher (1985) zu nennen, die in ihren Untersuchungen folgende Entwicklungsaufgaben für die Adoleszenz (12 bis 18 Jahre) herausgestellt haben:

– neue/reifere Beziehungen zu Altersgenossen beiderlei Geschlechts aufbauen,
– Übernahme der männlichen oder weiblichen Geschlechtsrolle,
– Akzeptieren der eigenen, sich ändernden körperlichen Erscheinung,
– emotionale Unabhängigkeit von den Eltern und von anderen Erwachsenen,
– Vorbereitung auf Ehe und Familienleben,
– Vorbereitung auf eine berufliche Karriere,
– Werte/ethisches System erlangen, das als Leitfaden für das Verhalten dient,
– sozial verantwortliches Verhalten anstreben und erreichen.

Havighurst (1972, zitiert nach Montada, 2002) unterscheidet darüber hinaus zwi-schen Aufgaben, die zeitlich begrenzt sind, wie beispielsweise der Spracherwerb und anderen Entwicklungsphasen, die sich über mehrere Perioden der Lebens-spanne erstrecken können, hier sei beispielsweise der Aufbau von Beziehungen und Freundschaften zu Gleichaltrigen genannt. Die Entwicklungsaufgaben der Adoleszenz weisen eine Besonderheit auf: Keine von ihnen behandelt eine isolierte Thematik, die nur für diese Phase allein von Bedeutung ist. Im Gegenteil. Entweder handelt es sich bei den Aufgaben in dieser Entwicklungsphase um Weiterführungen bereits in der Kindheit begonnener Aufgaben, oder aber die Aufgaben werden zwar in dieser Phase begonnen, ziehen sich aber bis in die nächste Entwicklungsphase, das frühe Erwachsenenalter, hinein (Montada, 2002). Havighurst (1972, zitiert nach Montada, 2002) betonte bereits, dass erst in der Auseinandersetzung mit den der Altersstufe entsprechenden Entwicklungsaufgaben eine lebenstüchtige Persönlichkeit entsteht.

Dieser Ansatz macht deutlich, dass sich die Persönlichkeit des Heranwachsenden nicht vorrangig passiv durch Übernahme von Erfahrungen bildet, sondern vielmehr durch tägliche Auseinandersetzungen mit Aufgaben im sozialen Kontext (Fend, 2000). Das frühkindliche Bildungsverhalten kann sich, wie beschrieben, auf die Qualität späterer Beziehungen auswirken. Auf den Kontext der Entwicklungsaufgaben während der Adoleszenz übertragen wird noch einmal deutlich, dass die Ausbildung einer stabilen Bindung an die Eltern/einen Elternteil eine wichtige Voraussetzung ist, um die Anforderung, eigene stabile Beziehungen und Freundschaften zu Gleichaltrigen aufzubauen, erfolgreich bewältigen zu können.

Die Eltern haben neben dieser indirekten auch eine direkte Funktion bei der Bewältigung der spezifischen Entwicklungsaufgaben der Adoleszenz, die in der aktiven Unterstützung des Kindes liegt. Wenn sich, wie im nächsten Abschnitt erläutert wird, die Eltern-Kind-Beziehung auch gerade in dieser Zeitspanne stark verändert (der Einfluss der Eltern nimmt schrittweise ab), brauchen Kinder trotzdem nach wie vor die Eltern als Vermittler von Schutz und Geborgenheit, aber auch als Vorbilder und direkte Ansprechpartner (Montada, 2002). Ganz konkret auf den Kontext dieses Kapitels übertragen wird so noch einmal deutlich, dass Heranwachsende, die sich neben den üblichen Entwicklungsaufgaben noch zusätzlich damit auseinandersetzen müssen, eine nicht heterosexuelle Orientierung für sich zu akzeptieren, ganz besonders von einer stabilen Eltern-Kind-Beziehung bzw. Bindung zu den Eltern profitieren, die ihnen dabei helfen kann, dieses neue Wissen in ihr Selbst zu integrieren.

Die Veränderung der Eltern-Kind-Beziehung in der Adoleszenz

In der psychologischen Forschung besteht seit langem Einigkeit darüber, dass sich die Beziehung von Eltern und Kindern während des Heranwachsens verändert, doch wurden die Ursachen für diese Veränderung, sowie der Verlauf des Veränderungsprozesses nicht immer gleich begründet (Schmidt-Denter, 2002).

Wenn man sich der Eltern-Kind-Beziehung einmal aus soziohistorischer Perspektive nähert, fällt auf, dass der Wandel in der Gestaltung der Beziehung von der traditionellen zur heutigen Gesellschaft vor allem durch zwei Begriffe beschrieben werden kann: Autoritätsverlust und emotionale Intimisierung (Fend, 2000). Während der letzten Jahrzehnte haben sich die Sanktionsmöglichkeiten der Eltern deutlich verändert, gleichzeitig ist die »Macht« der Kinder größer geworden (Fend, 2000). Eltern ziehen Kinder heute weniger aus instrumentellen Gründen wie der eigenen Altersversorgung groß, sondern vielmehr aufgrund eines psychologischen Erlebniswertes sowie emotionaler Befriedigung. Dadurch werden sie aber auch von der Zuwendungsbereitschaft des Kindes abhängig, wodurch Eltern zumindest ein Stück ihrer früheren Macht einbüßen (Fend, 2000).

Nach dem traditionellen Modell der Eltern-Kind-Beziehung, das van der Linden (1991, zitiert nach Fend, 2000) als *Kommandofamilie* bezeichnet, wurde die Rolle der Eltern klar darin gesehen, ihre Erwartungen und Wertvorstellungen an die neue Generation weiterzugeben. Dadurch war das Verhältnis vor allem durch Verantwortlichkeit gekennzeichnet. Die Aufgabe der Eltern lag darin, ihre Kinder zu selbstständigen, moralisch handelnden und selbstverantwortlichen Personen zu erziehen, die später selber in der Lage sind, eine eigene Familie zu gründen. Unvermeidlich waren in diesem Rahmen Konflikte, die nach Fend (2000) im Widerstandspotential der Kinder gegenüber ihren Eltern lagen. Als Stichwort sei hier der bis Mitte des 20. Jahrhunderts vorherrschende Gedanke des Generationskonfliktes genannt, der nach Schmidt-Denter (1996) in dieser Altersstufe unvermeidlich zu sein scheint und durch Ablehnung der Ansichten und Lebenseinstellungen der Eltern, Kämpfe zwischen Müttern und Töchtern und Vätern und Söhnen gekennzeichnet ist. Dieses abrupte Lossagen von den Eltern entspricht jedoch kaum mehr der heutigen Auffassung der sich wandelnden Beziehung zwischen Kind und Eltern während der Adoleszenz. Heute wird vielmehr von einer kontinuierlichen Veränderung dieser Beziehung ausgegangen, während der Einfluss der Eltern ab- und der der Peergruppe stetig zunimmt (Schneewind, 2002). Dies zeigt sich besonders darin, dass Gleichaltrige häufiger um Rat gefragt werden, bestimmte Themen fast ausschließlich mit ihnen besprochen werden und ihre Meinung im Gegensatz zu elterlichen Ansichten wichtiger wird. Diese Sichtweise einer schrittweisen Veränderung wird besonders verständlich, wenn man die beschriebenen Entwicklungsaufgaben während der Adoleszenz berücksichtigt, die von den Heranwachsenden in dieser Zeitspanne zu bewältigen sind und zu denen auch die schrittweise Ablösung vom Elternhaus und gleichzeitig der Aufbau eines stabilen Freundeskreises zählt.

Trotz der beginnenden Ablösung vom Elternhaus wäre die Schlussfolgerung falsch, dass die Familie im Jugendalter keine Rolle mehr für die Entwicklung spielt. Vielmehr handelt es sich um eine Lockerung der Eltern-Kind-Beziehung, die in der Regel auf beiden Seiten mit Problemen verbunden ist und daher wohl nur in den seltensten Fällen reibungslos verläuft. Fend (2000) betont sogar, dass Konflikte zu dieser Ablösungsphase dazugehören und die Beziehung nicht zwangsweise dauerhaft beeinträchtigen müssen. Es kommt eher darauf an, den richtigen Weg zu finden, um die Neugestaltung der gelockerten Beziehung zur Zufriedenheit beider Seiten gestalten zu können. Dazu ist auf Seiten der Eltern vor allem Verhandlungsbereitschaft nötig, um unterschiedliche Sichtweisen zu akzeptieren und neue Freiräume zuzugestehen. Jedoch ist der Weg eines geglückten Übergangs in die Erwachsenenwelt nicht allein durch die Eltern zu erreichen (Fend, 2000). Beide Seiten müssen ihren Beitrag dazu leisten, womit wieder das Stichwort des Systems Familie zu nennen ist, von dem sich gerade in dieser Phase zeigen wird, wie anpassungsfähig an neue Gegebenheiten es ist.

Coming-out 2002/3 (Mit freundlicher Genehmigung des Männerschwarm Verlags.)

Die Eltern als erste Ansprechpartner im Coming-out

In dem Kapitel »Developmental Trajectories of Gay, Lesbian, and Bisexual Youths«
beschreiben Rotheram-Borus und Langabeer (2001), dass sowohl hetero- als auch
homo- und bisexuell orientierte Jugendliche während des Heranwachsens manchmal dazu tendieren, (vor allem) ihren Eltern falsche Selbstbilder von sich zu präsentieren. Doch warum sie dies tun, wird ganz unterschiedlich begründet: Während
heterosexuelle Jugendliche meist einfach ihre Eltern provozieren wollen, indem sie
sich ihnen in einer Weise präsentieren, die ihnen eigentlich gar nicht entspricht,
nur um zu sehen, wie die Eltern darauf reagieren, oder aber darin eine Möglichkeit
sehen, elterlicher Kritik zu entgehen, haben homo- oder bisexuelle Jugendliche
dafür oft viel tiefer liegende Gründe. Diese reichen von der Befürchtung, aufgrund ihrer sexuellen Orientierung ausgelacht oder nicht akzeptiert zu werden,
bis hin zur Angst, des Elternhauses verwiesen zu werden. Sie unterliegen damit
dem Bestreben, ernsthafte negative Sanktionen zu vermeiden (Rotheram-Borus u.
Langabeer, 2001). Daher geben viele homo- und bisexuelle Jugendliche zumindest
eine Zeit lang an, heterosexuell orientiert zu sein und verbergen damit ihre eigentliche sexuelle Orientierung. Dabei unterscheiden sich Jugendliche, die ihre sexuelle
Orientierung *insgesamt*, also auch vor sich, verleugnen, von denen, die ein Doppelleben führen und beispielsweise nur ihren Eltern gegenüber ihre Homo- oder
Bisexualität verbergen. Die Möglichkeit, die eigene sexuelle Orientierung überhaupt vor anderen verstecken zu können, birgt jedoch Gefahren in sich, die sich
vor allem in zunehmender Isolation, Selbstzweifeln bis hin zu Selbsthass zeigen
können (Rotheram-Borus u. Langabeer, 2001).

Der Auslöser, anderen trotz eventueller Sanktionen doch von ihrer Homo- oder
Bisexualität zu erzählen, wird häufig in aufkeimender Verliebtheit und dem damit
verbundenen Wunsch, diese Verliebtheit ausleben und zeigen zu können gesehen
(Uribe u. Harbeck, 1992, zitiert nach Rotheram-Borus u. Langabeer, 2001). Doch

mit wem spricht man (zuerst) über seine Homo- bzw. Bisexualität? Rotheram-Borus und Langabeer (2001) erstellten eine Übersicht zu Studien, die sich mit dieser Frage beschäftigen. Tabelle 29 enthält neben Auszügen daraus die von Watzlawik (2003) gefundenen Zahlen.

Tabelle 29: Ansprechpartner im Coming-out

Studie	Ansprechpartner Eltern	Ansprechpartner Freunde
Rosario, Rotheram-Borus u. Reidl (1996)*	38 %	50 %
Remafedi (1991)*	39 %	93 %
Watzlawik (2003) (homosexuell)	9,8 %	85,9 %
Watzlawik (2003) (bisexuell)	8,1 %	78,4 %

* entnommen aus D'Augelli u. Patterson (2001)

Die wichtigsten Ansprechpartner sind in allen aufgeführten Untersuchungen meist nicht die Eltern, auch wenn die Zahlen von Studie zu Studie schwanken. Diese Befunde können nun auf unterschiedliche Weise interpretiert werden: als Unterstützung der beschriebenen These, dass die Eltern während der Adoleszenz ihren Stellenwert als wichtigste Vertrauenspersonen schrittweise an die Freunde abgeben, als eine erste »Probe« des Coming-out gegenüber Freunden, um zu testen, wie die Reaktion auf ihre Homo- bzw. Bisexualität ausfällt, bevor sie sich bei ihren Eltern trauen, von ihrer nicht heterosexuellen Orientierung zu berichten (Watzlawik, 2003), als Folge der Angst vor den möglicherweise weit reichenden Konsequenzen ihres Coming-out gegenüber den Eltern, gepaart mit dem Bedürfnis, sich jemandem anzuvertrauen (Rotheram-Borus u. Langabeer, 2001).

Trotz der teilweise geringen Prozentsätze der Betroffenen, die mit ihren Eltern gesprochen haben, ist eine Entwicklung zu beobachten, nach der sich die Anzahl von Heranwachsenden, die ein Coming-out gegenüber den Eltern wagen, in den letzten Jahrzehnten kontinuierlich erhöht hat. Allerdings finden sich immer wieder Unterschiede, mit welchem Elternteil eher gesprochen wird: Mit der Mutter sprechen mehr als doppelt so viele Homo- und Bisexuelle als mit ihrem Vater (Savin-Wiliams, 1998, zitiert nach Rotheram-Borus u. Langabeer, 2001). Wenig ist jedoch bisher darüber bekannt, wie genau die Reaktionen der Eltern tatsächlich sind. Telljohann und Price (1993, zitiert nach Rotheram-Borus u. Langabeer, 2001) berichten zwar von 30 bis 42 % *negativen* elterlichen Reaktionen auf das Coming-out ihres Kindes, doch wie äußern diese sich genau? Stimmen diese Zahlen heute noch? Und kann man von der ersten Reaktion die weiteren Konsequenzen für die Eltern-Kind-Beziehung ablesen? Diese Überlegungen führen bereits zur Fragestellung der Untersuchung. Bevor diese jedoch ausführlich erläutert wird, folgt noch ein kurzer Abschnitt über einen nicht zu vergessenden Aspekt des Coming-out gegenüber den Eltern.

Die Eltern und ihr eigenes Coming-out

Zu Beginn dieses Abschnittes wurde kurz erwähnt, dass das Coming-out gegenüber den Eltern immer von zwei Seiten betrachtet werden muss – doch was ist
damit gemeint? Die erste Seite liegt klar auf der Hand: Das Kind teilt den Eltern
die eigene nicht heterosexuelle Orientierung mit. Doch mit dieser Mitteilung ist
das Coming-out gegenüber den Eltern noch nicht abgeschlossen. Im Gegenteil,
für die Eltern beginnt es damit erst – zumindest, wenn sie bisher nichts von
der homo- oder bisexuellen Orientierung ihres Kindes ahnten und davon überrascht werden. Konfrontiert mit diesem neuen Wissen über ihr Kind beginnt für
sie ein Prozess, der dem beschriebenen Coming-out-Prozess nicht unähnlich ist.
Die Eltern durchlaufen dabei ebenfalls verschiedene Stufen, die durch Konfusion,
Ablehnung, Akzeptanz und Stolz gekennzeichnet sein können. Auch wenn bisher
erst wenig abgesichertes Wissen über den genauen Verlauf dieses Prozesses zur
Verfügung steht, ist eines sicher: Solange es nicht zu einem radikalen Kontaktabbruch zwischen Eltern und Kind kommt, müssen die Eltern sich zu irgendeinem
Zeitpunkt der Tatsache stellen, dass sie Eltern eines homo- oder bisexuellen Kindes sind. Gerade Eltern der älteren Generation haben damit häufig Probleme und
suchen die »Schuld« für die von der Norm abweichende sexuelle Orientierung
ihres Kindes oftmals bei sich (Watzlawik, 2003). Dies kann nicht nur zu ablehnenden Reaktionen gegenüber ihrem Kind, sondern auch zu einer Verleugnung
der Tatsache, dass ihr Kind homo- oder bisexuell ist, führen, was eine Zeitspanne
ganz unterschiedlicher Dauer umfassen kann – manchmal sogar das ganze weitere
Leben.

Können die Eltern die sexuelle Orientierung ihres Kindes hingegen (früher oder
später) akzeptieren, steht ihnen eine mitunter sehr schwere Aufgabe bevor. Sie müssen nicht nur entscheiden, ob sie für sich mit ihrer neuen Rolle als Eltern eines nicht
heterosexuellen Kindes leben können, sondern auch, ob sie mit dieser Rolle nach
außen treten wollen. Ihnen steht in diesem Fall selbst ein Coming-out gegenüber
der Familie, Freunden, Nachbarn oder Kollegen bevor – als Eltern eines schwu-
len/bisexuellen Sohnes oder einer lesbischen/bisexuellen Tochter. Dieser Schritt
kann ähnliche Probleme mit sich bringen wie das Coming-out des Kindes. Selbst
in einer aufgeschlossenen Gesellschaft können Eltern von homo- bzw. bisexuellen
Kindern noch immer ausgegrenzt oder angegriffen werden, kann es ihnen passie-
ren, dass Freundschaften daran zerbrechen oder sich daraus für sie anderweitig
negative Konsequenzen ergeben.

Inzwischen gibt es in größeren Städten Beratungsstellen und -material speziell
für Eltern nicht heterosexueller Kinder und auch im Internet finden sich Bera-
tungsseiten für Eltern, die ihnen helfen können, mit der Homo- bzw. Bisexualität
ihres Kindes und der Reaktion anderer darauf besser zurechtzukommen.[1] Hier
werden nicht nur die wichtigsten Begriffe rund um die homosexuelle Orientie-

---

1 An dieser Stelle soll auf die Beratungsbroschüre »Da fiel ich aus allen Wolken« verwiesen werden,
  ein Heft, das Eltern in Zusammenarbeit mit verschiedenen kirchlichen und sozialen Einrichtungen
  des Landes Hessen herausgegeben haben.

rung verständlich erläutert, sondern aus Sicht betroffener Eltern Informationen über ganz typische elterliche Reaktionen auf die Botschaft ihres Kindes, homosexuell zu sein, aufgezählt. Ein Gedanke im Zusammenhang mit dem Coming-out ihres Kindes erscheint dabei besonders erwähnenswert:»Wir Eltern haben allerdings ein weiteres Problem: Unser Kind erwartet von uns, dass wir den Prozess der Verarbeitung der soeben gehörten Botschaft möglichst SOFORT bewältigen. DAS IST UNMÖGLICH! So wie unser Kind Jahre gebraucht hat, zu sich selbst zu finden, brauchen auch wir Eltern Zeit, uns in dem fremden Terrain zu orientieren.«

Hier wird noch einmal deutlich, dass die Akzeptanz der Homosexualität des eigenen Kindes nicht nur eine Frage von Offenheit und Toleranz ist, sondern einen Verarbeitungsprozess darstellt, der neben der Bereitschaft, sich damit auseinanderzusetzen zu wollen, immer auch seine Zeit braucht, bis er bewältigt ist.

Worum geht es genau in der Untersuchung?

Aus den Erläuterungen im vorigen Abschnitt ist deutlich geworden, welchen langwierigen Prozess Heranwachsende durchlaufen, wenn sie sich ihrer nicht heterosexuellen Orientierung bewusst werden. Nicht nur die Integration des Wissens, schwul, lesbisch oder bisexuell – eben »anders« – zu sein, in das Selbst ist eine oft konfliktbeladene Aufgabe, die heterosexuelle Altersgenossen nicht zu bewältigen haben, sondern vor allem der Schritt, anderen von dieser sexuellen Orientierung zu berichten, erfordert von den Betroffenen eine große Portion Mut, gehen sie doch stets das Risiko ein, aufgrund ihrer sexuellen Orientierung verletzt, abgelehnt oder ausgegrenzt zu werden. Doch während man sich von Freunden und Bekannten, die ablehnend auf die Homo- oder Bisexualität reagieren, noch abwenden und hoffen kann, verständnisvollere zu finden, liegt es auf der Hand, dass dies bei der eigenen Familie so nicht möglich ist.

Das Risiko möglicher Ablehnung wiegt hier noch viel schwerer und kann möglicherweise sogar weitreichende Konsequenzen nach sich ziehen, wie beispielsweise den Auszug aus dem Elternhaus, Kontaktabbruch und damit den Verlust von Schutz und familiärer Geborgenheit. Daher ist der Schritt, den Eltern die nicht heterosexuelle Orientierung mitzuteilen, von dem Coming-out gegenüber Freunden bzw. im Bekanntenkreis abzugrenzen.

Diese besondere Position im Coming-out-Prozess wurde auch in den Ergebnissen der Online-Untersuchung von Watzlawik (2003) deutlich. Die Folgeuntersuchung (Watzlawik u. Kobs, in diesem Band) zeigte, dass sich homo- und heterosexuelle Jugendliche in vielerlei Hinsicht kaum darin unterschieden, wie sie sich ihre Zukunft vorstellten. Beide Gruppen äußerten Wünsche nach Familie, Partnerschaft, beruflicher Verwirklichung etc., doch spielte bei homosexuellen Jugendlichen ein zusätzlicher Punkt eine Rolle. Der Wunsch, die Angst vor dem Coming-out gegenüber den Eltern zu verlieren bzw. danach, dass die Eltern endlich die homosexuelle Orientierung ihres Kindes akzeptieren, fiel besonders ins Auge, gerade *weil* sich die anderen Zukunftswünsche so sehr ähnelten, und gab so den Anstoß zu weiteren Überlegungen, die in den folgenden Fragen mündeten: Lassen sich »typische« erste Reaktionen der Eltern auf das Coming-out ihres Kindes nachweisen? Handelt es sich bei den gefundenen Angaben um eine zufällige Anhäufung von Einzelfällen oder bekommen tatsächlich (auch heute noch) viele Betroffene die Ablehnung ihrer Eltern nach ihrem Coming-out zu spüren? Wie ist das Verhältnis positiver und negativer Reaktionen der Eltern auf das Coming-out ihres Kindes im Allgemeinen gelagert? Zeigen Väter und Mütter ähnliche Reaktionen auf das Coming-out ihres Kindes oder lassen sich Unterschiede zwischen ihnen aufzeigen? Lassen sich Unterschiede in den Reaktionen der Eltern schwuler Söhne und Eltern lesbischer Töchter finden? Wie geht es nach den ersten Reaktionen weiter? Durchlaufen auch die Eltern, wie im Theorieteil angesprochen, einen Prozess der Akzeptanz? Und abschließend: Wie nachhaltig beeinflusst das Coming-out des Kindes die Eltern-Kind-Beziehung?

Die Reaktionen der Eltern kann man aus zwei verschiedenen Blickwinkeln betrachten: aus der Perspektive der Eltern und aus der der Kinder. In dieser Arbeit wurde bewusst die zweite Perspektive bevorzugt, so dass hier Betroffene selbst und ihre Ängste im Vordergrund stehen. Es interessiert in dieser Untersuchung vor allem, wie homo- und bisexuelle Heranwachsende die Reaktionen ihrer Eltern erlebt haben, bzw. ob und wenn ja, wie und in welche Richtung sich aus ihrer Sicht dadurch das Verhältnis zwischen ihnen und ihren Eltern kurz- oder auch längerfristig verändert hat.

Wie wurde die Untersuchung durchgeführt?

Die Umsetzung und Auswertung der Fragestellung erfolgte in mehreren aufeinander aufbauenden Schritten: einer Voruntersuchung anhand von Interviews, der Entwicklung des Online-Fragebogens sowie der qualitativen und der quantitativen Auswertung.

Nachdem die Fragestellung formuliert und damit der genaue Rahmen der Untersuchung abgesteckt war, wurde zunächst ein vorläufiger Fragebogen entwickelt, in dem alle relevant erscheinenden Fragen enthalten waren. Dieser wurde anhand einiger Interviews, die mit drei männlichen und drei weiblichen Homosexuellen, deren Coming-out gegenüber ihren Eltern unterschiedlich lange zurücklag, getestet. So konnten eventuelle Unklarheiten in den Formulierungen oder fehlende Aspekte aufgespürt werden, was von großer Wichtigkeit war, da der spätere Untersuchungsfragebogen online ausgefüllt wurde und dann keine Möglichkeit mehr für Rückfragen bestand. Aus den Interviews ergaben sich, wie erhofft, einige Hinweise auf zusätzliche Fragen, die schließlich zum endgültigen Fragebogen führten, der aus drei Bereichen bestand, die inhaltliche Einheiten bildeten und die in Tabelle 30 dargestellten Fragen enthielt.

Der Fragebogen wurde auf der Website des Institutes für Entwicklungspsychologie veröffentlicht und von Juni bis September 2006 online gestellt. Der Link

Tabelle 30: Fragen der Untersuchung

I. Teil – Allgemeine Fragen zum Coming-out (CO)

- Als was hast du dich geoutet?
- Entspricht das dem, wie du deine sexuelle Orientierung selbst beschreiben würdest?
- Wie alt warst du bei deinem CO?
- Wie lange liegt dein CO bei deinen Eltern zurück?
- Wem gegenüber hast du dich zuerst geoutet?
- Hast du zum Zeitpunkt deines CO noch zu Hause gewohnt?
- Wie stellte sich zum Zeitpunkt deines CO die Familiensituation dar?

II. Teil – Fragen zum Verhältnis und zu den Reaktionen der Eltern

- Wenn du einmal zurückdenkst – und dabei versuchst, so objektiv wie möglich zu bleiben, auch wenn der Ärger vielleicht groß ist –, wie würdest du dein Verhältnis zu deinen Eltern vor deinem CO beschreiben?
- Gab es einen bestimmten Grund, dass dein CO bei deinen Eltern genau an diesem bestimmten Tag stattgefunden hat? (hast du dein CO geplant?)
- Hast du mit beiden Eltern zusammen gesprochen?
- Wie war die Reaktion deiner Eltern? Haben sie beide in gleicher Weise reagiert?
- Wie ging es dann weiter? Welche Konsequenzen hatte dein CO im Hinblick auf dein Verhältnis zu deinen Eltern?
- Hast du mit der Reaktion deiner Eltern annähernd so gerechnet?
- Wie zufrieden warst du mit der Reaktion deiner Eltern?
- Wenn du nicht nur die erste Reaktion deiner Eltern betrachtest, sondern auch die Zeit danach (bis heute!) beurteilen sollst: Hat sich seit den ersten Reaktionen deiner Eltern etwas an Eurem Verhältnis verändert? Wenn ja, was und wie kam es dazu?
- Wie zufrieden bist du mit der Situation heute? Warum?
- Mit einem Begriff ausgedrückt: wie würdest du dein CO bei deinen Eltern bezeichnen?

III. Teil – Soziodemographische Daten

Abgefragt wurden: Geschlecht, Nationalität, Geschwisteranzahl, Wohnort beim CO, Wohnort heute, momentane Tätigkeit/Beruf, (angestrebter) Schulabschluss, Beruf des Vaters, Beruf der Mutter, Schulabschluss des Vaters, Schulabschluss der Mutter.

http://psypost.psych.nat.tu-bs.de/Seiten/Diplomarbeiten/Julia_K.html führte zu einer Website, die sowohl Informationen zum Ziel der Erhebung, der Untersuchenden, weiterführende Link sowie natürlich den Zugang zum Fragebogen enthielt.[2]

Um möglichst viele homo- und bisexuelle Personen zu erreichen, wurde in verschiedenen Foren auf die Untersuchung hingewiesen. Hier ist das Forum der Projektseite »Schwul, lesbisch, bi, hetero – was bin ich?« (Watzlawik, 2002) zu nennen, aber auch weitere Foren wie beispielsweise Lesarion und GayForum, die über

---

2 Die Vor- und Nachteile von Internetbefragungen werden von Kirchhof, Heine und Kröger sowie Watzlawik und Weil in diesem Band ausführlich diskutiert und entfallen daher an dieser Stelle.

Suchmaschinen im Internet gefunden und kontaktiert wurden. Darüber hinaus haben einige Beratungsstellen, wie die der niedersächsischen AIDS-Hilfe www.hin-und-wech.de sowie einige andere Websites einen Hinweis auf die Untersuchung auf ihrer Seite veröffentlicht. Zu diesen zählten zum Beispiel BraveBoy und Les-benNet. Der Fragebogen war damit sowohl Jugendlichen, die im Internet gezielt Unterstützung und Hilfe bezüglich ihrer sexuellen Orientierung suchten, als auch denen, die auf der Suche nach Austausch und Kommunikation waren, gleicher-maßen zugänglich. Es kann somit davon ausgegangen werden, dass sich nicht nur Teilnehmer mit (besonders) negativen oder nur (besonders) positiven Reaktionen auf ihr Coming-out gegenüber ihren Eltern an der Online-Studie beteiligten. Im einleitenden Text der Website der Untersuchung wurde außerdem noch einmal deutlich darauf hingewiesen, dass sowohl Teilnehmer, deren Coming-out proble-matisch verlaufen ist, als auch solche, bei denen es keine Schwierigkeiten gab, ein-geladen waren, an der Befragung teilzunehmen. Die Antworten wurden zunächst mittels qualitativer Inhaltsanalyse analysiert, bevor Häufigkeitsanalysen und Tests auf statistisch bedeutsame Unterschiede durchgeführt wurden.

Wer hat an der Untersuchung teilgenommen?

An der Untersuchung nahmen insgesamt 383 Personen teil, davon mussten 22 Fragebögen ausgeschlossen werden, da sie entweder nach nur einigen Antworten abgebrochen wurden, in wesentlichen Punkten unvollständig waren oder doppelt eingegeben wurden. Insgesamt wurden 361 Fragebögen in der Auswertung berück-sichtigt. 160 Personen der Befragten waren männlich, 197 Personen weiblich, vier Personen gaben ein anderes Geschlecht an: *intersexuell, femme, eher männlich* und *physisch weiblich*.[3]

Die Altersspanne lag zwischen 14 und 55 Jahren, im Durchschnitt waren die Teil-nehmer 25,03 Jahre alt. Nach Geschlechtern getrennt ergab sich folgende Altersver-teilung: Die jüngste Teilnehmerin war 14, die älteste 48 Jahre alt; im Durchschnitt waren die teilnehmenden Frauen mit 24,67 Jahren etwas jünger als die männli-chen Teilnehmer (Durchschnittsalter 25,39 Jahre). Hier war der jüngste Teilnehmer 19 Jahre alt, der älteste 55 Jahre. Der Altersunterschied zwischen beiden Gruppen ist jedoch statistisch nicht bedeutsam.

12 Personen (3,4 %) gaben an, einen *Hauptschulabschluss* zu haben oder anzu-streben, 71 (20,2 %) einen *Realschulabschluss*, 87 (24,8 %) hatten *Abitur* oder streb-ten es an. 181 Personen (51,6 %) gaben *Studium* als ihren (angestrebten) Abschluss an. Damit ist die Gruppe der Akademiker in dieser Stichprobe deutlich überreprä-sentiert.

---

3 Die Person, die *intersexuell* als ihr Geschlecht angegeben hat, konnte in dieser Untersuchung nicht weiter berücksichtigt werden, da es sich bei ihr um einen Einzelfall handelt. Die drei anderen Personen wurden für die weitere Auswertung den Kategorien weiblich (*femme und physisch weiblich*) und männlich (*eher männlich*) zugeordnet.

151 Teilnehmer gaben an, sich als schwul geoutet zu haben, 146 Teilnehmerinnen als lesbisch und 55 der Befragten als bisexuell (dabei waren von den bisexuell Orientierten neun männlich und 43 weiblich). Einige Teilnehmer nannten weitere sexuelle Orientierungen, dazu zählten: *queer, transsexuell, zwischen lesbisch und bisexuell, primär lesbisch, keine spezielle Richtung, frauenliebend, erst als lesbisch, dann als bisexuell* und *als schwul geoutet, bin aber bisexuell.*

Neben der Frage, als was sich die Befragten geoutet haben, wurde auch erfasst, ob diese Bezeichnung auch ihr inneres Empfinden widerspiegelt. Diese Frage beantworteten 325 (88,9 %) mit Ja, 35 (9,6 %) mit Nein, eine Person beantwortete diese Frage nicht. Für diejenigen, die diese Frage verneinten, ergab sich folgende Verteilung der Antworten (Tabelle 31):

Tabelle 31: »Als was hast du dich geoutet?«

Kategorie	Anzahl	Kategorie	Anzahl
bin lesbisch, möchte es aber nicht sein	1	kann man nicht einordnen	5
bisexuell	1	lesbisch	4
bisexuelle Lesbe	1	mittlerweile eher bisexuell	2
Dyke	1	queer	2
frauenliebend	3	schwul	3
homoemotional	2	stockbi	1
humansexuell	1	weiß nicht genau	5

Da nicht auszuschließen ist, dass die Wohnsituation (noch zu Hause/nicht mehr zu Hause) der Befragten zum Zeitpunkt des Coming-out einen Einfluss auf die Reaktionen der Eltern haben kann, wurde diese anhand dreier Fragen detailliert erfasst, um beispielsweise überprüfen zu können, ob Eltern, deren Kinder zum Zeitpunkt ihres Coming-out noch zu Hause lebten, andere Reaktionen zeigten als die, deren Kinder nicht mehr im Elternhaus lebten. Zwei Drittel (238) der Befragten beantworteten diese Frage mit Ja, ein Drittel (119) mit Nein. Nach Geschlechtern getrennt ergab sich für die weiblichen Teilnehmer ein Verhältnis von 62,4 % (123), die zum Zeitpunkt ihres Coming-out noch zu Hause gewohnt haben, zu 37,6 % (74), die nicht mehr zu Hause wohnten. Von den männlichen Befragten lebten bei ihrem Coming-out noch 71,9 % (115) zu Hause, 28,1 % (45) hingegen nicht mehr. Auch hier zeigt sich kein Unterschied zwischen männlichen und weiblichen Befragten.

»Wie stellte sich zum Zeitpunkt deines Coming-out die Familiensituation dar?« 67 % (240) der Elternpaare waren zum Zeitpunkt des Coming-out ihres Kindes verheiratet, 23,8 % (85) Elternpaare getrennt/geschieden. 6,7 % (24) der Befragten gaben an, dass ein Elternteil verstorben sei, neun Personen (2,5 %) nannten andere Familiensituationen. Diese verteilten sich auf: beide Elternteile verstorben (2 x), lebte bei Adoptiveltern (1 x), lebte bei einer Austauschfamilie in USA (1 x), lebte bei der Schwester (1 x), biologischer Vater unbekannt (1 x), Mutter unauffindbar (1 x), Mutter wieder verheiratet (1 x) und wir leben alle in einem Haus (1 x). Nach Geschlechtern getrennt ergab sich folgende Aufteilung (Tabelle 32):

Tabelle 32: Familiensituation zum Zeitpunkt des Coming-out

Familiensituation	weibliche Befragte (198)	männliche Befragte (160)
Eltern verheiratet	62,1 %	73,1 %
Eltern getrennt/geschieden	27,3 %	19,4 %
ein Elternteil verstorben	8,1 %	5,0 %
andere	2,5 %	2,5 %

Für die Teilnehmer, die angegeben hatten, zum Zeitpunkt ihres Coming-out noch zu Hause gewohnt zu haben, schloss sich eine weitere Frage zur familiären Situation an, um die Aussage *zu Hause*, die allein noch nicht aussagekräftig ist, weiter zu präzisieren.

»Falls du bei deinem Coming-out noch zu Hause gewohnt hast, bei wem war das?« Diese Frage wurde sowohl von allen männlichen (115) als auch von allen weiblichen Teilnehmern (123), die angegeben hatten, zum Zeitpunkt ihres Coming-out noch zuhause gewohnt zu haben, beantwortet. Dabei ergab sich folgende Verteilung der Antworten (Tabelle 33):

Tabelle 33: Wohnsituation zu Hause

Zuhause...	weiblich	männlich
bei beiden Eltern	34,7 %	43,5 %
bei Mutter	21,1 %	13,0 %
bei Vater	2,0 %	1,9 %
bei Mutter & Partner	5,0 %	6,8 %
bei Vater & Partnerin	1,0 %	3,1 %
bei anderen	0,5 %	3,1 %

Auf die Kategorie andere entfielen hier fünf Angaben: bei den Großeltern (2 x), bei Geschwistern (1 x), bei Adoptiveltern (1 x), bei Gasteltern (1 x).

Ergebnisse

Die Ergebnisse lassen sich in drei Bereiche aufteilen: (1) in die ersten Ansprechpartner allgemein, (2) in das Coming-out gegenüber den Eltern und (3) in die (ersten) Reaktionen der Eltern und die Auswirkungen des Coming-out auf das Verhältnis zwischen den Eltern und ihrem Kind.

Erste Ansprechpartner

Zunächst wurde gefragt, wem gegenüber sich die Jugendlichen zuerst geoutet haben. Die Frage wurde von 259 der 260 Teilnehmer beantwortet, dabei ergab sich nach weiblichen und männlichen Teilnehmern getrennt folgende Verteilung der Antworten (Abbildung 16):

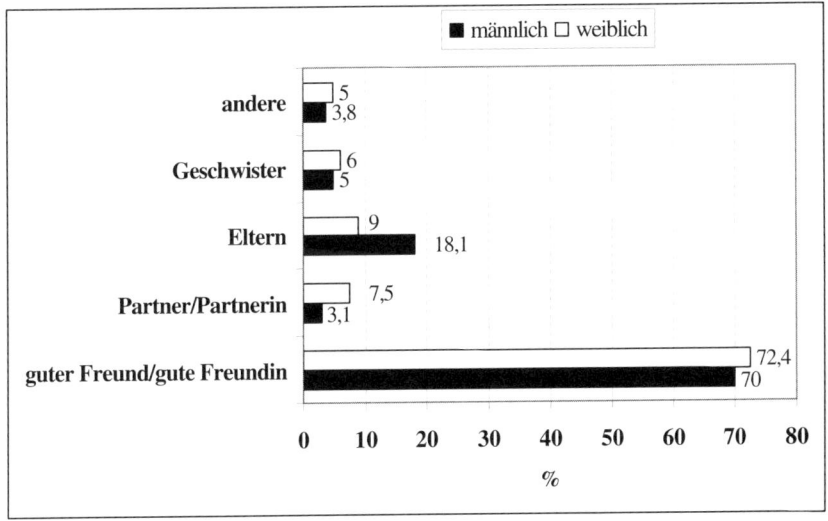

Abbildung 16: Wem gegenüber hast du dich zuerst geoutet? (Darstellung der Antworten getrennt nach Geschlecht)

Die Antworten der Kategorie *andere* (16) verteilten sich auf: beste Freundin (2 x), Tante (2 x), Mutter (2 x), Chefin (1 x), Klassenkameraden (1 x), Vertrauenslehrerin (1 x), Freunden aus der Fußballmannschaft (1 x), Exfreund (1 x), guter Bekannter (1 x), guter Freund, der selber bi ist (1 x), gute Freundin, jetzt Lebenspartnerin (1 x), allen (1 x) und Internetforum (1 x).

Die ersten Ansprechpartner im Coming-out sind eindeutig gute Freundinnen bzw. gute Freunde, sowohl bei den männlichen (70 %) als auch bei den weiblichen Teilnehmern (72,4 %), gefolgt von den Eltern – wenn auch mit deutlichem Abstand: 18,9 % der männlichen Befragten und nur 9 % der weiblichen nennen die Eltern als erste Ansprechpartner im Coming-out. Statistisch ergab sich kein Zusammenhang von Geschlecht und bevorzugtem ersten Ansprechpartner.

Wie lange liegt das Coming-out gegenüber den Eltern zurück?

Die Antwortmöglichkeiten im Online-Fragebogen waren unterteilt in Jahre, Monate und Tage, um sowohl den Teilnehmern, deren Coming-out viele Jahre zurücklag, als auch denen, bei denen es erst wenige Wochen oder gar Tage her

war, gerecht zu werden und möglichst genau erfassen zu können, wie lange das
Coming-out gegenüber den Eltern denn zurückliegt. Anschließend wurden die
Angaben zur besseren Vergleichbarkeit in Monate umgerechnet und zu Kategorien
zusammengefasst. Die Zusammenfassung zu Kategorien ergab folgende Verteilung
(Abbildung 17):

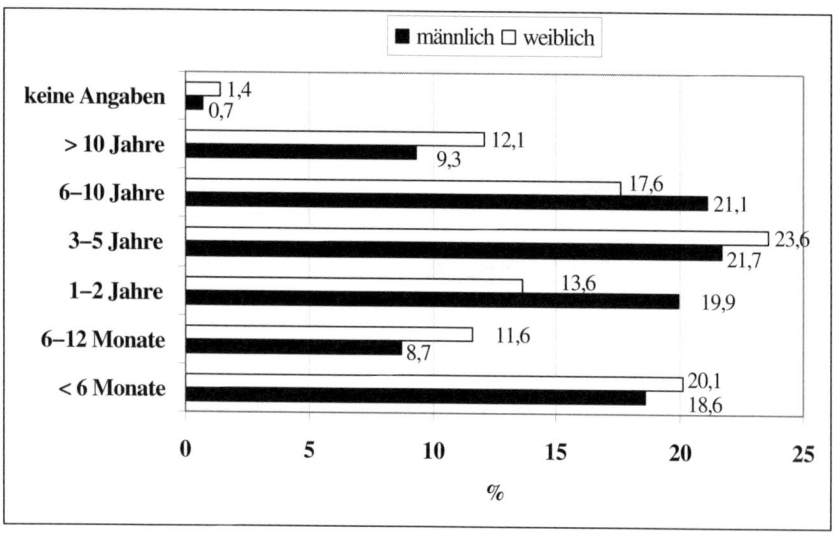

Abbildung 17: Wie lange liegt das Coming-out zurück? (Darstellung der Antworten getrennt
nach Geschlecht)

Im Durchschnitt lag das Coming-out gegenüber den Eltern 54,6 Monate, also
4,5 Jahre zurück, zwischen männlichen und weiblichen Teilnehmern ergab sich
hierbei kein wesentlicher Unterschied. Die kürzeste Zeitspanne, die das Coming-
out zurücklag, war ein Tag bei den weiblichen Befragten, sechs Tage bei den männlichen. Die längste Zeitspanne, die seit dem Coming-out gegenüber den Eltern
vergangen ist, umfasste bei zwei männlichen Teilnehmern 28 Jahre und bei einer
weiblichen Teilnehmerin 27 Jahre.

Das Verhältnis zu den Eltern vor dem Coming-out

»Wenn du einmal zurückdenkst – und dabei versuchst, so objektiv wie möglich
zu bleiben, auch wenn der Ärger vielleicht groß ist –, wie würdest du dein Verhältnis zu deinen Eltern vor deinem CO beschreiben?« So lautete die Frage im
Onlinefragebogen. Den Teilnehmern standen zur Beantwortung dieser Frage die
vier Kategorien (1 = sehr gut, 2 = gut, 3 = eher schlecht und 4 = sehr schlecht) zur
Verfügung. Die Verteilung der Antworten ist nachstehender Abbildung zu entnehmen (Abbildung 18).

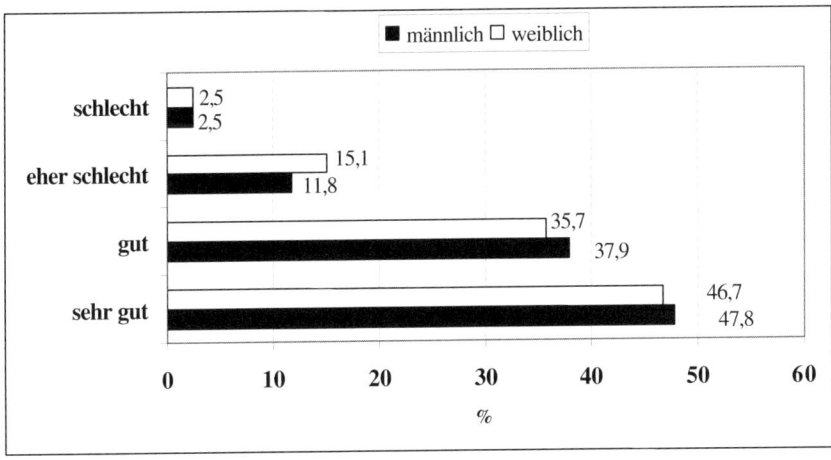

Abbildung 18: Das Verhältnis zu den Eltern vor dem Coming-out (Darstellung der Antworten getrennt nach Geschlecht)

Deutlich erkennbar berichtete ein Großteil der Teilnehmer über ein gutes oder sehr gutes Verhältnis zu den Eltern vor dem Coming-out. Bei den männlichen Teilnehmern lag dieser Anteil bei 85,7 % zu 14,3 %, die ein eher schlechtes oder sehr schlechtes Verhältnis zu den Eltern vor ihrem Coming-out angaben. Bei den weiblichen Teilnehmern ist die Verteilung sehr ähnlich: 82,4 % hatten vor ihrem Coming-out ein sehr gutes oder gutes Verhältnis zu ihren Eltern, 17,2 % ein eher schlechtes oder sehr schlechtes Verhältnis.

War das Coming-out gegenüber den Eltern geplant oder spontan?

»Gab es einen bestimmten Grund, dass dein CO bei deinen Eltern genau an diesem bestimmten Tag stattgefunden hat? Hast du dein CO geplant?« Die Ergebnisse dieser Frage, bei denen die Antwortmöglichkeiten Ja und Nein ausgewählt werden konnten, waren eindeutig: Zwar haben 23 % (83) der Teilnehmer diese Frage nicht beantwortet, jedoch gab es unter den verbleibenden 277 Teilnehmern keinen einzigen, der sein Coming-out gegenüber den Eltern geplant hat und diese Frage mit Ja beantwortet hat. Bei allen Untersuchungsteilnehmern hat sich das Coming-out gegenüber den Eltern ungeplant bzw. aus der Situation heraus ergeben.

Wurde mit beiden Eltern zusammen gesprochen?

Diese Frage ist von großer Bedeutung für die Interpretation der weiteren Angaben zu den elterlichen Reaktionen auf das Coming-out ihres Kindes. Daher sollten die Ergebnisse, die in der Diskussion noch ausführlicher besprochen werden, aufmerksam betrachtet werden.

Ein Viertel der männlichen Befragten hat mit beiden Elternteilen zusammen gesprochen, bei den weiblichen Teilnehmern war es mit einem Fünftel ein etwas geringerer Anteil. Fast genauso hoch ist mit 24,2 % bei den männlichen Befragten und 22,7 % bei den weiblichen der Anteil derjenigen, die nur mit der Mutter gesprochen haben. Besonders hier fällt im Vergleich zum Vater der Unterschied in der Wahl des Ansprechpartners im Coming-out auf: Lediglich 1,3 %, (3 Personen) der weiblichen und keiner der männlichen Befragten haben nur mit dem Vater gesprochen.

Die Angaben lassen sich jeweils für die Mütter und Väter als *erste oder Hauptansprechpartner* im Coming-out gegenüber den Eltern zusammenfassen: Insgesamt 43,8 % der weiblichen und 42,7 % der männlichen Befragten gaben die Mutter als ersten oder Hauptansprechpartner beim Coming-out gegenüber ihren Eltern an. Deutlich seltener war dies bei beiden Geschlechtern der Vater: lediglich 3 % der Töchter und 1,9 % der Söhne nannten ihren Vater als ersten oder Hauptansprechpartner im Coming-out gegenüber ihren Eltern.

Die folgende Betrachtung der ersten Reaktionen der Väter auf das Coming-out ihrer Kinder muss vor dem Hintergrund dieser Befunde geschehen, da ohne das Wissen um die ungleiche Verteilung der Rollen der Mütter und Väter als erster Ansprechpartner beim Coming-out gegenüber den Eltern die Reaktionen der Väter falsch interpretiert werden würden.

Die (ersten) Reaktionen der Eltern

Lassen sich »typische« erste Reaktionen der Eltern auf das Coming-out ihres Kindes nachweisen? Die Auswertung der Antworten auf diese Frage führte zu insgesamt 41 Antwortkategorien, die in nachstehender Tabelle mit den dazugehörigen Antworthäufigkeiten in Prozent aufgelistet sind.

Aufgrund der beschriebenen weitaus häufigeren Rolle der Mutter als Hauptansprechpartner im Coming-out gegenüber den Eltern, aber auch aufgrund der häufigeren Wohnsituation bei der Mutter nach Trennung der Eltern liegen für diese Frage unterschiedliche Häufigkeiten bei den Angaben zu den Reaktionen der Väter und Mütter vor: Insgesamt 280 Personen trafen eine Aussage zur ersten Reaktion der Mutter, 68 Personen keine, 230 der Befragten nannten eine erste Reaktion des Vaters, 118 hingegen keine. Der Übersicht halber wurden die Antworten trotzdem für beide Elternteile zusammen in Tabelle 34 dargestellt.

12 Personen haben keine den Kategorien zuweisbare Angabe zur ersten Reaktion gemacht, 18 Personen gaben lediglich an, dass beide Elternteile ähnlich reagiert haben, 15 Personen, dass beide Elternteile verschieden reagierten, ohne genauere Angaben zur Art der Reaktion zu machen. Diese Angaben wurden bei der weiteren Auswertung dieser Frage nicht berücksichtigt.

Nicht in der obigen Tabelle enthalten sind die wenigen Aussagen, die zu weiteren Bezugspersonen gemacht wurden, dazu zählten: *Lebenspartner der Mutter ruhig/gelassen/entspannt/locker* (3 x), *Lebenspartnerin des Vaters akzeptiert* (3 x), *Lebenspartnerin des Vaters weint* (1 x), *Großmutter akzeptiert* (1 x), *Stiefmutter*

Tabelle 34: Die ersten Reaktionen der Eltern

Erste Reaktion	% der Mütter	% der Väter
ablehnend	3,2	4,3
akzeptiert, aber meidet das Thema	1,1	3,9
akzeptiert es (zunächst) nicht	1,1	0,9
akzeptiert ihr/sein Kind, wie es ist	**12,8**	**19,9**
angeekelt	0,7	0,4
ärgerlich/aufgebracht	1,8	2,6
enttäuscht (Enkelkinder u.ä.)	5,3	2,2
freut sich für ihr/sein Kind	0,4	0,4
gefasst	0,4	0,4
geschockt/überrascht/überrumpelt	**20,3**	**13,4**
hält es »für eine Phase«/nimmt es nicht ernst	7,5	3,0
humorvoll	–	0,9
hält Homosexualität für eine Krankheit	0,7	–
ist bemüht, die Homosexualität zu akzeptieren	1,1	–
kaum Reaktion, ohne Wertung	1,4	3,9
kein Verständnis	1,1	1,3
Kontaktabbruch	0,7	0,9
liebevoll	1,4	0,4
macht sich Sorgen	3,9	0,9
macht sich Vorwürfe	2,1	1,3
nachdenklich – ohne Wertung	0,7	–
negativ	2,5	1,3
neutral	0,4	0,9
nicht so gut	2,5	–
nicht überrascht, ahnte es schon	8,2	3,9
offen	0,7	0,9
positiv	**18,5**	**16,5**
reagiert mit Hohn und Spott	–	0,9
reagiert mit körperlicher Gewalt	–	0,4
ruhig/gelassen/entspannt/locker	2,8	13,4
sagt gar nichts/ignoriert das Thema	1,1	6,9
sehr ablehnend	1,4	2,2
sucht das Gespräch	2,5	2,6
sucht Erklärungen	1,4	–
überfordert/hilflos	1,4	1,7
überrascht aber positiv	1,8	–
verbietet CO vor Familie	0,7	–
verschlossen	0,4	–
verletzend	–	0,9
verständnisvoll	3,2	2,6
weint	5,7	1,3
will es nicht wahrhaben	2,1	1,3

ablehnend (1 x) und *Stiefvater sagt gar nichts/ignoriert das Thema* (1 x). Auch diese Aussagen wurden aufgrund der geringen Häufigkeiten in den einzelnen Kategorien bei der weiteren Auswertung dieser Frage nicht berücksichtigt.

Die häufigsten Reaktionen auf das Coming-out des Kindes sind demnach Überraschung bzw. Schock über die Mitteilung des Kindes, schwul, lesbisch oder bisexuell zu sein (Mütter 20,3 %, Väter 13,4 %), Akzeptanz (Mütter 12,8 %, Väter 19,9 %) und positive Reaktionen (Mütter 18,5 %, Väter 16,5 %).

Handelt es sich bei den gefundenen Angaben um eine zufällige Anhäufung von Einzelfällen oder bekommen tatsächlich (auch heute noch) viele Betroffene die Ablehnung ihrer Eltern nach ihrem Coming-out zu spüren? Wie ist das Verhältnis positiver und negativer Reaktionen der Eltern auf das Coming-out ihres Kindes im Allgemeinen gelagert? Um eine Aussage darüber treffen zu können, wie das Verhältnis *positiver* und *negativer* Reaktionen der Eltern auf das Coming-out ihres Kindes gelagert waren, wurden die Antworten noch weiter zusammengefasst. In nachstehender Abbildung sind für Väter und Mütter getrennt die prozentualen Häufigkeiten der positiven, negativen und wertfreien Reaktionen enthalten (Abbildung 19).

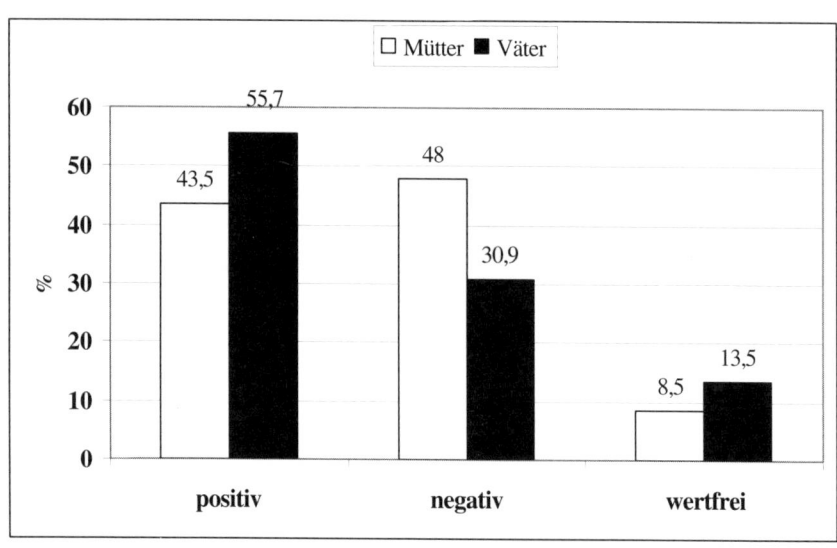

Abbildung 19: Die ersten Reaktionen der Eltern (zusammengefasst)

Es fällt schon auf den ersten Blick auf, dass scheinbar mehr Väter (53,5 %) positiv auf das Coming-out ihres Kindes reagiert haben als Mütter (39,9 %). Bei den Müttern ist das Verhältnis positiver (43,5 %) und negativer (48 %) Reaktionen fast ausgeglichen, bei den Vätern hingegen scheinen die positiven Reaktionen mit 55,7 % deutlich vor den negativen (30,9 %) zu überwiegen. Doch darf man sich von diesen Ergebnissen nicht täuschen lassen: Wie gezeigt wurde, hat ein weitaus größerer Anteil der Befragten zunächst oder überhaupt nur (selbst) mit der Mutter gesprochen. Die hohen Zahlen bei den positiven Reaktionen der Väter lassen sich vermutlich dadurch erklären, dass die Befragtem die allererste Reaktion des Vaters gar nicht mitbekommen hatten, sondern erst wieder mit ihm zusammentrafen, nachdem ihn die Mutter über Homo- oder Bisexualität unterrichtet und er Zeit hatte, den ersten Schrecken zu verarbeiten.

Lassen sich Unterschiede in den Reaktionen der Eltern schwuler Söhne und Eltern lesbischer Töchter finden?

Diese Frage lässt sich nur für die Mütter mit Ja beantworten: Deutlich mehr Mütter weinten, als ihnen ihr Sohn seine Homo- bzw. Bisexualität mitteilte, als Mütter bei ihren Töchtern. Auch reagierten Mütter auf das Coming-out ihres Sohnes häufiger geschockt, überrascht oder überrumpelt als bei ihrer Tochter. Sie nahmen deren Homo- bzw. Bisexualität häufiger nicht ernst, sondern hielten sie hier eher für eine Phase als bei den Söhnen. Bei den Vätern hingegen war die erste Reaktion immer unabhängig vom Geschlecht des Kindes.

Wie ging es nach den ersten Reaktionen weiter?

Die Frage nach den Konsequenzen des Coming-out lieferte verschiedene Antwortkategorien, die in Tabelle 35 dargestellt werden.

Tabelle 35: Konsequenzen des Coming-out

Kategorie	% der Mütter	% der Väter
Auszug aus Elternhaus	5	3,4
keine Konsequenzen	47,7	48,8
bemüht sich, es zu akzeptieren	3,2	2,7
hat PartnerIn kennen gelernt/akzeptiert	0,9	1,4
Verhältnis erst schlechter, dann wieder besser	9,3	7,8
Verhältnis besser	7,3	7,5
Verhältnis besser als direkt nach CO	1,8	2
Verhältnis besser als VOR CO	4,7	1,7
Verhältnis besser durch CO	1,2	7,5
Verhältnis distanzierter	5,6	3,8
Verhältnis schlechter durch CO	10,2	10,6
Verhältnis schlechter durch Unsicherheit	5,2	6,1
Kontaktabbruch	1,8	2
keine Angabe	2	2,4

Auch hier wurden die Antworten zu drei Gruppen zusammengefasst, den *positiven* und *negativen Konsequenzen* und der Kategorie *keine Konsequenzen*. Diese Kategorie war bei beiden Elternteilen deutlich die häufigste, das heißt, bei fast der Hälfte der Teilnehmer hatte das Coming-out gegenüber den Eltern keine Konsequenzen (vgl. Abbildung 20).

Die Konsequenzen wurden in Bezug gesetzt zur ersten Reaktion der Elternteile. Diese Vergleiche sind sinnvoll, um eine Aussage darüber zu treffen, mit welchen Konsequenzen am ehesten zu rechnen ist, wenn ein Elternteil eine bestimmte erste Reaktion gezeigt hat. Kurz zusammengefasst kann man aus den Ergebnissen ableiten, dass in dieser Stichprobe

– sowohl bei den Vätern als auch bei den Müttern bei einer *positiven oder wertfreien ersten Reaktion* in mehr als drei Viertel der Fälle mit *keinen oder positiven Konsequenzen* zu rechnen ist.

– bei einer *ersten negativen Reaktion* in etwa der Hälfte der Fälle mit einer negativen Konsequenz beim Vater und in 44 % der Fälle bei der Mutter zu rechnen ist.

– bei einer *emotional negativen Reaktion der Mutter* (also zunächst einmal geschockt, überrascht oder überrumpelt zu reagieren) *keine Aussage* über die Konsequenzen möglich ist, positive, negative oder keine Konsequenzen sind dann gleich wahrscheinlich.

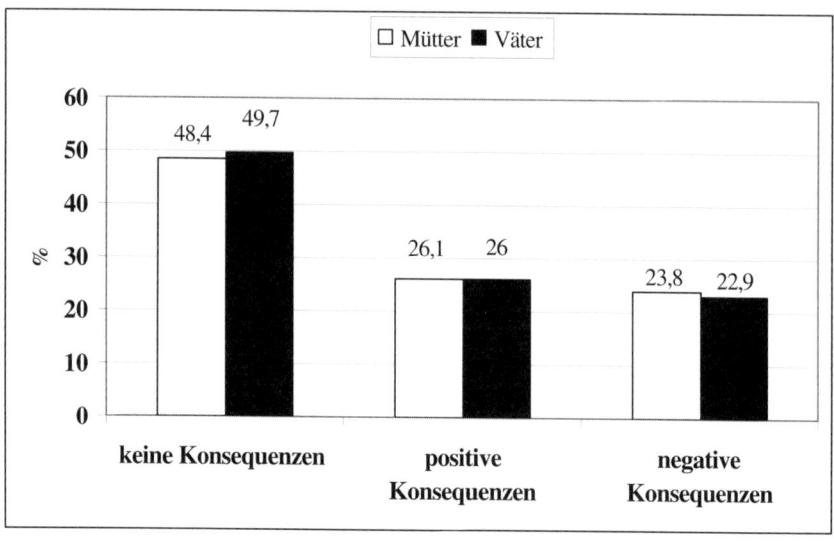

Abbildung 20: Konsequenzen des Coming-out (zusammengefasst)

Durchlaufen auch die Eltern einen Prozess der Akzeptanz?

Auch diese Frage kann mit Ja beantwortet werden – diesmal für beide Elternteile. Eine zusammenfassende Auswertung der einzelnen Fragen zu den Reaktionen der Eltern zeigte, dass der Großteil der Eltern zunächst geschockt oder überrascht reagierte. In vielen Fällen folgten vorerst negative Konsequenzen, wodurch das Verhältnis zum betrachteten Elternteil oft auch erst einmal beeinträchtigt war. Auf lange Sicht entspannte sich das Verhältnis jedoch wieder und wurde wieder so wie vor dem Coming-out – in manchen Fällen sogar besser als vorher. Mit 53,4 % der Müttern und 29,3 % der Vätern ist dieser Verlauf als der »typischste« anzusehen, den bei den Müttern jeder zweite Teilnehmer erlebte, bei den Vätern immerhin fast jeder dritte.

Neben diesem Verlauf, vom ersten Schock bis zur Akzeptanz der Homosexualität des Kindes, gibt es noch einen weiteren besonders häufigen, der bei den Vätern sogar noch häufiger ist als der erste: Als »leichte Fälle« lassen sich all diejenigen Angaben zusammenfassen, bei denen es vor dem Coming-out ein gutes oder sehr gutes Verhältnis zu den Eltern gab, diese positiv oder wertfrei auf die Mitteilung ihres Kindes, homosexuell zu sein, reagierten und wo es auch im Nachhinein zu keinen negativen Veränderungen im Verhältnis kam. Bei den Müttern war dies mit 32,4 % immerhin fast bei jedem dritten Teilnehmer so, bei den Vätern mit 46,2 % sogar bei fast jedem zweiten.

Sehr viel weniger typisch waren erfreulicherweise die Aussagen, bei denen das Coming-out nach dem ersten Schrecken, der ersten Überraschung negative Konsequenzen hatte und auch langfristig eine Verschlechterung im Verhältnis zu einem oder beiden Elternteilen nach sich zog. Bei den Vätern lag dieser Anteil bei 7,5 %, bei den Müttern bei 5,6 %.

In einigen wenigen Fällen konnte das Coming-out sogar dazu beitragen, ein vorher eher schlechtes oder sehr schlechtes Verhältnis zu den Eltern auf lange Sicht zu verbessern. 3,9 % der Teilnehmer berichteten über diese Entwicklung im Verhältnis zur Mutter, 5,4 % im Verhältnis zum Vater.

Es scheint ganz normal zu sein, dass Eltern zunächst einmal etwas Zeit brauchen, um sich an die Homosexualität ihres Kindes zu gewöhnen. Während dieser sehr variablen Zeitspanne kann es dabei durchaus zu Verwirrung, Verärgerung und Ablehnung seitens der Eltern kommen. Ein gutes Verhältnis vor dem Coming-out jedoch lässt sich durch dieses neue Wissen über das eigene Kind nicht dauerhaft trüben.

Die Zeit spielt dabei nicht nur insofern eine Rolle, als dass sich die Eltern langsam an den Gedanken gewöhnen. Auch ein Kennenlernen des Partners oder der Partnerin ist damit verbunden, ebenso wie die Beschäftigung mit dem Thema Homosexualität und die immer klarer werdende Erkenntnis, dass das Kind doch die Person bleibt, die man seit Jahren großgezogen hat und kennt, auch wenn sie in diesem Punkt ganz anders ist, als die Eltern bisher dachten. Mütter scheinen für diesen Prozess allerdings oft etwas länger zu brauchen als Väter: Innerhalb der ersten sechs Monate nach dem Coming-out gab es bei den Müttern deutlich weniger oft eine positive Annäherung, wenn die erste Reaktion der Mutter negativ war, als zu späteren Zeitpunkten.

Wie nachhaltig beeinflusst das Coming-out des Kindes die Eltern-Kind-Beziehung?

Anhand der gefundenen typischen Verläufe der elterlichen Reaktionen kann die Frage, wie nachhaltig das Verhältnis zu den Eltern durch das Coming-out beeinflusst oder verändert wird, für diese Stichprobe geklärt werden. Bereits bei der Beschreibung der typischen Verläufe wurde deutlich, dass bei einem großen Anteil der Teilnehmer das Coming-out gegenüber der Mutter bzw. bei dem Vater überhaupt keine Auswirkungen auf das Verhältnis zum Kind hatte, sie werden der Vollständigkeit halber hier trotzdem noch einmal erwähnt. In 46,2 % der Fälle traf dies beim Vater zu, bei den Müttern lag dieser Anteil bei 32 % der Teilnehmer. Doch auch diejenigen, bei denen es zu einer vorübergehenden Verschlechterung im Verhältnis zu einem Elternteil im Rahmen des Coming-out kam, können zu diesen Verläufen des Coming-out gezählt werden, da auch bei ihnen keine nachhaltigen Veränderungen des Eltern-Kind-Verhältnisses auftraten. Dies macht zusammengenommen 85,4 % der Verläufe des Coming-out gegenüber der Mutter und 75,8 % bei den Vätern aus.

> Bei 85,4 % der Befragten hatte das Coming-out gegenüber der Mutter keine nachhaltigen Auswirkungen auf das Mutter-Kind-Verhältnis, bei den Vätern bei 75,8 % der Untersuchungsteilnehmer.

Beim Vater resultierte das Coming-out bei etwa einem Viertel der Untersuchungsteilnehmer in einer Veränderung im Verhältnis. Bei den Müttern waren es nur etwa 15 % der Teilnehmer. Von einer expliziten Verbesserung des Verhältnisses zur Mutter sprachen 3,9 % der Teilnehmer, in Bezug auf den Vater waren dies 16,9 %.

> Bei 3,9 % der Teilnehmer führte das Coming-out langfristig zu einer Verbesserung im Verhältnis zur Mutter, bei den Vätern lag dieser Anteil mit 16,9 % deutlich darüber.

Zum anderen gibt es aber auch noch Teilnehmer, bei denen das Coming-out langfristig zu einer Verschlechterung des Eltern-Kind-Verhältnisses führte. Bei den Müttern waren dies 10,3 %, bei den Vätern 7,5 % der Befragten.

> Bei etwa jedem 10. Teilnehmer der Untersuchung hatte das Coming-out gegenüber der Mutter (auch) langfristig negative Folgen für das Verhältnis zwischen Kind und Mutter, unabhängig davon, ob das Verhältnis vor dem Coming-out gut oder schlecht war, bei den Väter etwa bei jedem 13. Teilnehmer.

Um einen abschließenden Eindruck davon zu bekommen, wie die Teilnehmer ihr Coming-out und die Reaktionen ihrer Eltern insgesamt erlebt hatten, wurde ihnen die folgende Frage gestellt: »Mit einem Begriff ausgedrückt: Wie gelungen würdest du dein CO bei deinen Eltern bezeichnen?« Die Antwortkategorien reichten hier von *gut gelungen* über *gelungen* zu *eher nicht gut gelungen* und *total misslungen*. Außerdem stand die Kategorie *andere* hier zur Auswahl, um diese Frage ganz nach dem individuellen Erleben beantworten zu können. Diese Kategorie wurde von 33 Teilnehmern gewählt (9,2 %). Ihre Angaben verteilten sich auf (Tabelle 36):

Tabelle 36: Wie gelungen war das Coming-out gegenüber den Eltern?

Das Coming-out war ...	Anzahl	Das Coming-out war ...	Anzahl
notwendig	7	keine Angabe	2
erleichternd	4	eine Fehlentscheidung	2
gleichgültig	3	selbstverständlich	1
bei Mutter gelungen, beim Vater nicht	3	eine mittlere Katastrophe	1
ungeplant, daher unvorbereitet	3	anstrengend	1
ambivalent	2	eine Überraschung	1
Vater weiß es noch nicht	2	noch nicht abgeschlossen	1

Insgesamt beantworteten 357 Personen diese Frage, die Häufigkeitsverteilung der Angaben ist in Abbildung 21 dargestellt:

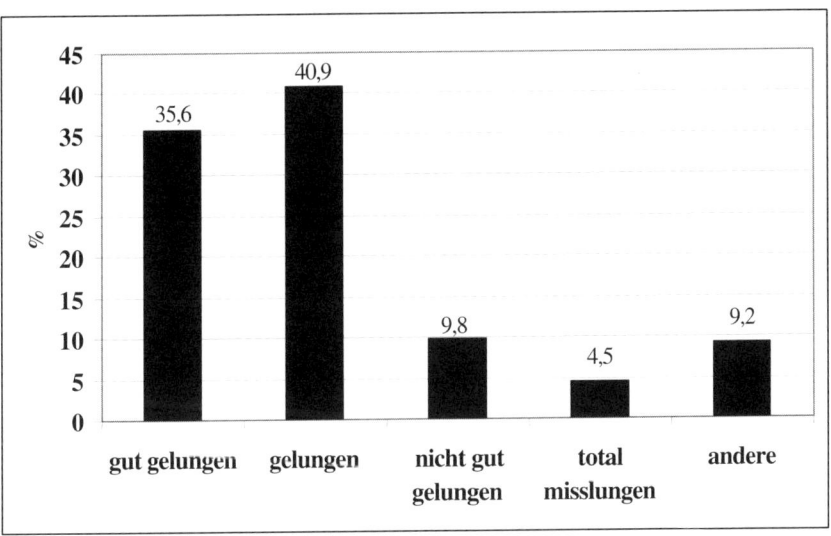

Abbildung 21: Wie gelungen war das Coming-out gegenüber den Eltern?

Obwohl viele Teilnehmer berichteten, dass insbesondere Mütter oft geschockt oder zumindest überrumpelt auf das Coming-out ihres Kindes reagiert haben und in vielen Fällen das Coming-out eine vorübergehende Verschlechterung im Verhältnis zu den Eltern nach sich zog, sehen etwa drei Viertel der Befragten ihr Coming-out gegenüber den Eltern zum Untersuchungszeitpunkt als gelungen oder gut gelungen an. Jeder siebte Teilnehmer hingegen erlebte es als nicht gelungen oder total misslungen. Worauf ist diese positive Bewertung der elterlichen Reaktion zurück-zuführen? Vermutet wird, dass viele der Teilnehmer von vornherein mit einer eher oder sehr ablehnenden Reaktion ihrer Eltern gerechnet haben und daher wenig überrascht darüber waren, wenn ihr Vater oder ihre Mutter dann tatsächlich zuerst eine solche Reaktion zeigte. Diese hohe Zahl der zufriedenen Teilnehmer mag wohl auch daher resultieren, dass die Daten im Rückblick erhoben wurden. Zum Teil liegt das Coming-out gegenüber den Eltern zwanzig Jahre oder mehr zurück. Verzerrungen der Erinnerung sind sehr wahrscheinlich – besonders, wenn die Situation sich inzwischen wieder zum Besseren gewandelt hat und die Telnehmer inzwischen ein eigenständiges Leben aufgebaut haben, in dem die Rolle der Eltern eine weniger zentrale Rolle einnimmt als zum Zeitpunkt des Coming-out, wo viele der Teilnehmer noch zu Hause gewohnt haben.

Es ist aber auch denkbar, dass die Befragten gerade bei emotional negativen Reaktionen Verständnis für die Eltern hatten. Da sie selber den Prozess der Akzeptanz der eigenen Nicht-Heterosexualität durchlaufen haben, haben sie oft selber die Erfahrung gemacht, dass sie die Tatsache, schwul oder lesbisch zu sein, zunächst auch vor sich selber leugneten und nicht akzeptieren wollten. Zudem kennen sie ihre Eltern und ihre Vorstellungen und vielleicht auch Erwartungen für die Zukunft ihres Kindes – aber auch für die eigene als potentielle Großeltern. Daher haben sie einkalkuliert, dass die erste Reaktion erst einmal durch Schock und Schrecken gekennzeichnet ist. Folgendes Zitat eines Teilnehmers belegt diese Vermutung: »Meine Mutter war erst total geschockt und musste erst mal nachdenken – darf sie ja auch;), danach war alles wieder super, ich wusste, dass sie so reagieren würde.«

Zusammenfassung und Fazit

Wie erwartet, ist die Bandbreite der elterlichen Reaktionen nahezu so individu-ell, wie die Teilnehmer es selbst auch sind. So reichen sie sowohl bei den Vätern als auch bei den Müttern von verständnisvollen, unterstützenden Reaktionen und sofortiger Akzeptanz bis hin zu sehr ablehnenden, verletzenden Reaktionen, die sogar in körperlichen Übergriffen resultieren können. Doch diese beiden Extrem-pole der Reaktionsbreite stellen in positiver wie negativer Richtung Ausnahmen dar, zwischen denen die häufigsten und daher typischsten ersten Reaktionen der Mütter und Väter eingebettet sind.

Zu den positivsten Reaktionen zählt die einer Mutter, die aufgrund ihrer lie-bevollen Ausprägung hier im Original wiedergegeben wird: »Meine Mutter nahm mich in den Arm und sagte: ›Wenn du mit ihr glücklich werden kannst, finde ich das sehr schön für euch.‹« Demgegenüber wurde zwar für keinen der Väter eine ähnlich stark emotional positive Reaktion geschildert, jedoch erscheint die Bemerkung eines Vaters erwähnenswert, der auf das Coming-out seines Sohnes sehr humorvoll reagiert hat: »Mein Vater sagte: ›Macht doch nichts, viel mehr trifft es mich, dass du die SPD wählst!‹«

Glücklicherweise sind wirklich besorgniserregende Schilderungen wie folgende Einzelfälle: »Er hat meinen Freund rausgeworfen, mir ins Gesicht geschlagen, und mir ein Bügeleisen auf den Rücken gedrückt [...].« Es scheint damit leider auch für das Coming-out zu gelten, dass es nur wenig gibt, was es nicht gibt!

Sicherlich kann diese Arbeit allein nicht dazu dienen, jemandem die Angst vor dem Coming-out gegenüber den Eltern ganz zu nehmen, denn es ist und bleibt ein individueller Prozess, der selbst dann, wenn man glaubt, seine Eltern diesbezüglich gut einschätzen zu können, immer eine Überraschung in sich bergen kann – sowohl in positiver wie leider auch in negativer Hinsicht: 34,9 % der Teilnehmer (immerhin etwas mehr als ein Drittel der Befragten) waren über die Reaktion ihrer Eltern oder eines Elternteils überrascht – egal, ob die erste Reaktion (emotional) positiv, (emotional) negativ oder wertfrei ausfiel,

Aber auch wenn vor allem die erste Reaktion der Eltern in einigen Fällen unerwartet (negativ) ausfällt, ist es vielleicht hilfreich zu wissen, dass danach noch nicht alles verloren ist. Wie die Ergebnisse zeigen, können aus der ersten Schrecksekunde keine Aussagen über die weiteren Konsequenzen des Coming-out abgeleitet werden. Obgleich eine erst einmal ablehnende Haltung der Eltern sicherlich für Enttäuschung sorgt, zeigen die im letzten Abschnitt diskutierten typischsten Verläufe des Coming-out gegenüber dem Vater/der Mutter, dass es so nicht bleiben muss und in der Mehrzahl der Fälle auch tatsächlich nicht bleibt. Vielmehr ist das Verhältnis zueinander vor dem Coming-out ein guter Prädiktor, um vorherzusagen, ob das Coming-out zu einer dauerhaften Veränderung der Eltern-Kind-Beziehung führen wird. War das Verhältnis zu den Eltern vor dem Coming-out gut oder sehr gut, ist selten mit einer dauerhaften Verschlechterung zu rechnen, sowohl beim Vater als auch bei der Mutter. Allerdings ist das (sehr) gute Verhältnis auch nicht immer ein Garant für ein gelungenes Coming-out.

In einigen Fällen berichteten Befragte sogar, dass ein vorher (eher) schlechtes Verhältnis durch das Coming-out besser wurde. Sie können vielleicht ein kleiner Hoffnungsschimmer für diejenigen sein, die das Coming-out aufgrund des ohnehin schon schlechten Verhältnisses gegenüber ihren Eltern bisher nicht wagten. Einschränkend muss hier erwähnt werden, dass das Verhältnis zu den Eltern bei dieser Gruppe häufig durch die vorherige Geheimhaltung der Homo- bzw. Bisexualität, oft gepaart mit Lügen und dem daraus resultierenden schlechten Gewissen den Eltern gegenüber, getrübt wurde und diese Anspannung mit dem Coming-out verschwand. Einzelne Teilnehmer berichten in diesem Zusammenhang von der Erleichterung, endlich gegenüber den Eltern »sie selbst« sein zu können, und dass diese das Verhalten ihres Kindes vor den Coming-out nun besser verstehen konnten. War das Verhältnis aus anderen Gründen bereits vor dem Coming-out schlecht, ist kaum damit zu rechnen, dass es durch die Mitteilung, homo- oder bisexuell zu sein, besser wird.

In einigen Fällen zog das Coming-out eine deutliche Verschlechterung der Eltern-Kind-Beziehung nach sich: Bei jedem 10. Teilnehmer wurde das Verhältnis zum Vater und bei jedem 13. Teilnehmer das Verhältnis zur Mutter dauerhaft geschädigt. Hinter diesen Zahlen verbergen sich menschliche Schicksale, bei denen das Coming-out gegenüber den Eltern, wie das einleitende Zitat zeigt, schlimmstenfalls zu einem traumatischen Erlebnis werden kann, unter dem die Betroffenen unter Umständen jahrelang leiden.

Erfreulicherweise hat jedoch der Großteil der Befragten das Coming-out zumindest langfristig relativ unbeschadet überstanden wurde. Die Zahlen geben Anlass zur berechtigten Hoffnung, dass Eltern sich mit der Zeit an die sexuelle Orientierung ihres Kindes gewöhnen.

Literatur

Asendorpf, J. B. (1999). Psychologie der Persönlichkeit (2. Aufl.). Berlin: Springer.

Biechele, U., Reisbeck, G., Keupp, H. (Niedersächsisches Ministerium für Frauen, Arbeit und Soziales) (2001). Schwule Jugendliche: Ergebnisse zur Lebenssituation, sozialen und sexuellen Identität. Elektronische Ressource. Abrufbar über http://www.gemischtegefuehle.de/studie-coming-out.pdf. Zugriffsdatum: 01.08.2006.

Cass, V. (1979). Homosexual identity formation: A theoretical model. Journal of Homosexuality, 4, 219 – 235.

Cass, V. (1984). Homosexual identity: A concept in need of definition. Journal of Homosexuality, 9, 105 – 125.

Coleman, E. (1981). Developmental stages of the coming out process. Journal of Homosexuality, 7, 31 – 43.

D'Augelli, A. R., Hershberger, S. L. (1993). Lesbian, gay, and bisxual youth in community settings: Personal challenges and mental health problems. American Journal of Community Psychology, 21, 421 – 448.

D'Augelli, A. R., Patterson, C. J. (Eds.) (2001). Lesbian, gay, and bisexual identities and youth – Psychological perspectives. New York: Columbia University Press.

Davies, D. (1996). Pink Therapy. A guide for counsellors and therapists working with lesbian, gay, and bisexual clients. Buckingham/ Philadelphia: Open University Press.

Erikson, E. (1995). Identität und Lebenszyklus (15. Aufl.). Frankfurt: Suhrkamp.

Faistauer, G., Plöderl, M. (2006). Out in der Schule – Schwule Männer über ihre Schulzeit. Elektronische Ressource. Abrufbar über: http://www.hosi.or.at/hosi/doc/Endfassung%20fertig.pdf. Zugriffsdatum: 28.03.2008.

Fend, H. (2000). Entwicklungspsychologie des Jugendalters. Opladen: Leske + Budrich.

Fiedler, P. (2004). Sexuelle Orientierung und sexuelle Abweichung: Heterosexualität –, Homosexualität – Transgenderismus und Paraphilien – sexueller Missbrauch – sexuelle Gewalt. Weinheim: Beltz.

Flammer, A., Alsaker, F. D. (2002). Entwicklungspsychologie der Adoleszenz. Bern: Huber.

Garnets, L. D., Kimmel, D. C. (1993). Psychological perspectives on lesbian and gay male experiences. New York: Columbia University Press.

Haeberle, E. (1995). Die Sexualität des Menschen. Berlin: de Gruyter.

Hofer, M. (2000). Familienbeziehungen in der Entwicklung. In M. Hofer, E. Wild, P. Noack (Hrsg.), Lehrbuch Familienbeziehungen. Göttingen: Hogrefe.

Kolanowski, U. (2005). Wie Jugendliche ihre sexuelle Orientierung entdecken. Die Analyse von Internetdaten mit der Voice-Methode. Diplomarbeit. Braunschweig: Technische Universität Braunschweig.

Lee, J. A. (1977). Going Public: A Study in the Sociology of Homosexual Liberation. Journal of Homosexuality. 34, 67 – 77.

Montada, L. (2002). Moralische Entwicklung und moralische Sozialisation. In R. Oerter, M. Montada (Hrsg.), Entwicklungspsychologie (S. 619 – 647). Weinheim: Beltz.

Oerter, R., Dreher, E. (2002). Jugendalter. In R. Oerter, M. Montada (Hrsg.), Entwicklungspsychologie (S. 258 – 318). Weinheim: Beltz.

Plöderl, M. (2004). Sexuelle Orientierung, Suizidalität und psychische Gesundheit. Eine österreichische Erstuntersuchung. Dissertation. Salzburg: Universität Salzburg.

Rauchfleisch, U. (2001). Schwule. Lesben. Bisexuelle. Lebensweisen, Vorurteile, Einsichten (3. Aufl.). Göttingen: Vandenhoeck & Ruprecht.

Rotheram-Borus, M. J., Langabeer, K. A. (2001). Developmental trajectories of gay, lesbian, and bisexual youth. In A. R. D'Augelli, C. J. Patterson (Eds.), Lesbian, gay, and bisexual identities and youth (pp. 97 – 128). Oxford: University Press.

Savin-Williams, R. C., Rodriguez, R. G. (1993). A developmental, clinical perspective on lesbian, gay male, and bisexual youths. In T. Gullotta, G. Adams, R. Montemayor (Eds.), Adolescent sexuality: Advances in adolescent development (pp. 77 – 101). Newbury Park, CA: Sage.

Schmidt-Denter, U. (1996). Soziale Entwicklung. Weinheim: Beltz.

Schneewind, K. A. (2002) Familienentwicklung. In R. Oerter, M. Montada (Hrsg.), Entwicklungspsychologie (S. 105 – 127). Weinheim: Beltz.

Schneider, M. S. (2001). Toward a reconceptualization of the coming-out process for adolescent females. In A. R. D'Augelli, C. J. Patterson (Eds.), Lesbian, gay, and bisexual identities and youth (S. 71 – 96). Oxford: University Press.

Trautner, H. M. (2002). Entwicklung der Geschlechtsidentität. In R. Oerter, M. Montada (Hrsg.), Entwicklungspsychologie (S. 648 – 674). Weinheim: Beltz.

Troiden, R. R. (1998). The formation of homosexual identities. Journal of Homosexuality, 171 (1/2), 43 – 73.

Watzlawik, M., Wenner, F. (2002). Und ich dachte, du bist schwanger. Frauen erzählen ihr Coming Out. Stuttgart: Gatzanis.

Watzlawik, M. (2003). Jugendliche erleben sexuelle Orientierungen. Eine Internetbefragung zur sexuellen Identitätsentwicklung bei amerikanischen und deutschsprachigen Jugendlichen im Alter von 12 bis 16 Jahren. Dissertation. Braunschweig: Technische Universität Braunschweig.

Watzlawik, M. (2004). Uferlos? Jugendliche erleben sexuelle Orientierungen. Aachen: Jugendnetzwerk Lambda NRW.

Watzlawik, M., Kobs, J., Duntsch, K. (2004, September). „Ich bin anders als die anderen" – Der Einfluss kategorialer Vorgaben auf die Entwicklung der sexuellen Identität. Poster im Rahmen der Hundertjahrfeier der Deutschen Gesellschaft für Psychologie, Göttingen.

Zimbardo, P. G. (1995). Psychologie. Berlin: Springer.

Die Autorinnen und Autoren

Nora Heine, Diplom-Psychologin, ist in der Privat-Nerven-Klinik Dr. med Fontheim in Liebenburg tätig.

Anika Huse ist Diplomandin an der Psychotherapieambulanz der Technischen Universität Braunschweig.

Roland Kirchhof, Diplom-Psychologe, ist an der Psychotherapieambulanz der Technischen Universität Braunschweig tätig.

Julia Kobs, Diplom-Psychologin, ist an Medizinischen Hochschule Hannover tätig. Schwerpunkt: Sexualstörungen und Partnerschaftsprobleme.

Ulrike Kolanowski, Diplom-Psychologin, ist Coach bei der Stiftung Rehabilitation in Heidelberg. Schwerpunkt: Krisenbewältigung und (berufliche) Integration.

Christoph Kröger, Dr. phil., ist Leiter der Psychotherapieambulanz der Technischen Universität Braunschweig, Psychologischer Psychotherapeut und Supervisor. Schwerpunkt: Paartherapie und Prävention von kindlichen und partnerschaftlichen Beziehungsstörungen.

Udo Rauchfleisch, Prof. Dr. rer. nat., ist niedergelassener Psychoanalytiker und lehrte bis 2007 Klinische Psychologie an der Universität Basel.

Meike Watzlawik, PD Dr., arbeitet an der Clark University in Worcester, MA, USA. Sie war lange in der Jugendberatung tätig und leitet ein Online-Forum für homo-, bi- und heterosexuelle Jugendliche. Schwerpunkt: (Identitäts-)Entwicklung im Jugendalter.

Simone Weil ist Studentische Mitarbeiterin in der Abteilung für Entwicklungspsychologie an der Technischen Universität Braunschweig.

Lieben und lieben lassen

Kurt Wiesendanger
Vertieftes Coming-out
Schwules Selbstbewusstsein jenseits
von Hedonismus und Depression
2005. 126 Seiten, kartoniert
ISBN 978-3-525-46232-4

Einfühlsam zeigt der Autor auf, wie verhängnisvoll sich die repressiven Mechanismen einer an heterosexuellen Standards orientierten Gesellschaft auf die Persönlichkeitsentwicklung gleichgeschlechtlich orientierter Menschen auswirken. Selbst wenn sie mit ihrem Coming-out einen rebellischen Befreiungsschlag gewagt haben, führte dieser oft nur vermeintlich in die Freiheit. Durch eine vertiefte Auseinandersetzung mit sich selbst können abgespaltene Persönlichkeitsanteile integriert werden und ein reifes schwules Selbstbewusstsein jenseits von Hedonismus und Depression kann sich entfalten.

Kurt Wiesendanger
Schwule und Lesben in Psychotherapie, Seelsorge und Beratung
Ein Wegweiser
Mit einem Vorwort von Udo Rauchfleisch.
2001. 142 Seiten, kartoniert
ISBN 978-3-525-45878-5

Es ist das Anliegen dieses Buches, Verständnis und Einfühlungsvermögen für gleichgeschlechtlich empfindende Menschen mit ihren spezifischen Ängsten, Fragen und Freuden zu schaffen. Es möchte den Professionellen im psychosozialen Bereich einen Zugang zum Leben und Erleben dieser Klientengruppe vermitteln. Dabei ist ein gewisses Maß an Selbsterfahrung mit eigenen homosexuellen und homophoben Anteilen die Voraussetzung für eine akzeptierende und wertschätzende therapeutische Grundhaltung.

Udo Rauchfleisch
Schwule, Lesben, Bisexuelle
Lebensweisen, Vorurteile, Einsichten
3. Auflage 2000. 268 Seiten, kartoniert
ISBN 978-3-525-01425-7

»Die große Bedeutung des gesellschaftlichen Drucks für Entwicklung und Lebensweise von Lesben, Schwulen und Bisexuellen stellt der Psychoanalytiker Udo Rauchfleisch in den Vordergrund seiner Betrachtungen. Mit Einfühlungsgabe, Zartgefühl und Respekt – in der Fachliteratur eher selten anzutreffende Tugenden – nähert der Autor sich den Frauen und Männern hinter diesen sexuellen Klassifizierungen. Dabei räumt er mit Klischees auf …, übt scharfe Kritik an subtilen und offenen Diskriminierungen der 'gleichwertig Anderen' auch in der modernen Psychoanalyse, und beleuchtet die frühkindliche Entwicklung dieser Menschen dezidiert unter nichtpathologischen Aspekten.« *Psychologie heute*

Udo Rauchfleisch
Transsexualität – Transidentität
Begutachtung, Begleitung, Therapie
2006. 155 Seiten, kartoniert
ISBN 978-3-525-46260-7

Fachlich fundierte Aufklärung über das Phänomen Transsexualismus und die Frage, ob Transidentität eine psychische Störung ausdrückt oder nichtpathologisch ist.

»Das Buch kann allen, die beruflich mit transsexuellen Menschen arbeiten, empfohlen werden, und es wird dazu beitragen, Transsexuellen primär als Menschen zu begegnen.«
Urs Hepp, Schweizer Archiv für Neurologie und Psychiatrie

Vandenhoeck & Ruprecht